本书为云南大学地缘政治研究理论创新高地项目
暨云南大学周边外交研究理论创新高地项目阶段性成果

当代
马来西亚
政治

罗圣荣

编著

社会科学文献出版社
SOCIAL SCIENCES ACADEMIC PRESS (CHINA)

CONTENTS

目　录

CONTENTS

目 录

CONTENTS

目 录

CONTENTS

目 录

CONTENTS

目 录

CONTENTS
目 录

第一章

马来西亚概况及政治发展简史

第一节 马来西亚概况

一 自然地理概况

（一）地理状况

1. 地理位置

马来西亚地理位置优越，坐落在东南亚的中心点，约在东经 97 度至 120 度之间，北纬 1 度到 7 度之间。马来西亚（俗称"大马"）的邻国以北有缅甸、泰国、柬埔寨、老挝、越南；以南则有新加坡、印尼；以东临南海与岛国菲律宾隔海相望；西部与西南部隔马六甲海峡与印尼苏门答腊岛相望。全境被南海分为东、西两部分，西马位于马来半岛南部，东马位于加里曼丹岛北部，包含沙捞越、沙巴州和纳闽联邦直辖区。马来西亚的时间比格林尼治时间晚 8 个小时，比美国太平洋标准时间早 16 个小时。面积约 33 万平方千米，陆地总面积为 328550 平方千米，水域总面积为 1200 平方千米。陆地边界线为 2669 千米，与文莱、印尼、新加坡、泰国相连；海岸线总长约 4192 千米，两地相隔最远处约 1500 千米，最近处约 530 千米。

2. 地形地貌

马来西亚东西两部分在地质上位于本属同一块古大陆的巽他台地中

部，洪积世①上升的南海水面将其隔为两部分。西马的东面近海，早在晚洪积世就有若干次海退、海进旋回。在每次海退时形成红土化或接近红土化的地表，在海进时，就会有海相沉积物形成。地面起伏不大，只有局部地区因岩性与构造的关系，呈现陡峻崎岖的地貌。巽他弧贯穿大马全境，构成地形骨架，支配两地山脉走向，地盘稳定，很少受海啸、台风及地震等自然灾害的影响，具备了种植各种热带作物的优越自然环境。

马来西亚大部分沿海地区以平原为主，沙捞越西部和沙巴沿海为冲积平原，整体地势北高南低，除了少数山脉外，海拔一般在 2000 米以下，且不超过 500 米的山地仅占全国面积的 1/5。内地为布满茂密热带雨林的丘陵和山地，是重要的林区，其中山地最高峰是处于沙巴州克罗克山脉东北端的基纳巴卢山（又名神山、中国寡妇山），海拔 4000 米以上的齿形山峰有 6 座之多，海拔为 4101 米的主峰——洛峰，峰顶岩石暴露于表面，具有富片状节理和裂隙纹路，景观垂直分化明显。

中央山脉由北向南延伸，把西马分隔成东西两部分，山脉以西的土地较东部土地狭窄。西马地形的另一特点是全境属于丘陵地区且三面环水。西马的西海岸平原由深厚的冲积层构成，地势低平，海拔在 50 米以下，平均宽 20 ~ 30 千米，其优越的地质环境使该地区成为大马的主要农作物产区。西海岸的岛屿面积较大，如浮罗交怡和槟榔屿，是山脉没入海中的残丘。西马东北部的北段为宽阔高地。高地外侧的海岸平原宽度不超过 8 千米，不宽不短且不连续。许多长条低丘突出海滨形成岬角或沙咀。东海岸北端的吉兰丹平原较大，宽度大约 60 千米，也是重要农业区，西马南部有一些零散丘陵和平原，是重要的垦殖区。南海岸附近分布着一些火成岩小岛，分别集中在南北两方。

东马地势以两座山脉（伊班山脉、克罗克山脉）为主由中部向沿海地区逐渐降低。沙捞越由东南向西北歪斜，沙巴由中部向东西两侧递降。

---

① 亦称更新世（从 2588000 年前到 11700 年前），地质年代为第四纪早期。这一时期绝大多数动、植物属种与现代相似，显著特征为气候变冷、有冰期与间冰期的明显交替。此时，欧洲出现过五大冰期：多脑冰期、群智冰期、民德冰期、里斯冰期和玉木冰期。人类也在这一时期出现。

沙捞越地区西部沿海为平原，冲积平原位于该地区北部，内地多为森林覆盖的丘陵和山地，其南海沿岸平原为沙捞越重要的粮食木材经济产区；沙巴地区西部沿海为冲积平原，也是重要的农业区，以种植水稻为主，内地大部分地区为森林覆盖的山地，沿海岸线有美洲红树林和大片沼泽地。值得注意的是沙巴州首府亚庇属于肥沃的低地平原，是进入马来西亚的"东方之门"。

3. 水域

仅次于珊瑚海和阿拉伯海的世界第三大陆缘海——南海，将大马分割成东西两部分，平均水深约 1212 米，中部深海最深处达 5567 米。印尼的纳土纳群岛等岛屿位居其中。

西马河流以吉保山脉为分水岭纵贯马来半岛偏西山体。主要河流有：彭亨河、霹雳河和吉兰丹河。霹雳河是西侧河流（马六甲海峡水系）中最长的一条河流。彭亨河是东侧河流（南海水系）中最长也是西马最大的河流。以吉保山脉为分水岭，东侧河流主要有彭亨河与吉兰丹河，均注入南海，西侧河流以霹雳河最长，注入马六甲海峡。河流沿岸垦伐采矿，水土流失，几乎无航运。霹雳河中上游建有珍德罗与丁明歌等水库与电站。

东马河网密布，利于航运。主要河流有：拉让河、基纳巴甘河、卢帕河。全国最大河拉让河，全长 592 千米，在沙捞越州西部，发源于东部边境伊兰山脉西坡，曲折西流，注入南海。上中游多瀑布与峡谷，不利航行，下游 50 千米段水面宽 4000～5000 米，流贯广阔的海滨平原，河曲发达，河道深阔，有四个较大的河口，可通航大轮船，新建的拉让港可泊万吨海轮。基纳巴甘河，沙巴州最大河流，水力资源丰富，源头为西部威提岭，向东流入苏禄海。长 560 千米，流域面积 10400 平方千米，全河通航 320 千米，南岸支流瓜穆河瓦塞马约瀑布，是沙巴水量最大的瀑布。卢帕河，马来西亚最宽的河流，源于卡普阿斯山脉的马科卜峰，横贯沙捞越西部，向西流入南海。河面宽 4000～5000 米，沼泽分布到河口以上 65 千米，吃水达 2 米的轮船可由河口上溯 70 千米。

4. 气候

马来西亚以赤道雨林气候为主，北纬 5 度以北有热带季风气候。全年高温多雨，春夏秋冬并无太大差别，夜间平均气温在21℃以上，白天平均气温在32℃左右，温差无显著差异。但在山岭高峰处，气温偏低，是绝佳的避暑胜地。其中著名的避暑胜地就位于吉保山脉中段的云顶高原，海拔约2000米。平均湿度在80%左右，相对湿度较大。年平均气温沿海低地为26~30℃，内地山区为22~28℃。全境雨水充沛，年降水量为2000~2500毫米，西马最高可达3000毫米，东马最高可达4000毫米。降水量主要受到季风影响，每年5~9月，由于受西南季风的影响，降水较少，气温也偏高，一个星期都很难看到有下雨天。西马吉保山脉以东、东马山地北坡，位于东北季风迎风面，降水量大；全境东北季风期降水量占全年降水量的40%~60%，11月至翌年1月为降水高峰期，月降水量可达500~650毫米；两个季节转换期，地方性对流加强，多雷阵雨，一场倾盆大雨来也匆匆，去也匆匆，极少有绵绵细雨，月降水量可达200~400毫米。降水变率大，有时出现连续半月至1个多月的旱天。

（二）自然资源

1. 植物资源

马来西亚地处赤道附近，常年高温潮湿，是当今世界森林覆盖率较高的国家之一，属于热带雨林气候，终年炎热多雨，物产、自然资源丰富，盛产各种热带经济作物和贵重木材，因此也被列为世界生物多样性最丰富的国家之一。森林总面积2010万公顷，全国森林覆盖率高达77%，[①]其中天然林占59%，永久性林业用地为1400万公顷。大马天然林在地域上分为三大独立林区（都是典型的热带雨林）——西马（马来半岛）、沙巴和沙捞越。

得天独厚的地理条件使马来西亚成为赤道附近的一颗瑰丽明珠。现有热带雨林面积为20万平方千米，原有热带森林总面积大约为32万平方千米。在西马，热带雨林主要分为平地雨林和丘陵雨林两种。

另一重要的植物资源是热带花卉，现今开花植物有8000多种，包括

---

① 《马来西亚森林及绿化覆盖率高达77%》，中华人民共和国商务部网站，2008年9月18日，http://www.mofcom.gov.cn/aarticle/i/jyjl/j/200809/20080905787672.html。

2000 种树、200 种棕榈和 800 多种兰花。马来西亚的热带兰花远近闻名。热带兰花生长开花要求适宜的湿度和较高的温度，大马的兰花品种繁多，除人工栽培外，多生长在深山雨林中。马来西亚的原始森林中还生长着世界上最大的花——莱佛士花（Rafflesia），大花草属，因气味十分难闻，又名尸花，生长于马来半岛及婆罗洲、苏门答腊等岛。莱佛士花属寄生类植物，以吸食葡萄科植物为主要养分来源。莱佛士花开花时奇臭无比，发出腐肉味的臭气，靠吸引甲虫为其传粉。此外，常春藤、热带蕉、龙舌兰、观音竹也是马来西亚常见的观赏花种。由于水热条件非常好，热带水果在马来西亚也随处可见，著名的有水果之王榴莲、水果王后山竹、红毛丹、菠萝蜜等。

马来西亚的耕地面积约有 485 万公顷。经济作物作为主要的农作物，有橡胶、油棕、水果等。粮食自给率较高，就业人口为 167.7 万人。2014 年农业总产值为 582.5 亿林吉特，占国民生产总值的 3.8%。盛产热带林木。橡胶、棕油和胡椒的产量和出口量居世界前列。由于马来西亚政府实行采伐与蓄养相结合的原则来经营林木业，近年来除了夹板的产量持续上升外，其余各种林木制品的产量有所下降。

2. 矿产资源

大马的矿产资源开采以锡、石油和天然气为主，2014 年的矿业 GDP 为 641.4 亿林吉特。马能源、绿色科技与水务部表示马原油储量为 52.5 亿桶，可供开采 19 年。天然气储量为 24889.85 亿立方米，可供开采 33 年。据马统计局统计，马来西亚石油年产量为 2.3 亿桶，液化天然气年产量为 2436.3 万吨。[①] 马来西亚探明的石油多为含硫低、油质好的轻质油，主要分布在三个近海的储油盆地：一是马来盆地，主要油田有杜兰（Dulang）油田、塞利基（Seligi）油田等；二是沙捞越盆地；三是沙巴盆地，面积约 3.4 万平方千米，向东北方向延伸。

大马煤炭主要分布在沙捞越州、沙巴州、玻璃市州、霹雳州和雪兰莪

---

① 《马来西亚国家概况》，中华人民共和国外交部网站，2015 年 7 月，http：//www.fmprc.gov.cn/web/gjhdq_ 676201/gj_ 676203/yz_ 676205/1206_ 676716/1206x0_ 676718/。

州，沙捞越州贮藏有约 82% 的煤炭。位于沙捞越州的美里—皮拉煤田煤层约 1~3 米厚，为低硫次、高挥发烟煤，储量超过 3.87 亿吨。锡里泰克煤田煤层约 1 米厚，宾土卢煤田蕴藏有 2000 万吨高挥发烟煤；沙巴州的煤田主要分布在梅里瑙盆地，至少有 2 亿吨烟煤。目前，马来西亚进口的煤炭 70% 来自印尼。马来西亚每年在电力供应上消耗 2300 万吨煤炭，以满足不断增长的电力需求，2020 年煤炭消耗量预计将达到 3700 万吨。国家能源有限公司（TNB）是马来西亚唯一的煤炭进口企业，专门为电力部门和独立电力生产商提供煤炭。随着电力领域消耗的煤炭需求量的增加，TNB 在 2013 年上半年进口了约 8.61 亿美元的煤炭，而且由于液化天然气资源短缺的推动，进口煤炭价格在每吨 74 美元左右。马来西亚提出一套燃料安全策略是十分必要的。如果进口供应中断，后果将不堪设想。

大马 2005 年的锡矿储量为 100 万吨，居世界第二位，仅次于中国。马来半岛 11 个州中的 9 个州有锡矿，并且锡矿质量世界最高，雪兰莪州和霹雳州的锡矿最为丰富，西马海拔 2190 米的最高峰大汉山是世界上锡矿的最大成矿带。矿石类型以砂矿为主，主要为冲积砂矿，伴有独居石、钛铁矿和磷钇矿等。大马曾是世界产锡大国，近年来却因过度开采产量逐年减少。大马的铝土矿资源主要分布于沙捞越州、沙巴州、柔佛州。1994 年大马铝土矿储量为 1400 万吨。仅次于锡矿的另一重要矿产资源——铁矿石，主要分布在丁加奴州、柔佛州和沙巴州。金矿资源也很丰富，主要分布于马来半岛的彭亨、吉兰丹、丁加奴等州的中部金矿带，沙捞越西部，沙巴州以及多为砂矿的塞加马河谷。沙金主要分布于吉兰丹州南部。早在 20 世纪 60~70 年代吉兰丹州就已圈定了金成矿带，虽具有一定的金成矿前景，却未有实质性突破。

3. 动物资源

在马来西亚原始森林中，动物品种丰富多样，栖息着濒于灭绝的异兽珍禽，国宝动物有犀鸟、马来熊、类人猿、穿山甲，哺乳动物有 286 种，鸟类有 736 种，两栖爬行类动物有 406 种，野生动物数量也很多，如狐猴、长肢巨猿、白犀牛和猩猩等。目前世界上仅存的 7 种海龟在大马就发现了 4 种，分别是玳瑁海龟、棱皮龟、绿海龟和黎德利海龟。棱皮龟是体型最大的龟，重约 800~900 千克，最大体长可达 3 米，西马东海岸是棱皮龟登陆的主要地点。兰花、巨猿、蝴蝶被誉为马来西亚的三大珍宝。马来西亚有 2000 多种蝴蝶，红颈鸟翼蝶被视为国蝶。鱼类分布在大马沿海和内河，主要有白鱼、宝刀鱼、墨鱼、金枪鱼、海河豚等，据统计马来西亚是世界上人均消费鱼类产品最多的国家，略高于日本。马来西亚每年人均消费鱼类产品 56.5 千克。近年来随着生活水平的提高，越来越多的大马人开始购买价格相对昂贵的鳕鱼、鲑鱼、鲍鱼、贻贝、生蚝等进口海产品。

2010 年大马还发现了几种珍稀动物，野生珍稀哺乳动物主要有 5 种。①棕色皮毛的毛鼻水獭——世界最濒危的物种之一，位于婆罗洲北部的沙巴州森林保护区。曾被认为已经绝迹，只在越南和柬埔寨出现过几次，在马来西亚已超过百年未出现。②獭狸——名列东南亚濒危麝猫名单榜首，在 "食肉动物保护" 计划中被认为是 20 个不同种类食肉动物之一。獭狸活跃在湿地并且活动范围很大，但由于其栖息地的不断减少和伐木活动的影响也面临灭绝。③马来麝猫——东南亚较为普遍的夜间活动哺乳动物，不过科学家仍不能准确确定马来麝猫的数量。麝猫在大马受《野生动物保护法》的保护，也是 "食肉动物保护" 计划中被发现的 5 个麝猫种类之一。④巽他臭獾。臭獾一旦遭遇威胁就会喷射臭液，让人退避三舍，与臭鼬相似，也是在 "食肉动物保护" 计划中发现的 20 个不同种类食肉动物之一。⑤滑毛獭——在国际自然保护联盟红色名录中属于濒危等级，在野外面临灭绝的风险很高。马来西亚最大的野生动物聚居地位于京那巴登岸河的下游，特别是苏高区被认定为拥有丰富的野生动物资源，也是著名的马来西亚旅游景点之一。在京那巴登岸河你可以观赏到灵长类、爬行类以及鸟类等各种野生动物，最常见的有长鼻猴、猿猴、犀牛等。其他吸引人的动物包括红毛猩猩、猕猴、大象、云豹、犀鸟、鳄鱼、爵猫及水獭等。马来西亚爬行动物以蛇居多，共有 150 种蛇类，如热带巨蟒、金环蛇、竹叶青、树蛇、蝮蛇、眼镜蛇等。大马的鸟类分布很广，不同种类鸟的分布因栖息地和海拔高度不同而有差异，此地还可观赏到翠鸟、白鹭及其他品种的鸟类。

2015 年，世界自然保护联盟报告指出，大马共有 70 种哺乳动物濒临灭绝，是全球拥有濒临灭绝动物最多的十个国家之一。在全球哺乳动物种类最多的国家中，亚洲共有 3 个国家排在前 10 名，5 个国家排在前 20 名。而大马共有 336 种哺乳动物，排在第 17 名，至少有 15 种哺乳动物正濒临灭绝，其中包括马来亚老虎、鬣羚、穿山甲、亚洲大象、犀牛、婆罗洲猫、白臀野牛、毛鼻水獭、马来貘、长鼻猴及平头猫。

（三）人口与行政区划

1. 人口

2014 年 2 月 28 日马来西亚国家统计局公布，该国人口总数首次突破 3000 万人，达到 3565 万人。预计到 2040 年，马来西亚人口将达到 3850 万人，其中男女比例将基本持平，分别约为 1960 万人和 1900 万人。据新加坡《联合早报》报道，截止到 2014 年，全球人口总量突破 72 亿人，达到 72 亿 1656 万 2846 人。大马人口突破 3000 万人大关，成为亚洲第 17 大及全球第 42 大国家。华人将从 2010 年的约 25%，下跌至 2040 年的 18%。而马来人依然是最大族群，2040 年将占总人口的 54.1%，华人 710 万人、非马来人土著 520 万人、印度人 230 万人，其他种族约 24 万人。至于定居马国的非公民人数，则预计将达 230 万人。①

另外，从人口结构看，2013 年人均寿命男性为 72.6 岁，女性为 77.2 岁。马国老龄化人口将越来越多，到 2021 年马国将会成为人口老龄化的国家，到 2040 年 65 岁及以上的人口预计将达到 440 万人，占总人口的 11.4%。

马来人在政治上具有主导权，是马来文化与风俗的虔诚穆斯林推广者。某些非马来族也被授予土著地位，其中包括占族、高棉人、泰人以及沙巴和沙捞越的土著。在沙捞越，非马来族土著人口占 50% 以上，在沙巴，土著人口超过 2/3。为数不多的原住民群体（Orang Asli）也住在半

---

① 《马来西亚人口破 3000 万，华族 2040 年料下跌至 18%》，中国新闻网，2014 年 2 月 28 日，http://www.chinanews.com/hr/2014/02 - 28/5894070.shtml。

岛上。关于各州法律规定的谁能获得土著地位的文案各不相同。不过只要是马来西亚的土著（Bumi），就有权享有房屋折扣等优惠政策，华人、印度人虽同为马来西亚人，却无法享有此权利。

2. 行政区划

全国共有 3 个联邦直辖区和 13 个州。3 个联邦直辖区即吉隆坡、布特拉加亚和纳闽，13 个州即西马的柔佛州、吉兰丹州、吉打州、马六甲州、彭亨州、森美兰州、槟榔屿州、玻璃市州、霹雳州、雪兰莪州、丁加奴州和东马的沙巴州、沙捞越州，其中西马又可分为北马区、中马区、东海岸和南马区四部分。布特拉加亚（简称布城）联邦直辖区是联邦政府的行政中心，坐落于吉隆坡市与吉隆坡国际机场之间，面积约 49 平方千米，1999 年 6 月总理府及部分政府工作人员迁入此地，5 年后搬迁完毕。各州的行政首长被称为州长或苏丹，由玻璃市、吉打、吉兰丹、丁加奴、彭亨、森美兰、柔佛、霹雳、雪兰莪 9 个州的世袭苏丹和马六甲、槟城、沙捞越、沙巴 4 个州的州元首所构成。最高元首和副最高元首在 9 个世袭苏丹中轮流选举产生。

（1）北马区（四个州）

玻璃市州（Perlis） 首府是加央（Kangar），亚娄是加央的"皇城"。玻璃市曾经是吉打王朝的一部分，泰国暹罗王朝也曾统治过该地区的许多地方。1821 年，吉打被泰国占领，吉打苏丹被迫接受暹罗王朝所提出的全部条件。1909 年英国取得玻璃市管辖权，一直到 1957 年马来亚独立为止。玻璃市是马来西亚最小的一个州，面积只有 821 平方千米，北邻泰国，人口为 24.01 万人。玻璃市大部分土地是农田，稻田绵延，如诗如画。玻璃市州主要受热带季风和暹罗湾东北季风影响，玻璃市的 1～4 月为旱季，5～12 月为雨季。

玻璃市由亚娄、加央、加央港及巴东勿刹的主要市镇组成。著名的旅游景点兰卡威就是从加央港和吉打港进入的，巴东勿刹是旅客经陆路到达泰国口岸的必经之地。

玻璃市的土质除了适合种植稻米、甘蔗等农作物外，也适合种植芒果等热带水果。另一项重要的经济活动为伐木业及捕鱼业。近年来，州政府大力发展中型制造业、轻工业。

槟榔屿州（Pulau Penang） 又名"槟城"，首府是乔治市（Georgetown），它位于马来西亚西北方海岸边。槟城以"东方之珠"而闻名，是东方城市中最浪漫、最如诗如画的城市之一。因该岛上的槟榔树而得名。1786年槟城被英国殖民者开发为远东最早的商业中心，如今的槟城已是一座具有东西方独特情怀及各色文化交融的熙熙攘攘的大都市。其人口约196.69万人，面积约9500平方千米。槟城州被槟城海峡分为槟城岛和威斯利区，由槟威大桥和第二槟威大桥将两地连接在一起。乔治市位于槟城岛，是一座具有历史传统价值的城市，如今也已发展成现代化都市了。

槟城是游客们的购物天堂，在这里可以买到各种物美价廉的商品。跳蚤市场里有峇迪布料、纪念品、照相机、古玩及服装饰品等，槟岛美食闻名遐迩，从各类娘惹美食到小档口的炒粿条、油饭、槟城叻沙等，其食物风味和其他州属有所区别。

槟城亦是集贸易交往、农业、工业、旅游业于一体的经济体。在高新科技工业方面，许多国际电子公司纷纷到槟城设厂，主要生产电脑的附属配件、电路板或芯片等。在农业方面，部分土地以种植稻米、油棕、橡胶及热带水果为主。槟城港口属于深水港，地理位置优越，连接了马来西亚到世界各地的近200个港口。

吉打州（Kedah） 首府是亚罗士打（Alor Setar），位于马来西亚（西部）和泰国边境，面积9500平方千米，人口196.69万人，主要居民为马来人。原属暹罗（泰国的旧称）管治，19世纪末划归英国统治（当时马来西亚是英国殖民地）。位于岸外的兰卡威岛是吉打州的一个旅游胜地。每年7~8月为降水最密集的时期，平均最高气温为34℃，最低气温为22℃。

除此之外，吉打州盛产稻米，稻米总产量为全国的1/3，是马来西亚的"鱼米之乡"。马来西亚的第一任总理东姑·拉赫曼与第四任总理马哈蒂尔都来自此州。亚罗士打，是州政府办事处和皇族居住地，也是主要的商业中心。一踏入吉打州，映入眼帘的就是那一望无际的"稻海"，煞是美丽。吉打最吸引眼球的是它那朴素的风光及奇特的自然景观、辽阔的田野、苍翠繁茂的热带雨林及烟雾弥漫的山脉。

霹雳州（Perak）　首府是怡保（Ipoh），是马来西亚在马来半岛的11个州当中第三大的一个州，位于马来西亚西北部的马、泰边境，因其山明水秀，又称"小桂林"，也是商业与行政中心。面积约21000平方千米，人口约有246万人，州内共分为10个县，主要城镇包括怡保、金宝、太平、瓜拉江沙、红土坎、安顺等。霹雳取自马来语"Perak"，意思是"银子"，据说当年这里被发现有锡矿，却误以为是银，后来虽辨认是锡，但"霹雳"这一州名却依旧保留至今。1983年，由于锡工业开采严重下滑，该州政府由开采业逐渐转向工业、农业、建筑业等领域。此外，州政府逐渐重视渔业、林业及旅游业等经济活动。霹雳州是马来西亚比较发达的州，首府怡保已逐渐发展成为重要的工商、教育及投资中心。霹雳州还是马来西亚主要的橡胶产地，其出产的橡胶闻名国内外市场。

霹雳州的交通四通八达，从吉隆坡、北海或其他城市均有巴士及的士服务通往怡保或其他市镇。霹雳州的美食数不胜数，在怡保市不妨尝尝当地著名的美食，如沙河粉、炒粿条、偏担饭、盐焗鸡和芽菜鸡等。

（2）中马区（两个州）

雪兰莪州（Selangor）　首府是沙阿兰，是马来西亚发展得最好、最富裕的一个州，也是城市最多、人口最多的州。总面积为125000平方千米，位于马来半岛西海岸。雪兰莪州属于海洋性气候，年平均气温在22～31℃间，降雨少，海风较大，每年3～4月为集中降雨期。

雪兰莪是进入马来西亚的主要入口之一，吉隆坡国际机场（KLIA）就建在雪兰莪州的雪邦区。马来半岛西海岸的巴生区——巴生港，是雪兰莪州最重要的一个港口。因为雪兰莪州和马来西亚首都吉隆坡最近，雪兰莪州在商业经济发展及政府行政效益上都获得了巨大的便利。近几年来，吉隆坡国际机场、多媒体超级走廊及科学园区等比较关键的部门极具战略意义的发展机构皆设在雪兰莪州境内。其基础设备及电子通信设施是全马最好的，也是国内大专院校较多的一个州。雪兰莪州基础设施及经济发展较好，加上丰富的文化及富有情调的生活方式，吸引了大批游客到此游玩。这里拥有现代化及富丽堂皇的购物中心，并且提供多样化的商品供顾客选择，是购物者的天堂。这一现代化的都市当然也有许多传统的小商店及夜市，为旅游者提供价廉物美的货品。

雪兰莪州西部为冲积层地质，土地肥沃，是水稻的主要种植区，其他农产品还有椰子、玉米、花生、咖啡、橡胶等。

马来西亚首都吉隆坡（Kuala Lumpur，KL）被雪兰莪州环绕，是大马三个直辖区之一，处在马来半岛中央偏西的海岸。2007 年吉隆坡人口约 190 万人，总面积为 243 平方千米，是马来西亚商业、文化、政治、经济、工业、金融交流中心。坐落于吉隆坡市中心的吉隆坡石油双塔是吉隆坡的著名地标。吉隆坡是一座新旧辉映、东方色彩与西方文明有机融合的新兴国际化大都市，也是一个具有独特魅力、充满多元文化气息的城市。

森美兰州（Negeri Sembilan） 意思为"九个区域"或"九州"。位于马来半岛西海岸，吉保山脉横贯全州，地势由北向西南逐渐降低。乡村景色是其主要特色，都市只占其中一小部分。以前州内经济以农业为主，后来随着许多工业区的设立，州政府推行了农业和工业平衡发展的经济计划。

米南加保人（Minangkabau）深刻地影响着森美兰州的建筑风格。在几个世纪前米南加保人从苏门答腊经过马六甲海峡，千里迢迢来到这里。森美兰州建筑屋顶的形状类似水牛的两个角。森美兰州的米南加保人还保留着传统的母系社会习俗（Adat Perpateh），该州是全国唯一还保留此习俗的州属。

波德申海滩是州内最著名的海滩，离吉隆坡市区不远，每逢假日海滩就人潮涌动。此地还有各种大自然风光和历史古迹文物。

（3）东海岸区（三个州）

吉兰丹州（Kelantan） 位于马来半岛东海岸，面临浩瀚的南中国海。首府是哥打巴鲁（Kota Bharu）。面积为 15099 平方千米，人口为 167.05 万人。居民多以捕鱼及务农为生。该州的人口以马来人为主，其次是华人、印度人和其他族。该州属热带气候，气温高，降雨较多，每年

11 月至翌年 1 月为雨季，经常会发生暴雨现象，严重时还会引发洪涝灾害。

吉兰丹是马来文化色彩最浓郁的一个州。大马国内最好的手工艺品就在此地，如银器、衣服布料及篮子等。水力资源丰富，吉兰丹河及其支流自南往北流贯全州。中下游交界处的瓜拉吉赖把全州分为南北两部分。北部地区经济较发达，下游三角洲盛产稻米，被誉为马来西亚的"谷仓"。沿海有椰林，渔场很多，道北和巴佐为渔业基地。该州橡胶园广泛分布，还出产油棕、椰子、烟草等。工业主要以卷烟业为主，烟草占全国产量的 70%。与北部相比较，南部地区经济发展较差，原始森林面积占 88%，有锰、金、铁、锡和铀等矿产资源。草席与蜡染纱笼是该地著名的工艺品。

丁加奴州（又译为登嘉楼州，**Terengganu**） 面积 13035 平方千米，人口超过 100 万人。北接吉兰丹州，西南边及南端接彭亨州。丁加奴州年平均气温在 26℃ 左右，降雨较多，每年 10 月到翌年 3 月为雨季。该州拥有很长的沙滩，其面向南中国海的海岸线长达 240 千米，州内人民主要以捕鱼为生。州首府是瓜拉丁加奴市。丁加奴和北部的吉兰丹非常相似，拥有浓厚的马来文化色彩。

在过去的 10 年时间里，随着丁加奴岸外的南中国海处挖掘出油田，丁加奴州的经济突飞猛进。曾经的小镇华丽变身为现代化的都市。农业、家庭加工业及造船业为州内其他主要经济活动。丁加奴州政府一直在尝试扩大该州经济活动的范围。

每年的 5 ~ 9 月，兰道阿邦海滨（Rantau Abang）会吸引海龟（巨大的棱皮龟）到海滩产卵。丁加奴州的人民在如诗如画的乡村过着节制、安和乐利的生活，人民的生活深受宗教传统及文化的约束。丁加奴州人民备受称道的是他们的手工艺品及出色的造船技术。

丁加奴州是海滩滑浪者的天堂，长约 225 千米的海岸线上有布满洁白细沙的海滨、特色十足的渔村、蓝绿色的海水及诱人的海岛，使之成为名副其实的度假地点，深深吸引着国内外的游客。

彭亨州（**Pahang**） 位于马来半岛东部，东临南海，海岸线总长

209 千米。为马来西亚最大的州，面积 35963 平方千米，首府为关丹。地处广阔的彭亨河流域。其西部由中央山脉怀抱，北部接高原东部。据赵汝适所著《诸蕃志》（1225）记载，彭亨属苏门答腊的室利佛逝王国。15 世纪后为马六甲王国的一部分，后受南方的柔佛控制，柔佛终于建立了独立的苏丹国，并于 1887 年受英国保护。1895 年彭亨成为马来联邦的一邦，第二次世界大战后加入马来亚联邦。

北有大汉山脉、丁加奴高地和金马仑高原，西为吉保与武弄两山脉的宽广山体，东为南海沿岸广阔平原，东南为浪平沼泽洼地。彭亨河流贯全境，水量丰富。彭亨州有比勒与珍妮两个天然湖泊。内地为宽广肥沃的山间盆地，有两个国家重点垦殖区，将近全州面积的 40%。大部分地区为茂密森林覆盖。中部是河流交错的平原，橡胶园面积广大，海岸边多椰林。沿海有 32 千米宽的冲积地，其中包括关丹、彭亨、珑宾（Rompin）、兴楼（Endau）和丰盛（Mersing）诸河三角洲和河口湾平原。居民稀少，有马来人、华人和半游牧的原住民。马来农民和渔民居住在沿河和沿海地区。西部较大城镇居民多为华人。

关丹和北干（Pekan）为最大的居民点。彭亨有公路通吉隆坡和新加坡，金马士—吉兰丹铁路贯穿全区。关丹是马来半岛东岸最重要的港口，在宜兰角（Tanjung Gelang）有新式港口设备作为补充。内河运输虽极为分散，但在无公路的内地仍很重要。沿彭亨河、铁路线和主要公路有橡胶园。沿海三角洲大面积种植水稻，并出产椰子、烟草、古塔胶（黏性树乳生成物）、藤条和大麻。大规模发展计划已清除几百平方千米茂密森林，有生产油椰和橡胶的种植园，并使几十万人迁居到新村。云冰（Rompin）铁矿储量丰富（1970 年停止开采），劳勿（Raub）金矿资源较为丰富。双溪林明（Sungai Lembing）为全国主要深层锡矿之一，1888 年开始开采。马来西亚的重要石油田和天然气田位于南海靠近海岸处。大汉山国家公园在彭亨区东北部，占地 4343 平方千米，其中有马来半岛最高的大汉山（2190 米）。

（4）南马区（两个州）

马六甲州（Melaka Town）　位于马来半岛西南部，北邻森美兰州，东南接柔佛州，西邻马六甲海峡。每年 3 月到 5 月降雨比较集中。马六甲州面积 1664 平方千米。

马六甲州的两大经济支柱是旅游业和制造业。马六甲是观光马来西亚的窗口，它有丰富的文化遗产及许多历史古迹。除了旅游业，马六甲也是一个制造业中心。马六甲以饮食闻名，华、巫菜色交融的侨生美食更是让人垂涎欲滴。甚至在今天，许多葡萄牙占领以来的古代传统仪式还在进行，如 "Intrudu"（标志天主教四旬期斋戒开始的水节）、"branyu"（传统舞蹈）和 "圣 cruz"（一年一度街头庆祝的节日）。

柔佛州　首府新山（马来文称 Johor，即 "柔佛巴鲁"）。位于亚洲大陆最南端，东面为南中国海，西面为马六甲海峡，是马来西亚西部最南端的州属，南面隔柔佛海峡紧邻新加坡。该州由八个县组成：新山县、笨珍县、麻坡县、居銮县、巴株巴辖县、丰盛港县、哥打丁宜县、急昔加末县。柔佛属于赤道多雨气候，每年 11 月到翌年 2 月都会有来自南海的季风。年平均降水量为 1778 毫米，平均气温介于 25.5 ~ 27.8℃间。柔佛州的橡胶、油棕、菠萝、椰子种植面积和产量居全国各州首位。

东半部有赤道雨林及铁、铝土、锡、铌、钛、钽矿，沿海富水产，多小港口。林间杂有大片草场与沼泽丛林，栖息着野牛、象、犀牛、貘、虎、鹿等。东北部为全国重点垦殖区之一。工业有菠萝罐头、纺织、油脂、橡胶加工、纱笼工艺等。通过铁路与公路北上联系半岛各地，南下经新柔长堤直达新加坡。

柔佛州有橡胶园、椰子园、黄菠萝园及棕榈园，宁静的村落及幽雅的渔村坐落州里。柔佛州有众多历史建筑和文物、美丽的海岛、世界级的高尔夫球场、主题乐园，还有马来西亚的美食天堂。

（5）东马区（两个州）

沙巴州（Sabah）　马来西亚面积第二大的州，位于加里曼丹岛（又译为婆罗洲）的北部，早在 1881 年就被英国统治，直到 1963 年 9 月才和沙捞越一起脱离英国统治并入马来西亚联邦。沙巴为热带雨林气候，常年温度在 23 ~ 32℃之间，全年气候如夏，没有显著的雨季和旱季，下午时会伴有热带阵雨，四季适合旅游。沙巴自然资源丰富，京那巴打岸河一带被列为野生动物保护区，这里有 10 种灵长类野生动物，是生命演变最富裕的地带，如长鼻猴、人猿和婆罗洲的长臂猴。罕见的鸟类也可在这儿寻觅到。其"神山"京那巴鲁山最为吸引人，海拔为 4101 米。京那巴鲁山线条粗犷，兼具阳刚之美。动植物资源丰富，风景宜人，游人夏天可以来这座山上避暑，冬天可以来这里泡温泉。

每年 5 月，沙巴都会举行独有的一个节日——丰收节，庆祝长达一个月，庆典上还可以看到多姿多彩的嘉达山杜顺传统表演、民谣歌唱，游客们可以尽情地参与舞蹈、品尝美食及传统游戏运动，非常热闹。沙巴基本上没有台风、地震等自然灾害，也被叫作"风之下乡"。沙巴也是世界顶级潜水胜地之一，水上项目丰富多样。

马来西亚的纳闽联邦直辖区（Wilayah Persekutuan Labuan，简称 Labuan）位于文莱湾的北部、沙巴州西南部，面向南中国海，被称作婆罗洲的花园岛屿。纳闽是一个自由港及旅游胜地，是东马的免税岛，这里的众多物品价格便宜。受欢迎的畅销物品包括首饰、纺织品、香水、运动器材、电器及酒精饮料。纳闽也是亚洲保护最完善的神秘地区之一，旅游景点都具有历史文化价值，不同文化背景的人们和谐共处。其四周被珊瑚礁环绕，呈现出一片雅致安宁的海洋生态景色。

沙捞越州　被称为"犀鸟之乡"（Sarawak），首府为古晋市。犀鸟，在沙捞越为受保护的一种鸟类，是沙捞越州的象征。沙捞越州是马来西亚面积最大的州属，总面积约 124450 平方千米。位于婆罗洲北部，南与加里曼丹交界，北接文莱及沙巴，一共分为 9 个区域。沙捞越 2/3 的土地是热带雨林，高温多雨，沿海地带年平均气温为 25～30℃。年平均降水量为 3283 毫米左右，每年 10 月至翌年 3 月为雨季，7 月降水量最少。总人口为 170 万人，共有 23 个族群。

该地向来是以大自然生态及丰富的文化而闻名世界。沙捞越的海岸线拥有丰富的石油，其经济主要仰赖丰富的天然资源，液化天然气和石油是马来西亚联邦经济的主要支柱，天然气主要出口日本。其他的经济来源为沙捞越盛产的黑白胡椒、西谷米、椰肉干、燕窝、橡胶及树桐等。马来西亚全国年生产 27550 吨胡椒，其中沙捞越就占了总产量的 90%。沙捞越土地辽阔，适于商品农业发展的用地广阔，是世界上最大的热带硬木出口产地之一以及大马的主要出口产地。大约有 32% 的土地被认定为适于农业耕种。

作为马来西亚联邦中面积最大的州，沙捞越的目标是到 2020 年时与该国其他州一起成为经济高度发达的地区。沙捞越的经济增长主要依靠商品农业、建筑业、制造业和服务业。大量的廉价土地和丰富的自然资源已成为投资者来此发展制造业的一个很有吸引力的因素。

二　经济发展概况

20 世纪 70 年代以前，农业是马来西亚的经济主体，主要以出口初级产品为主。70 年代以后，政府对产业结构进行了调整，大力推进制造业、电子业、服务业和建筑业的发展。同时实施的马来民族和原住民优先的"新经济政策"，旨在实现消除贫困、重组社会的目标。"新经济政策"不仅是一种经济政策，更是一种政治、文化、社会和族群政策。自 1987 年起，马来西亚经济连续 10 年以 8% 的速度增长。四年后提出将大马建成发达国家的跨世纪发展战略——"2020 宏愿"，高度重视发展高科技产业。1997 年受亚洲金融危机的影响，经济出现倒退。政府采取扩大内需和出口、稳定汇率、重组银行企业债务等政策，经济才逐步恢复并保持中速增长。2008 年末，国际金融危机影响到大马国内经济的发展，出口下降，政府为应对危机推出了刺激经济发展的措施。2009 年纳吉布总理采取了多项刺激马经济和内需增长的措施。2010 年政府公布了以"经济繁荣与社会公平"为主题的第十个五年计划，并出台了"新经济模式"，继续推进经济转型。马来西亚经济逐步摆脱了金融危机的影响，企业稳步回升势头良好。

（一）经济发展政策

马来西亚的"新经济政策"从 1971 年开始实施，至 1990 年结束，历时 20 年。"新经济政策"是马来西亚政府制定和推行的中长期经济发展战略，同时也是一种比较完整和全面的社会政策。敦·拉扎克总理在

1971 年 7 月向国会提出第二个马来西亚五年计划时表示，"新经济政策是国家和人民最后一次获得生存的机会"。[①] 新经济政策（又称为"原住民优先政策"）旨在进行有利于马来人的财富重新分配，以消除民族经济实力上的差别。不过其内容和实施过程早已超越了经济政策的范围，以经济领域的一系列政策为主线，涉及宗教、文化等非经济领域。该计划主要通过推进农村生活的现代化，促进城市经济快速、平衡的增长以及加强培养马来人工商业阶层，让马来人和其他土著居民能真正参与到国家经济活动中来。[②]

为了实现所有这些目标，政府明确表示要更加积极地干预经济，为低收入或无收入人士提供直接的经济援助，以便让他们获得最低的生活水平保障。在财政政策方面，为中下层人民提供免费医疗、免费教育和廉价住房，使中下层人士享受政府提供的公共服务，并且扩宽政府在教育、卫生和住房等方面的公共支出。政府直接干预商品市场，对一些主要的农产品，如橡胶和大米限定最低的保护价，控制产量和价格，让生产者不会因价格的波动而受到利益损害。此外，在"新经济政策"实施之前，多半马来人都生活在农村，以从事第一产业为主，在城市的马来人也以从事传统产业为主，这一低收入的劳动结构使马来人陷入贫困的状态之中。政府因此重视发展现代工业部门，帮助马来人摆脱贫困。马来西亚政府的目标是：到 1990 年，马来人与非马来人在第一产业部门就业的比重必须达到60∶40；在第二产业部门（包括建筑业、矿业、制造业、运输业和公用事业）就业的比重为 50∶50；在第三产业部门（包括金融业、批发与零售贸易、政府和其他服务业）就业的比重为 48∶52。

马来西亚是东南亚经济发展水平处于第二层次的国家中发展得最好的国家，它既拥有丰富的石油等矿产资源和橡胶、棕榈等热带作物资源，又拥有较高素质的人力资源，因此发展经济有较好的基础条件。2014 年马

---

① Karl Von Vorys, *Democracy without Consensus*, New Jersey Princeton University Press, 1975, p. 406.

② Government of Malaysia, *Second Malaysia Plan*（1971 – 1975）, *the Outline Perspective Plan*（1971 – 1990）.

来西亚国内生产总值为 3356 亿美元，增长率为 6%，人均国内生产总值为 11039 美元。

（二）第一产业发展概况

耕地面积约 485 万公顷。农业以经济作物为主，主要有油棕、橡胶、热带水果等。粮食自给率约为 70%。2014 年农业总产值为 582.5 亿林吉特，占国民生产总值的 3.8%，就业人口 167.7 万人。① 马农业的重要组成部分之一为种植业，其产值约占国民生产总值的 5%。以生产热带林木为主，一度提供世界热带硬木消费量的 25%，是世界上热带硬木的主要生产国和出口国。马来西亚还是全球第三大天然橡胶生产国和出口国，橡胶导管、橡胶手套及乳胶线名列出口生产国首位，也是全球第五大橡胶消费国。

马来西亚政府很重视对渔业资源的开发。渔业以近海捕捞为主，近年来深海捕捞和养殖业有所发展。马来西亚海岸线长达 4192 千米，沿海鱼类多达 1000 多种，250 种有食用价值，渔民捕捞食用仅 100 多种，其中海鱼占 90%，淡水鱼占 10%，主要有红曹鱼、江鱼、马鲛鱼、鳗鱼等。大马还盛产螃蟹、虾、蚝和其他贝类。渔业发达的主要原因是深海捕捞技术的创新以及对近海渔业资源的保护。

马来西亚有水草丰富的灌溉草场，很适宜发展畜牧业。1994 年畜牧业生产约增长 10%，产值达到 387 万林吉特。增长的主要原因是家禽和猪的饲养量增加，这两项经统计达到 270 万林吉特，约占畜牧业的 70%。大马农业部大力发展无疫病畜牧业，并向泰国、新加坡及中国香港等地出口家畜，还从国外引入品种优良的家畜来不断促进本国家畜业的更新换代。马来西亚禽畜业主要以鸡、牛、羊、猪、蛋以及乳品加工为主，占国内生产总值的比重为 0.7%，占农业总产值的比重为 8%。

近年来，马来西亚肉蛋奶的需求量为 246 万吨，其中，鸡肉、鸡蛋、猪肉自给率已超出 100%，但绝大部分牛奶、奶制品、牛羊肉需从国外进

---

① 《马来西亚国家概况》，中华人民共和国外交部网站，2015 年 7 月，http://www.fmprc.gov.cn/web/gjhdq_ 676201/gj_ 676203/yz_ 676205/1206_ 676716/1206x0_ 676718/。

口。马来西亚禽畜业以养鸡业为主流，全国90%的养鸡场和屠宰场集中在西马，占禽畜生产总量的55.7%。

（三）第二产业发展概况

马来半岛的主要工业有橡胶、轻工业、电子工业、锡矿开采、油棕加工制造业、熔炼行业、伐木业和木材加工业，重点发展电子、汽车、钢铁、石油化工和纺织品等。大马政府鼓励以本国原料为主的加工工业，加工业在大马国民经济中比例最大、最为重要。全国有200多个工业区和工业园区以及13个国家自有工业区。沙巴和沙捞越主要以石油生产和精炼工业以及农产品加工业为主。2014年，马来西亚制造业领域GDP为2055.3亿林吉特。

马来西亚矿业以锡、石油和天然气开采为主，马来半岛11个州中9个有锡矿，但霹雳州和雪兰莪州最多。截至2015年，马来西亚探明的石油和天然气总储量为194.9亿桶。大马是原油和天然气的净出口国，是世界第三大天然气出口国，生产的油气主要出口到日本、印度、泰国和中国。

马来西亚煤炭储量约为17亿吨，主要分布在沙捞越州、沙巴州、霹雳州、雪兰莪州和玻璃市州，其中位于沙捞越州的有14亿吨（约82%）。沙捞越州的美里—皮拉煤田煤层厚约1～3米，为高挥发、中灰分、低硫次的烟煤，资源量超过3.87亿吨。锡里泰克煤田煤层厚约1米；宾土卢煤田蕴藏有2000万吨高挥发、低灰分烟煤，热值可达29301～31394千焦/千克，除用于电力生产以外，其余部分主要用于水泥和钢铁生产。

2014年马来西亚矿业GDP为641.4亿林吉特。生产的其他主要矿产有煤、锡、金、铝土矿、稀土矿、铁矿石、钛铁矿、硅砂和高岭土等。在大马矿业生产中具有较大规模的是石油、天然气和工业矿物，煤炭、黑色和有色金属开采均为小规模矿山形式。2020年之前，马来西亚将逐步改善能源结构的不平衡状况，增加新能源包括太阳能、小型水力发电、生物质能在能源发展中的比例。大马新能源补贴的资金主要来自消费者而非财政部。其中，对太阳能的补贴最高。

（四）第三产业发展概况

目前，服务业在马来西亚国民经济中的比重越来越大，从 1990 年占 GDP 比重的 46.8% 提高至 2013 年的 55.2%，成为全国经济结构中最大的产业部门。2013 年，马来西亚服务业出口额为 1254.7 万林吉特，占总出口额的 15.4%，同比增长了 1.1%。主要行业比重依次为批发零售、金融保险、政府服务、房地产和商业服务、通信、运输仓储。2014 年马来西亚服务业占国内生产总值的 55%，随着政府对服务领域的逐渐开放，预计到 2020 年服务业将占国内生产总值的 60%。[1]

马来西亚对外贸易在国民经济中占重要地位，自 1995 年以来，外贸依存度达 150% 以上。从 1998 年起，马来西亚连续 16 年保持贸易顺差。21 世纪以来，对外贸易增长较快，2001～2008 年对外贸易平均增速在 25% 以上。2009 年，马来西亚对外贸易额受全球金融危机影响较大，外贸总额降幅达 16.6%。2010 年外贸恢复强劲，总额达到 11686 亿林吉特，同比增长 18.3%，接近 2008 年金融危机前的水平。2011～2013 年，在全球经济总体不景气的背景下，马来西亚对外贸易仍取得较好的成绩。2013 年，外贸总额达到 13688.9 亿林吉特，同比增长 4.5%，创历史最高纪录。其中，出口额达 7198.2 亿林吉特，同比增长 2.4%，进口额 6490.7 亿林吉特，同比增长 7.0%。其中，大马的出口产品主要是石油制品、液化天然气、石油、电子电器产品、棕油、棕油制品、木材及木材制品等。其中工业制成品占 76.4%，矿产品占 13.4%，农业类产品占 8.9%。[2]

2014 年旅游业对国内生产总值的直接贡献为 610 亿林吉特，总贡献达 1610 亿林吉特，成为马来西亚第三大经济支柱。2014 年赴马游客人数为 2743.7 万人次。[3] 同期的旅游业收入增长 13.2%，达到 106 亿美元

---

① 《马来西亚预计 2020 年服务业将贡献 60% 国内生产总值》，〔马〕《南洋商报》2014 年 4 月 17 日。

② 《宏观经济》，中华人民共和国驻马来西亚大使馆经济商务参赞处，2014 年 7 月 2 日，http://my.mofcom.gov.cn/article/ddgk/201407/20140700648581.shtml。

③ 《马来西亚国家概况》，中华人民共和国外交部网站，2015 年 7 月，http://www.fmprc.gov.cn/web/gjhdq_676201/gj_676203/yz_676205/1206_676716/1206x0_676718/。

（约353亿林吉特）。预计亚太区旅游业年度增长率为4.9%。中国预计将在2023年成为世界最大的旅游经济体，东南亚游客人数则位居第二。在马来西亚旅游转型计划中，政府将采取积极行动瞄准高净值游客，以恢复马来西亚的中国市场，仅凭政府及业界努力并不够，利用游客所分享的游记和旅游攻略以及网络影响力则更大。政府也将会加快推进绿色旅游、医药旅游及购物旅游。

虽然赴马来西亚旅游的人数比新加坡和泰国多，但旅游收入少于新、泰两国。在2014年，赴马来西亚旅游的游客达2700万人次，泰国为2500万人次，新加坡为1500万人次。其中泰国的旅游收入高达380亿美元，新加坡有180亿美元，马来西亚却仅有170亿美元。[①] 预计10年后，旅游业对马国内生产总值的直接贡献将增至959亿林吉特，总贡献预计上升至2622亿林吉特。

马来西亚对外出口市场以东南亚、亚洲其他地区、欧洲、美洲、大洋洲为主，电子电器、机械设备及零配件、化学化工品等为主要进口产品，半成品、生产材料及消费品分别占58.4%、15.2%和7.3%。前十大进口来源地依次为中国、新加坡、欧盟、日本、美国、泰国、中国台湾、韩国、印尼和越南。马政府一直欢迎外商在制造业领域的投资。20世纪70年代，推行出口导向型政策后，欧美和日本部分制造加工业转移到马来西亚。1997年亚洲金融危机爆发后，马受到较大冲击，尽管采取了征收撤资税等措施，外来投资还是呈下滑趋势。21世纪以来，随着对贸易、投资的不断开放，谨慎的宏观经济政策的实施以及在关键领域采取结构改革，马来西亚经济得以恢复并取得较大发展，外商投资日趋活跃，并成为推动该国经济发展的重要因素。2013年的全球外国直接投资增长率为11%，同年马来西亚外来直接投资额创新高，达387.7亿林吉特，同比增长24%，而东南亚其他国家仅为2.4%。马来西亚吸引外资的领域主要集中在制造业、服务业及矿业。服务业则主要集中在金融保险及信息通信行业。前五大外资来源地分别为日本、新加坡、荷兰、中国香港及英属维尔

---

① 《旅游业成为马来西亚第六大经济支柱》，〔马〕《南洋商报》2015年8月5日。

京群岛。

马来西亚公路网在整个东南亚都算是比较好的，贯穿马来半岛南北的主要干线为公路和铁路，航空业也较发达。公路四通八达、纵横交错，目前大部分公路为柏油、混凝土路面，建筑工程质量相当好，坡度不大，很少有急弯。马来西亚是东南亚地区公路里程最长、公路质量最好的国家。2013 年全国公路总长 14.4 万千米。至 2013 年底，已注册机动车 2381.9 万辆。2013 年马来半岛铁路总长 1641 千米，马来西亚火车分快车、直达普客、短途客车和"市场火车"四类。旅客也有机会搭乘豪华的东方快车，享受 41 小时的东方快车行程，从新加坡出发，经过吉隆坡，直接进入泰国曼谷，然后再原路返回。

大马内河运输不发达，海运 80% 以上依赖外航。东马的河流弥补了公路的不足，是沟通沿海和内陆的主要通道。海运在大马占有很重要的地位。马六甲海峡集中了世界上许多重要的航线，海峡东岸是马来西亚经济重心地带，拥有全马最重要的港口和最大的海运量。海运业的发达，给当地港口旅游业的发展带来了契机。马来西亚也力争使这些风景怡人的港口城市成为国际知名的海滨度假村。近年来大力发展远洋运输和港口建设，主要航运公司为马来西亚国际船务公司，主要港口有巴生、槟城、关丹、新山、古晋和纳闽等。民航主要由马来西亚航空公司和亚洲航空公司经营。

全国机场分布广泛，共有 25 个，其中国际机场有 7 个：兰卡威、吉隆坡、哥打巴鲁、槟城、哥打基纳巴卢、新山和古晋。2013 年的旅客量为 8101.6 万人次。马航有飞机 89 架，辟有航线 113 条。1996 年 11 月，航空公司投入运营，有飞机 188 架，辟有航线 83 条。20 世纪 90 年代初期，马建筑市场蓬勃发展，1997 年亚洲金融危机之前，年均增长 14.8%。金融危机爆发后，该行业受到重创。2006 年，马来西亚宣布执行第九个五年计划，启动部分政府工程和公共项目，建筑业开始缓慢复苏。2008 年，政府为应对国际金融危机推出了 670 亿林吉特的财政刺激计划，对该国建筑业起到了积极的推动作用。2009 ~ 2013 年，建筑业产值保持增长态势。2013 年总产值 294.2 亿林吉特，同比增长 10.9%，占 GDP 的 3.7%。

第二节 政治发展简史

马来西亚历史悠久，其政治发展也是一个漫长的过程。公元前 300 年左右，随着生产力的发展，马来半岛逐渐形成氏族社会。1 世纪至 15 世纪这段时期，马来群岛处于奴隶社会和封建社会时期，在马六甲王国出现以前，虽出现过如狼牙修、室利佛逝等较为强大的王国，但地区政治极不统一的特点并未发生改变，直至马六甲王国的形成。马六甲王国是马来西亚历史上首个统一的封建王国。西方列强于 16 世纪开始进入马来半岛，在马来半岛开始了长达 300 多年的殖民统治，1957 年，马来亚联合邦在英联邦内独立，1963 年 9 月 16 日马来西亚联邦正式宣告成立。马来西亚联邦成立后，新加坡由于与马来西亚联邦政府不论是经济上还是政治上都存在一系列不可调和的矛盾，最终于 1965 年 8 月 9 日退出马来西亚联邦，独立为国。马来西亚的政治在曲折中缓慢前进。

一 古代史部分

马来群岛地区是一个具有悠久历史和古老文化的地区，其古代政治发展可分为两部分，即史前政治时期和古代政治时期。需要指出的是，马来群岛地区并不仅仅是今天的马来西亚的范围，而是范围更广的使用马来语的主要区域，包括今天的马来西亚、印尼、文莱、新加坡及泰国南部和菲律宾南部等地区。

（一）史前政治

马来西亚的史前史主要分为三个时代：旧石器时代、新石器时代和金属时代。据考古学家估计，现今马来西亚境内的旧石器时代的文明开始于3.5 万 ~4 万年前，而中石器时代在越南出现了"和平文化"，考古学家也称这一时代为"和平时代"。这一时期马来亚的居民是美拉尼西亚人，当时的人类虽然伦理观念尚未完全确立，但已形成明确的男女分工，对自然现象有了崇拜意识，而根据考古学家推测，那时马来亚已出现图腾社会，且氏族社会组织的迹象已经开始显露。

新石器时代与旧石器时代的区别主要在于生产力发展水平不同，新石器时代制作石器的技术得到极大提升，而马来半岛文化发展程度存在极大的不平衡，一些先民活在石灰岩洞中，另一些则生活在开阔地带。①

进入金属时代后，马来亚居民的生产力水平再次得到极大提升，当地居民已经组成部落，马来地区间的社会交流十分活跃，与外界交流也不断加强。最终，由于马来半岛以及马来群岛的特殊区位优势，一些地区发展成为对外贸易的港口，而有些港口因其较好的贸易条件发展成为富裕发达的地区。由于港口不断发展，港口地区也就形成了早期政府，其统治者有可能就是之后马来亚进入土邦早期封建社会建立的君主制度以及早期国家的开国统治者。②

（二）古代政治

自公元后有史记载以来，随着生产力的发展，马来群岛地区开始出现多个封建王国，但在15世纪以前马来群岛始终处于多个原始封建王国并存的状态，因此15世纪前马来群岛的地区政治处于极为分裂的状态，直至15世纪马六甲王国的形成。

1. 15世纪以前的马来半岛

在新石器时代晚期，马来半岛的生产力水平获得极大提升，极大地促进了当地经济政治文化的发展。马来半岛地区原始封建国家开始相继出现。但是15世纪初以前马来半岛并没有如中国一样形成统一的原始封建国家，更多形成的是分而治之的王国或土邦国家。据中国史籍可考的有11个国家，即丹丹、盘盘、赤土、狼牙修、佛罗安、单马令、彭坑、吉兰丹、丁家庐、满刺加、柔佛。③

据东汉班固所编纂的《汉书·地理志》记载，马来半岛上最早的古国为都元国，在现今马来西亚丁加奴州龙运一带。都元国东临现今南中国

---

① 龚晓辉等编著《马来西亚概论》，世界图书出版广东有限公司，2012，第40页。
② 龚晓辉等编著《马来西亚概论》，世界图书出版广东有限公司，2012，第41页。
③ 龚晓辉等编著《马来西亚概论》，世界图书出版广东有限公司，2012，第44页。

海，是一个港口国家。西汉末年，王莽派往印度黄支的使者曾经过此地。2 世纪，在马来半岛的东北部（今马来西亚吉打州至泰国北大年府）出现了一个土邦王国，即狼牙修，在中国的古籍中亦称为龙牙犀角，在 2~5 世纪狼牙修曾受扶南国控制，直到 6 世纪，扶南国国力衰退，对狼牙修控制力减弱，狼牙修才逐渐恢复独立并日渐强大，最终成为马来半岛北部实力较强大的国家，同时也成为马来半岛的一个贸易中心。资料显示，该国人民、贵族和国王的穿着打扮有着明显的区别，居住条件差距较大，是一个具有奴隶制国家特点的国家，同时国家内部阶级对立十分明显。经济以农业与渔业为主。① 狼牙修在对外关系方面，与中国和印度往来密切。在狼牙修旁边是当时马来半岛另一个十分重要的国际贸易中心与土邦国家——羯荼。羯荼始建于公元初，在今马来西亚吉打州附近。羯荼与印度有着较为密切的关系，受印度文化影响较大。9 世纪前后，吉陀国出现并取代羯荼。11 世纪初，吉陀王朝受印度南部注辇（朱罗）王朝攻打，国力开始衰弱。与此同时，暹罗王国控制了马来半岛北部的小王国。14 世纪，该地区虽出现了由马来人统治的吉打国，但该国最终受暹罗的素可泰王朝控制。7~8 世纪，马来半岛地区先后出现了登牙浓、蓬丰、淡马锡等土邦政权。这些国家多受印度文化的影响，建立了初步的政治法律制度。

　　7 世纪开始，苏门答腊的室利佛逝（中国宋朝称"三佛齐"）王国开始崛起，马来半岛的许多国家纷纷臣服。室利佛逝王国位于苏门答腊岛东南部的穆西河上，借助良好的区位优势，室利佛逝王国成为最早的海洋大国之一，在后期的发展中，室利佛逝王国取得了非凡成就，这一时期马来半岛各地区的经济、文化、宗教等皆受其影响。室利佛逝因常年同爪哇和印度等势力发生战争及其权力中心逐渐转移，在 11 世纪前后国力开始衰退，13 世纪其势力范围只是原来的都城巨港的一隅，13 世纪末至 14 世纪初，室利佛逝王国最终被满者伯夷所灭。

　　13 世纪末满者伯夷势力在爪哇地区兴起，14 世纪初国力日渐强盛，

---

① 龚晓辉等编著《马来西亚概论》，世界图书出版广东有限公司，2012，第 44 页。

其人民受"军国主义"影响，消灭室利佛逝王国后建国并统一了马来群岛和马六甲海峡。但是，这样的统一只是暂时的，由于满者伯夷内部矛盾重重，王国发生内斗，国力受到严重削弱。在泰国入侵马来半岛后，王国势力更是一蹶不振，最终在 15 世纪末被伊斯兰势力所取代。

综上所述，15 世纪以前的马来半岛虽出现过数个强大的王国，但分裂始终是 15 世纪以前的马来半岛的特点。同时，马来半岛所建立的各个王国属于土邦王国，深受印度文化的影响。

2. 马六甲王国

15 世纪初马六甲王国建立，统一了马来半岛南部各邦，结束了马来半岛长达 15 个世纪甚至更长的分裂割据状态，最终形成马来西亚历史上第一个封建王国。马六甲王国由于发展商业经济活动以及农民与奴隶劳动强大，成为东南亚当时最强大的国家。马六甲王国凭借良好的区位优势，成为当时东南亚地区间贸易较大的繁华商港。在国内，它也建立了完整的政治制度和政权机构，吸收接纳以伊斯兰教为主的阿拉伯文化，奠定了一个统一的、由共同语言与宗教信仰所联结起来的马来民族基础。其丰富的风俗习惯与社会文化影响至今。①

马六甲王国建于 1400 年，另有说法是 1402 年。② 它的开国君主叫拜里米苏拉，其建立马六甲王国也有不同说法。根据《马来纪年》的记载，苏门答腊满者伯夷王国派兵攻打淡马锡王国，淡马锡国王仓皇北逃，经过柔佛海峡，到达现在马六甲城内的一个小渔村，在这里建立了马六甲王国。"马六甲"一词的起源是拜里米苏拉在此休息时曾依靠的树的名字。另一种说法是，室利佛逝王子拜里米苏拉是满者伯夷王朝统治者的女婿。1389 年满者伯夷王驾崩，因为他没有儿子继承王位，所以多方势力为了抢夺王位展开一场混战，拜里米苏拉最终战败，他逃往淡马锡之后受到淡马锡的一位暹罗将军多摩智的盛情款待，最终为了夺权拜里米苏拉杀了多摩智将军，成为淡马锡新的统治者。淡马锡在被拜里米苏拉统治 6 年后，

①　龚晓辉等编著《马来西亚概论》，世界图书出版广东有限公司，2012，第 47 页。
②　钱文宝、林伍光：《马来西亚简史》，商务印书馆，1990，第 7 页。

遭到暹罗讨伐最终战败，拜里米苏拉再次逃亡，最终到达马六甲。在6名"奥朗－劳特人"及当地马来人的帮助下，拜里米苏拉建立了马六甲王国。

马六甲王国建国初期，国力还十分虚弱。为了在政治上保障国家安全，马六甲王国同中国明朝政府、苏门答腊各国政府建立了官方关系。由于马六甲海峡阿拉伯商船往来频繁，以伊斯兰教为主的阿拉伯文化传入马六甲王国，其统治者也慢慢受到伊斯兰教教义的影响，出台了一系列依据伊斯兰教规制定的富国强民政策。马六甲王国因其良好的区位优势，建国后非常注重对港口的发展，很快便成为当时东西方贸易的枢纽和集散地，曾被誉为"东西方会晤处"。[①] 随着贸易的发展，马六甲的港口贸易制度逐渐形成并完善。当时通用以锡和金制造的货币，并建立起了一种公认的度量衡。政府设立了四个港主专司港口事务，并且形成完善的税收制度。马六甲王国的各级统治者皆因税金而富裕。15世纪中叶马六甲王国逐渐强大起来。

马六甲王国的第三任国王穆罕默德·沙统治时期，马六甲王国已建立起一套较为完善的君主制度。同时，马六甲王国已经彻底成为一个伊斯兰教国家。国王改称为苏丹，苏丹是国家最高元首，其下设三位大臣分管国家事务。分别是盘陀诃罗、天猛公和奔呼卢盘诃黎，分别掌管政务、军务司法和财政。总理即"盘陀诃罗"，管理国家的内外政务，发生战争时统领军队。军务大臣与司法大臣称为"天猛公"，负责训练军队和维持治安，同时兼掌礼部，若有使者来访觐见国王，则由天猛公主持仪式。财政大臣被称为"奔呼卢盘诃黎"，主管国家税务以及财政收支。苏丹颁布了一系列宫廷法规和严厉的法律，有些法律甚至沿用至今。第六任国王曼苏尔·沙统治时期，经过武装斗争，马六甲与暹罗达成互不侵犯的协定，并以武力征服了马六甲海峡沿岸各国，其势力范围几乎包括整个马来半岛和苏门答腊东岸，马六甲王国进入鼎盛时期，同时也成为当时东南亚最强大

---

① 钱文宝、林伍光：《马来西亚简史》，商务印书馆，1990，第8页。

的国家。伊斯兰教也随着马六甲王国的强盛在马来群岛传播开来。[1]

1488年，第八任国王马哈穆德·沙继位，虽然马六甲王国疆域不断扩大，但由于统治阶级内部矛盾日渐尖锐，国力开始衰退，西方列强势力也逐渐进入马来半岛，最终于1511年攻占马六甲，结束了马六甲王国的封建统治，使马来半岛沦为西方列强的殖民地。

二　近代史部分

（一）葡萄牙、荷兰殖民时期的政治

15世纪末，西方列强处于原始资本积累时期，而马六甲以其独特的区位优势以及繁荣的经济贸易吸引了西方列强的目光。1509年葡萄牙海军将领雪奎拉（D. L. Sequeira）率领实力强劲的葡萄牙舰队首次抵达马六甲港并试图入侵马六甲王国，遭到了当时苏丹马哈穆德·沙军队的强力抵抗，最终葡萄牙舰队战败。但是，战败的葡萄牙并不甘心放弃马六甲这块风水宝地，于两年后卷土重来。战争初期，马六甲王国的军民齐心协力抵抗外敌，一度击退葡萄牙人，但半个月后，马六甲军队由于装备实力大不如船坚炮利的葡萄牙军队，最终落败，马六甲地区沦为葡萄牙人的殖民地。马六甲王国的苏丹马哈穆德·沙逃亡至柔佛、彭亨和廖内群岛建立了一个新的王国，号称"柔佛廖内王国"。

葡萄牙殖民马六甲地区时并未建立完善的政治制度，只采取了一系列措施，使葡萄牙人对马六甲的统治范围只局限于马六甲城以及近郊一带。葡萄牙当时在马六甲地区设立总督为该地区的最高长官，由大法官、市长、助教等人组成咨询委员会协助总督处理行政方面的事务。在军事方面由将军协助总督处理军事事务，将军是海陆军的最高统帅。葡萄牙人也委派一些当地人参与管理当地的政事，由7名民选成员组成的市政委员会负责税收、调节当地人民纠纷等。宗教方面，葡萄牙殖民者执行反对伊斯兰教、宣传基督教、拆除伊斯兰清真寺建立基督教堂的宗教政策。在经济贸易方面，葡萄牙实行高税收制度并对穆斯林商人和英国商人百般刁难，葡

---

[1]　龚晓辉等编著《马来西亚概论》，世界图书出版广东有限公司，2012，第49页。

萄牙人对来港商船征收 6% 的税，后来增加到 10%，有些甚至增加至 20%，最终导致马六甲地区的贸易能力下降，16 世纪后期其贸易中心的位置最终被苏门答腊的新兴强国亚齐所取代。①

16 世纪末葡萄牙的海军实力下降，荷兰作为新兴的海上强国开始崛起，试图侵占葡萄牙在马六甲地区的势力。1630 年荷兰舰队开始封锁马六甲海峡，经过 10 年的封锁，荷兰最终取代葡萄牙占领马六甲。荷兰对马六甲的殖民统治长达 150 余年。在宗教方面，早在对马六甲殖民统治初期，荷兰为争取柔佛和亚齐两国的支持，允许伊斯兰教存在。但是在占领马六甲之后，其政策仍然有刁难异教徒的色彩。在经济制度方面，荷兰人继承了葡萄牙人的高税金制度，按规定，当地人从事贸易必须申领许可证，港口税更是高达 20%，同时规定马六甲所有的香料、胡椒、锡等只能由荷兰东印度公司卖，这样具有高垄断性以及高额收费的贸易政策更加削弱了马六甲的经济发展速度。同时荷兰人采用软硬兼施的手段，不断扩大其殖民势力，但由于其对当地农民强制征收严苛的税负，也因此遭到了他们的激烈反抗。

（二）英国殖民时期的政治

经过三次英荷战争，荷兰缺乏维持扩张的资源，彻底丧失海上霸权，英国成为马来亚的殖民者。第二次世界大战之前，英国殖民政府主要将马来亚划分为三个行政区统治，即海峡殖民地、马来联邦以及马来属邦。

海峡殖民地包括槟榔屿、马六甲、新加坡三个地区，属于皇家殖民地，由英国殖民大臣指定的总督在行政、立法两个会议的协助下进行统治。行政会议包括财政司、律政司等高级官员以及数名非官方成员。立法会议除高级官员外，还有 13 名非官方议员，其中的两人由商会选出。在槟榔屿、新加坡和马六甲三地分别设辅政司，与市政委员会一同管理相关事务。

马来联邦包括彭亨、雪兰莪、霹雳以及森美兰四个州，是英国政府的保护国，设总驻扎官，后称为"联邦辅政司"，向海峡殖民地总督负责。

①　马燕冰、张学刚、骆永昆编著《马来西亚》，社会科学文献出版社，2011，第 98 页。

殖民初期，英国在各邦设立州务会议讨论马来人的宗教与风俗问题，因此削弱了各邦苏丹的权力。为缓和此矛盾，1909年英国又设联邦会议，苏丹可与英国驻扎官以及商人代表们共同讨论财政立法的相关事宜，但是苏丹并没有决定权与否定权。1927年联邦会议改组，苏丹不再参加，苏丹权力被完全剥夺，引起马来苏丹激烈的反对和抗议。直到1926年塞西尔·金文泰任海峡殖民地总督时，部分财政权以及立法权被下放到以苏丹为主席的州务会议，各州苏丹的权力才有一定的回升。

马来属邦包括玻璃市、吉打、吉兰丹、丁加奴以及柔佛五州府，与马来联邦一样是英国政府的保护国，同属于海峡殖民地总督管辖。马来属邦的相关统治事宜也要听从英国驻扎官的意见，但与马来联邦不同的是，其各州苏丹权力较大。马来属邦没有统一的立法会议，只有各邦设立的以苏丹为首的州务会议。

综上所述，英国在马来亚殖民时期，马来亚主要有三大民族即当地马来人、印度人和华人。英国一直采用一种分而治之的统治手法，使马来亚长期处于分裂状态。

为了达成与马来封建贵族的合作，进而巩固殖民统治，英国殖民政府曾与各邦苏丹签署协议，各马来苏丹可以保持自己的宫廷结构并对当地的马来人有直接统治权，但殖民地总督和各级驻扎官对殖民地和保护国等重大问题始终有绝对的保护权。殖民政府承认马来人是当地主人，承认和维护马来人在政治、经济和文化方面的特权。政治上，任用马来人为当地官员；经济上，规定非马来人不得占领马来人的保留地；文化教育上，拨款建立许多马来学校。此外，通过各种舆论手段宣扬马来人优先的观念，一方面淡化了马来人的反抗精神，另一方面助长了"大马来主义"思想的滋生，为日后马来西亚不断出现的"排华"观念埋下了罪恶的种子。

对于华人，英国殖民统治者最初设立甲必丹（头人）制度，即由华人自己担任甲必丹管理华人事务。后来英国殖民统治者正式成立中华护卫司署，专门管理华人相关事务，统治马来亚当地的华人。经济上，让华人当矿工、中间商等，华人在中下层工商业中自由发展。而对马来亚当地的印度人，殖民政府主要通过其移民机构进行管理，经济上让印度人担任各个橡胶园的胶工。[①] 由此可以看出,英国人让马来人处于马来亚社会阶级的上层,华人处于马来亚阶级的中下层,印度人处于马来亚社会阶级的底层,致使马来亚三大民族极少往来,各自在其经济、文化领域中生活,也使得这三大民族在随后爆发的反对英国殖民运动的政治活动中具有明显的分散性、种族性、外向性,同时削弱了马来亚三大民族反抗殖民统治的能力。

1904~1926年,马来人受埃及和土耳其改革运动的影响发起宗教改革。1926年海峡殖民地的马来人注意到其经济落后的社会问题,成立了"马来人协会",各州府成立了许多马来人协会,并将矛头直指在马来亚的华人以及印度人,保护马来人政治经济权益。在印尼民族的支持下,虽然有些马来人建立了"马来亚青年联盟",抨击英国的殖民统治,但是由于没有深厚的群众基础,最终反响平平。

华人的政治运动主要是围绕中国的政治运动展开,马来亚是东南亚华人华侨抗日救亡的中心,虽然也有些华人议员在立法会议争取华人的政治经济权益,但是由于人数少、力量弱以及英国殖民政府政策影响,未形成大规模的华人反殖民活动。印度人的政治运动影响相对微弱,虽在印度民族主义影响下,成立了一些小型协会以维护印度人的经济利益,但收效甚微,直至1941年,才在雪兰莪出现了较大的罢工和骚动。[②]

由上述三大民族的政治活动可以看出,并没有很多的政治活动是反对帝国主义和英国殖民政府的。因此,英国在马来亚"分而治之"的殖民政策是较为成功的,其统治基础也是较为稳固的。

三 现当代时期的政治

马来亚在英国政府的殖民统治下,迈入了现当代时期。其间,马来亚遭受了日本军国主义的入侵,在日本战败后,马来亚又重新回到英国的殖民统治之下,经过马来亚各族人民的不断抗争,1957年马来亚联合邦最

---

① 马燕冰、张学刚、骆永昆编著《马来西亚》,社会科学文献出版社,2011,第105页。
② 马燕冰、张学刚、骆永昆编著《马来西亚》,社会科学文献出版社,2011,第107页。

终从英联邦独立出来。1963 年成立了马来西亚联邦，但是独立后马来西亚的政治发展并非一帆风顺，先经历了新加坡从马来西亚联邦独立，后马来西亚联邦国内种族矛盾以及政治矛盾不断，马来西亚政治在曲折中缓慢发展。

（一）二战期间日本统治下的马来亚政治

1941 年日本以袭击美国珍珠港军事基地拉开了太平洋战争的序幕，不久也对英属马来亚发起进攻。由于武器装备相对落后、准备不足等原因，英军节节溃败，1942 年 1 月 30 日马来半岛沦陷，同年 2 月 15 日，新加坡的英国守军投降，马来亚全境沦陷。马来亚由此进入历史上最黑暗的时期。日本对马来亚的殖民统治一直到 1945 年 8 月 15 日日本投降才宣告结束。

1942 年日军占领新加坡后，迅速设立军部展开其对马来亚的殖民统治，3 月 7 日任命昭南特别市（新加坡）市长以及马来亚 10 州知事以管理各州事务，但军政部长始终掌握着最高权力。日军采取了一系列措施以掠夺当地资源、控制当地经济并巩固其在马来亚的殖民统治。一是对居民实行"大验证"制度，将各地的居民集中起来，逐个检查鉴别，一旦被认为是抗日分子则直接枪杀，据战后统计，因这一举措而惨遭杀害的无辜百姓达万人之多。二是推行安居证和连坐制度，成立警察局，招募大量警察以帮助日军镇压人民反抗。三是向马来亚人民灌输"大东亚共荣圈"思想，该举措与在中国台湾所推行的政策相似，为此重新开办小学等基础教育，推广学习日语活动，强迫当地居民接受日本文化。[①]

日本在马来亚各州事务方面，继承和发展了英国在马来亚殖民时期"分而治之"的政策，继续承认马来亚各州苏丹的特殊地位以获得各州苏丹的支持，招募马来人为各级官员和警察，成立各式各样的马来人社会宗教组织，以发展伊斯兰教的方式获得当地马来人的支持。积极在马来当地的印度人中宣传反英民族主义，促进反英民族主义的诞生。一方面释放被俘虏的印度军人，倡导建立印度独立联盟、印度民族军以及自由印度政

---

①　马燕冰、张学刚、骆永昆编著《马来西亚》，社会科学文献出版社，2011，第 108 页。

府，另一方面又征集印度人修建泰缅公路，残暴对待修路工人致使修路工人死伤无数。日本始终将各地的华人视为敌人，不仅在中国烧杀抢掠、无恶不作，在马来亚也采用血腥镇压的方式对待华人，同时在英国殖民主义的基础上有意挑拨马、华两大民族的关系，一边散布华侨掠夺马来人财富等言论，一边专门用马来人警察部队血腥镇压以华侨为主的抗日武装，导致马来亚马、华两大民族矛盾越来越尖锐。日军在马来亚的残暴行为以及极端统治激起了以马来亚华人为主的马来亚人民的反抗。由马来亚共产党领导组成的"马来亚抗日人民军"，在雪兰莪、森美兰、北柔佛、南柔佛、霹雳、西彭亨、东彭亨等地积极抗击日本侵略者，成为马来亚抗日战争的主力。同时，还有中国国民党的武装以及自发组建的队伍加入抵抗日军统治的运动中。

日本虽对马来亚只统治了短短三年，但是对二战后马来亚的政治发展产生了巨大的影响。一个是促使马来亚当地反英情绪高涨。日军在投降前期许诺马来亚可在"大印尼"内独立，激发了马来亚人民的反英情绪以及反对帝国主义实现民族独立的民族主义意识。另一个是策划了马来亚马、华两族的矛盾，为至今还未解决的马、华两族的民族矛盾埋下祸根。此外，促进了马来亚当地人政治意识的提高，华人政治力量逐渐壮大。日本侵略者对待马来亚华人一系列的举措，遭到当地华人的积极反抗。马来亚共产党快速壮大，成为当时最大的政党。

（二）战后独立前夕英国殖民统治时期的政治

1945 年 8 月 15 日日本宣布投降后，英国军队再次迅速占领马来半岛、沙巴以及沙捞越并取得了统治权。英国人应当地人的要求于 1946 年 1 月 22 日正式提出"马来亚联邦"计划，企图将马来亚变成直接殖民地，其发布的《马来亚和新加坡关于未来的宪法的声明》主要有三个方面的内容。一是新加坡和马来亚分离，新加坡成为单独的英国皇家殖民地，其余地区包括原马来联邦、马来属邦和槟榔屿、马六甲等地合并组成中央集权的"马来亚联邦"，以总督为最高行政官员，下设行政和立法两个议会，各州设州议会。二是"马来亚联邦"的公民权将授予所有在联邦境内或在新加坡出生的人，以及在这里居留了 20 年的移民。今后的外来移民只要居留 5 年之后即可获得公民的资格。这些公民享有完全平等的权利，包括可以进入行政机关工作的权利，且不受种族或信仰歧视。三是各邦的苏丹除保留王位外，将战前的一切地方统治权移交英国政府。在总督管理下，苏丹主要负责主持处理宗教事务的各邦的协商委员会。[①] 从上述声明中可以看到，英国政府赋予了华人以及印度人平等的权利，并削弱了马来亚各邦苏丹的权力，同时分离新加坡与马来亚，保持当地马来人在马来亚联邦中对华人以及印度人的人口比例优势。

由于马来人占马来亚联邦人口的大多数，而华人在人口数量上占少数，但其在马来亚联邦经济中占优势地位，又拥有了与当地马来人平等的权利，马来人担心马来亚联邦中的华人会影响到马来人对马来亚的统治，因此不断向英国政府抗议。马来人于 1946 年 3 月 1 日建立"马来民族统一组织"（简称巫统），积极反抗英国人建立"马来亚联邦"的要求，英国人最终顺应了马来人的要求，提出建立"马来亚联合邦"的想法。

1946 年 12 月 23 日，英国政府颁布《马来亚政制建议书》，主要内容是以"马来亚联合邦"代替"马来亚联邦"。马来亚联合邦仍实行马来亚与新加坡分离政策，但由高级专员代替总督。在中央除行政、立法议会外，增设苏丹议会，规定苏丹是各州名义上的州长，任州行政议会主席，允许苏丹宫廷统治继续存在。自动获得公民资格的人除了马来人外，还有在联合邦境内出生的第二代印度人和英籍华裔，其他人要获得公民权需住满 15 年以及符合语言等有关条件。[②] 建立"马来亚联合邦"期间，马来人获得了特殊权利，苏丹地位及权力得到恢复。由此"马来民族统一组织"深受马来人的欢迎并得到广泛支持，使巫统能够长期在马来西亚政坛占据主导地位。建立"马来亚联合邦"政策提出后，除了马来亚苏丹和当地大资产阶级表示支持外，其他各族人民皆表示反对。马来人激进派和华人反对派都进行了强烈抵制，并成立"全马联合行动委员会"，但并未达到效果。1942 年 12 月初，英国国会通过了《成立马来

---

① 马燕冰、张学刚、骆永昆编著《马来西亚》，社会科学文献出版社，2011，第 111 页。
② 马燕冰、张学刚、骆永昆编著《马来西亚》，社会科学文献出版社，2011，第 112 页。

亚联合邦协定》，1948 年 2 月 1 日，"马来亚联合邦"正式成立。

英国在马来亚的殖民统治，遭到了马来亚共产党的强烈反抗。为了削弱马共的力量，殖民政府解散马来亚人民抗日军和马共在各地建立的行政机构，袭击马共机关并逮捕马共成员，后来更是于 1948 年 6 月展开了一场长达 12 年之久的"剿共"战争。1949 年英国政府为了争取在马来亚的华人支持并且削弱马共的力量，一方面推行"移民新村"活动，另一方面，支持华人成立政党和倡导种族协调，以减缓马来亚当地马、华两族的矛盾。这促使华人在 1949 年 2 月建立马华公会，最终马华公会发展成为马来西亚十分重要的政治力量。同时英国殖民当局的亲华政策也使巫统内部意见不统一，部分党员不满巫统主席提出的吸收非马来人加入巫统的建议，退出巫统另建伊斯兰教党，而巫统创始人拿督·翁最终也于 1951 年 9 月退出巫统，另建独立党。

随着战后马来亚以及新加坡民众独立意识的觉醒，马来亚成立了许多具有强烈民族性质的政党组织。英国殖民政府被迫做出让步。1951 年 4 月，马来亚联合邦设立行政部门，实行部长制和议会制。高级专员任立法议会议长，并任命 11 名政府部长。当时的前巫统主席拿督·翁等 5 人分别担任内政、教育等部门的部长。他们是非官方部长，只对高级专员负责。1951 年 12 月至 1952 年 2 月，殖民当局在联合邦部分地区举行了地方一级的立法议会选举，在选举中以拿督·翁退出巫统后成立的独立党呼声最高，马华公会因华人数量有限而处于下风，巫统也因拿督·翁的退出而实力受损，因此马华公会与巫统为了在议会选举中获胜于 1952 年 2 月暂时结盟并参选，最终获得胜利。随后巫统与马华公会正式组成联盟，1954 年 12 月印度人国大党加入巫统与马华公会的联盟，马华印联盟党正式成立。从此，一个强有力的政治力量开始登上马来亚的政治舞台。

联盟党的成立，有力地冲击了英国政府的殖民统治，重新整合了马来亚各派的政治力量。迫于马来亚各地人民以及各政党掀起的民族独立运动的一波波高潮，英国殖民政府在 1955 年 7 月举行了马来亚联合邦的立法会议选举。在这次普选中，联盟党大获全胜，成为联合邦的执政党。1955 年 8 月 4 日联盟党组建了新政府，享有自治权。联盟党领袖及巫统主席东姑·拉赫曼出任马来亚联合邦首席部长兼内政部长。虽然马来亚并未从英国人的殖民统治下正式独立，但是自治政府的成立使马来亚联合邦的各族人民看到了独立的曙光。

新政府成立后不久，联盟党立即提出两年内独立的主张，并于 1955 年 12 月至 1957 年 5 月不断派代表团前往伦敦，与英国政府就独立、独立后制宪以及马来亚与英国关系等相关事宜进行谈判。最终，1956 年 3 月 6 日，英国政府同意了马来亚联合邦于 1957 年 8 月 31 日在英联邦内独立。1957 年 8 月 27 日正式发布了马来亚联合邦的新宪法。宪法规定，联合邦为议会君主制国家，由选举产生的联合邦最高元首作为国家政治、军事和宗教的最高领袖。最高元首由"统治者议会"（相当于苏丹议会）从 9 个州的苏丹中根据资历挑选，任期为 5 年，不得连任。最高元首应按内阁的意见行事，同时还应保障马来人的特殊地位。由众议院和参议院组成国会，由众议院多数党领袖出任总理，组织政府。参议院设 38 名议员，其中 22 人由 11 个邦的议会选举产生，另外 16 人由最高元首任命。参议员任期 6 年，每三年有半数离任。众议院由各个选区选出的 100 名议员组成，其权力与英国的下议院类似。司法系统由 1 名首席法官和最高法院、经议会确认的各级法院组成。最高法院的权力包括解释宪法和处理州与州之间的争端。各州首脑是苏丹或州长（槟榔屿、马六甲、沙巴、沙捞越），各州的行政长官由州务大臣或首席部长担任，两次大选间隔不得超过 5 年。宪法还规定以伊斯兰教为国教，以马来语为国语。1957 年 8 月 31 日，马来亚联合邦正式在英联邦内独立。马来亚联合邦在英联邦内独立之后并不意味着英国殖民者对马来群岛的统治结束，新加坡、沙巴、沙捞越和文莱还处于英联邦的统治之下。

新加坡自从 1948 年与马来亚分离直接成为英国皇家殖民地之后，基本保持当初的政治结构，最高执政者为英王委任的总督。1951 年，新加坡设市，在民选委员逐渐增加的同时市政委员由选举产生的市参议员组成。1953 年由英国政府任命的乔治·雷德尔主持的委员会制定出"雷德尔宪制"，其要点如下：设立由 32 名议员组成的立法议会，其中 25 名议员由选举产生；成立民选政府，原来的行政议会改为部长会议，会议主席由英国总督担任，部长会议包括 3 名对英国总督负责的"当然部长"和对议会负责的部长，其中首席部长由多数党或党派联盟的领袖担任。"当然部长"负责财政、外交、国防和国内治安等事务。雷德尔宪制并未改变英国对新加坡的殖民统治的性质。[①] 1956 年，新加坡与英国政府就自治问题展开谈判，但双方并未达成一致。1957 年新加坡又接受了一部同意新加坡自治的宪法，李光耀领导的新加坡人民行动党在选举中获得议会 53 个席位中的 13 席，最终成立了以李光耀为总理的新政府，新加坡宣布在英联邦内自治。李光耀上台后致力于推动新加坡与马来亚联合邦合并，与马来亚联合邦、沙巴、沙捞越和文莱合并成立马来西亚联邦。1961 年 9 月新加坡就此问题举行了公民投票，半数以上选民赞成加入马来西亚联邦。

自 1946 年 7 月，英国政府宣布沙捞越、沙巴与新加坡一样都为英国直辖殖民地，设总督进行殖民统治。但随着马来西亚联邦计划的提出，沙捞越、沙巴和文莱在 50 年代先后开始了向民选自治政体过渡的发展阶段。当时的沙巴并没有政党和选举制度，处于家长式的统治之下，致力于发展经济，到 1961 年官方委员会仍然控制着沙巴的立法机构和行政机构。沙捞越直到 1959 年 12 月才举行首次普选，甚至在议会 45 名议员中有 24 名是由殖民政府指定的。文莱苏丹则在 1958 ~ 1959 年才获得英国殖民当局移交的权力。1959 年文莱颁布宪法，规定立法会议的 33 名议员中须有 16 名由选举产生，这 16 个议员席位由阿扎哈里所领导的人民党全数获得。虽然文莱苏丹赞成文莱加入马来西亚联邦，但是文莱的人民党坚决反对。婆罗洲的政治制度以及政治发展水平远远低于马来亚联合邦和新加坡，在 1961 年 7 月召开的婆罗洲政治领导人第一次会议（亚庇会议）上，马来西亚计划被全盘否决。

在马来亚联合邦的多方努力下，1962 年 7 月 31 日马来亚联邦政府和英国政府签订了一个协定，规定英国在北婆罗洲、沙捞越和新加坡的权力于 1963 年 8 月 31 日新的马来西亚联邦成立时移交完成。鉴于东马与西马

---

① 马燕冰、张学刚、骆永昆编著《马来西亚》，社会科学文献出版社，2011，第 118 页。

之间不论是在政治、经济发展上还是在教育水平发展上均存在显著差别，协定还同意成立一个双边政治委员会，保障婆罗洲各州的特殊利益。根据协定，沙巴、沙捞越和新加坡均以州的名义和马来亚联合邦合并，称为"马来西亚"。英国政府撤销了英国女王在沙巴、新加坡以及沙捞越的宗主权以及司法权。但英国政府仍继续使用新加坡军事基地，协定于 1963年 8 月 31 日生效。而由于文莱苏丹不愿意别人分掉他丰厚的石油收入，同时未获得与马来半岛的苏丹同等的政治地位，最终文莱放弃加入马来西亚联邦。马来西亚联邦最终于 1963 年 9 月 16 日成立。其成员包括马来半岛上的 11 个州以及新加坡、沙巴和沙捞越 3 个州。以原马来亚联合邦的领导人拉赫曼为总理，他被尊称为马来西亚的"国父"。

（三）独立以来的政治发展

马来西亚独立后，马来人与华人由于经济政治等原因，始终存在不可调和的矛盾，种族冲突也时有发生，马来西亚的政治特点也因此呈现出族群政治的特点。

1. 新加坡独立

新加坡自英国进入马来地区时便与马来亚分离，虽然于 1963 年 9 月16 日正式并入马来西亚成为马来西亚联邦中的一个州，但是，新加坡与马来西亚之间具有十分严重的政治、经济方面的矛盾。政治上，英国对马来半岛"分而治之"的殖民政策在其社会中留下很深的烙印，导致马来西亚各民族之间发展极不平衡，一方面李光耀不仅与主席拉赫曼领导的马来人有摩擦，其与联盟党的马华公会的华人也有摩擦，拉赫曼无法完全满足李光耀的政治需求。另一方面拉赫曼极力劝说新加坡并入马来西亚是因为希望通过新加坡的加入，马来西亚各族人民之间的矛盾能够得到缓和，最终使马来西亚的政治更加稳定。虽然新加坡加入马来西亚后其政治在一定程度上得到了稳定，但李光耀的政治诉求反而造成了马来西亚政局的动荡。印尼不满周边成立一个"巨大"的国家，便在马来西亚联邦独立之时宣布与其断交，并停止与马来西亚联邦一切的经济往来，同时由于领土问题马来西亚总理拉赫曼也宣布同菲律宾断交，这严重阻碍了新加坡地区的经济发展，使新加坡的经济发展陷入困境。

以上矛盾与摩擦不仅无法通过协商来解决，反而有扩大之势。在权衡利弊之后，马来西亚联邦总理拉赫曼最终要求新加坡退出马来西亚联邦。1965 年 8 月 9 日，议会通过新加坡退出马来西亚联邦草案，与此同时，李光耀也别无选择地宣布新加坡退出马来西亚联邦成为独立国家。同年 9 月新加坡加入联合国，并成为英联邦的一员。

2. 独立以后的政治发展

新加坡的独立，并未解决马来西亚社会中各民族以及各阶级之间的矛盾。新加坡独立后，人民行动党在马来西亚有一个发展组织，称为马来西亚民主行动党。该党以城市工人以及职员为主，华人占党员比例的 70% 左右。由于该党的政治主张是建立多元种族的马来西亚，提倡政治民主、社会工业民主、经济文化民主，奉行议会民主，故有广泛的群众基础，最终成为马来西亚主要的华人反对党之一。华人反对党还有由原"统一民主党"和部分"马来亚劳工党"党员联合组成的"马来西亚民政运动党"（简称"民政党"），主张建立为全体人民服务，民主、和睦、团结的马来西亚，其纲领强调非种族性、温和社会主义、宪政民主三项基本原则，在槟城有较大的势力与影响。与此同时，从巫统分裂出来的"泛马伊斯兰教党"（现改称伊斯兰教党），也越来越受马来人的支持。该党具有十分浓厚的宗教色彩，其党章规定只有伊斯兰教徒才能入党，主张"以伊斯兰教义为原则，政教合一"，要在马来西亚"建立伊斯兰教国，为马来人利益而奋斗"。其领导人多为阿訇、伊斯兰教师、官僚政客等，同马来西亚上层阶级的苏丹、地主关系十分密切，因此该党在西马北部各州均有一定势力。

20 世纪 60 年代后期，马来西亚的种族矛盾愈发尖锐，马来人怨恨华人，认为华人在文化上自高自大，蔑视马来人的文化语言、服饰、宗教，在经济上有优越地位，在教育上有颖悟能力；而华人由于一直没有获得同马来人一样的公民地位，要求实行民族政治平等。这些尖锐的矛盾在1969 年 5 月马来西亚举行独立后的第三次大选中表现得淋漓尽致，最终以巫统为首的马华印联盟党失利，由于其所占席位数量超过半数，故马华印联盟党仍可以组织中央政府。但是在此次大选中华人反对党力量的显著增强使马来人充满危机感。5月13日民主行动党与民政党的华人青年支持者在吉隆坡举行胜利游行，与愤怒的马来人发生冲突，并发展成为持续4天的骚乱，局势失去控制，华人的店铺和住宅遭到纵火和抢劫，并且骚乱持续蔓延，局势不断恶化。相关数据显示，在1969年5月13日至7月31日的冲突中，各族共死亡196人，受伤367人，被警方拘捕及被法庭起诉的共9143人，失踪37人，这场性质恶劣的冲突事件被称为"5·13"种族冲突事件。

在"5·13"种族冲突事件爆发的第三天，总理东姑·拉赫曼在巫统激进派的压力下宣布成立以敦·拉扎克为主任的全国行动理事会，负责全国行政事务，拉扎克实际接管了全国权力，并且马来人开始转向全面控制政权。1970年8月31日，最高元首公布国家原则，重申伊斯兰教为官方宗教，要求人民效忠元首，维护宪法，不议论敏感话题。1970年9月21日，总理拉赫曼正式下台，敦·拉扎克成为继任者。其正式上台后结束了全国行动理事会的非常时期统治，恢复民选议会，但坚持立即通过宪法修正案。1971年2月国会重开，宪法修正案通过。该修正案规定：禁止在议会内外公开讨论可能引起种族冲突，或对政府的意图不信任的问题，否则作为非法煽动罪处理。同时规定，禁止质询1957年宪法中有关国语、马来族特殊地位、马来统治者地位和主权及公民权等条文，取消议员在议会内的言论不受司法管辖的权力，赋予最高元首权力，以直接谕令大专院校给马来人和土著一定比例的名额。该项修正法案的通过，从法律上确认和扩大了马来人的特权，并影响了民主政治的发展。

由于马华印联盟党在1969年的大选中失利，总理敦·拉扎克提出由各政党组成"国民阵线"（简称"国阵"）共同管理国家的一切问题。其主要包括巫统、马华公会、印度人国大党、伊斯兰教党、民政党、人民进步党等10个政党。其中巫统占首要地位。其政治主张为：消除贫穷，在种族和谐、团结的基础上建立一个和平、廉洁、公平和繁荣的马来西亚。其组织方式是，各成员党平时独立存在，以由各成员党主席组成的国民阵线最高理事会为最高执行机构。国阵设主席与秘书长，由巫统主席和巫统署理主席分别担任。

国民阵线的成立，巩固了执政党的地位，控制了全国的局势，保障了马来西亚政局的基本稳定。20 世纪 80 年代，由于巫统一党独大的局面已经形成，因此巫统领导层之间的斗争取代了马华之间的斗争成为马来西亚政坛的主要矛盾。1976 年 1 月敦·拉扎克病逝，其继任者敦·奥恩也于1981 年因健康原因辞去职务，最终由其副手马哈蒂尔担任马来西亚的总理、国防部长、巫统主席、国阵主席。马来西亚由此进入了长达 22 年的马哈蒂尔时代。

80 年代，受经济衰退以及一连串金融丑闻的影响，巫统领导层的斗争也日趋白热化，马哈蒂尔的领导地位遭到一系列挑战，政局稳定也受到威胁。1988 年 2 月 4 日，巫统因少数基层组织未经注册参加选举而触犯社团注册法令，被最高法院宣判为非法组织。执政党被判为非法组织，这也是马来西亚独立后所遇到的最严重的政治危机。但以马哈蒂尔为首的主流派立即以"新巫统"为名重新申请注册，2 月 15 日获准，并正式成立了"新马来民族统一机构"（简称"新巫统"）。马哈蒂尔继续担任新巫统主席、国民阵线主席以及政府总理。他以果断措施解决了这场政治危机，维护了政权稳定。以拉沙里为首的原巫统内部反对派领导人则重新成立了一个名为"四六精神党"的新政党，由此，巫统正式分裂。但拉沙里成立的"四六精神党"并未对国阵以及新巫统一党独大的局面产生实质性影响。在政权稳定后，马来西亚政府成功瓦解了马来西亚共产党。国阵的执政地位得到进一步的巩固。马来西亚的政治进入了顺利发展时期。80 年代末期马来西亚政局稳定，总理马哈蒂尔和国民阵线的威信持续提高。新巫统的地位不断加强，同时其党员群体也不断壮大。为提高新巫统的工作效率和增加内部团结，新巫统建立健全了内部组织机构。为了保持中央领导层的稳定性，新巫统成立不久便召开了全国代表大会，将以马哈蒂尔为首的最高理事会的任期延长至 1990 年 2 月，其间不搞选举。1990年 12 月 1 日，新巫统举行了建立以来的第一次中央机构改选，马哈蒂尔获得连任。

马哈蒂尔获得连任的同时，一大批年轻人也进入新巫统的领导层，为新巫统注入新的活力，同时也为新巫统将来的交班奠定了基础。
1996年10月，巫统举行三年一届的换届选举，马哈蒂尔继续获得连任，署理主席则由其副手安瓦尔担任，同时国民阵线的执政地位更加巩固，马来西亚国内经济得到迅速发展，政治稳定。但是1997年亚洲金融危机的爆发，打破了马来西亚在90年代政治经济发展上的良好态势。1998年发生了震惊世界的"安瓦尔事件"，其直接结果之一就是将马来西亚国内原有的政治改革呼声转化为实际且轰轰烈烈的政治改革运动，后来甚至提出了要求马哈蒂尔下台的口号，而政改运动最为重要的结果之一是以安瓦尔妻子旺·阿兹莎为首的"国家公正党"的建立。该党势力迅速壮大，短短半年间发展了40万党员，他们长期进行街头抗议示威活动，并且国家公正党与马来西亚的其他反对党即马来人的伊斯兰教党、华人的民主行动党和印度裔的人民党组成了"替代阵线"，全面冲击国阵的执政地位。要求实行"马来西亚两线制"（即西方国家的两党制）。马来西亚自此陷入严重的政治危机中，其政局也陷入前所未有的动荡中。

"安瓦尔事件"引起的政治危机以及经济危机对马来西亚造成深刻影响，1999年11月30日马来西亚第十届大选结果公布，虽然国阵再次获胜，但是该届大选却是马来西亚政治发展的"分水岭"。一个突出的表现是，巫统失去马来人的绝对支持。相关数据表明，巫统仅获得47%的马来人选票，而反对党所获得的马来人选票却超过50%。马来人不再像以往那样一边倒地支持巫统，巫统的执政地位受到前所未有的挑战。

2002年6月22日，马哈蒂尔突然宣布辞去巫统主席和国阵主席的职务，但巫统最终决定其于2003年10月正式退休，继任者为任巫统署理主席、内阁副总理的巴达维。自此马来西亚政治发展进入"后马哈蒂尔时代"，而这一时期的马来西亚国内政治也呈现出变幻莫测的特点。

2004年马哈蒂尔的继任者巴达维赢得大选，其延续了马哈蒂尔的既定内外政策，同时加强了对政府机构的整顿和廉政建设，强调全民分享政治权力和经济发展成果，赢得民众的普遍支持。对内顺应民意，惩治腐败，革除司法舞弊并提出建立"温和穆斯林与多元种族民主国家"的思想。对外强化与中国的友好关系，促进马中战略合作关系的长足发展，同时改善马美关系，稳定了马来西亚的国际环境。但是2008年大选国阵惨败，其直接结果是导致马来西亚政局再次动荡。一方面，马来人反对党以安瓦尔为首伺机干扰政权，并企图东山再起。另一方面，马来人明显出现分裂，相当一部分马来人倒向反对党。巫统内部也开始出现严重分裂，一方面是以前总理马哈蒂尔和前财长东姑·拉沙里为首的反巴达维派；另一方面是巴达维派系的巫统势力极力抵抗，企图延续巴达维的政治生命，坚决维护巴达维。国阵成员党也出现分裂，沙巴进步党宣布退出国阵。与此同时，马来西亚的三大在野党马来人的人民公正党、华人的民主行动党、马来人的伊斯兰教党组建"人民联盟"（简称民联），对国阵的政治地位产生了巨大的冲击。

针对国内政局的变幻莫测，巴达维在2008年10月宣布交权给纳吉布，但其要在2009年3月底退位之前完成三项改革。一是成立遴选法官委员会。二是成立以香港廉政公署和澳大利亚反贪污委员会为蓝本的"反贪污委员会"。该委员会委员长由总理推荐，并由国家元首委任。三是成立特别投诉委员会。由于总理府主管法律的部长再益涉及种族问题被开除巫统党籍，巴达维上述三项改革陷入僵局，最终不了了之。2008年3月副总理纳吉布不战而胜当选巫统主席，并于4月3日宣誓就任马来西亚第六任总理。纳吉布临危受命，处境十分艰难。他不仅面临着反对派领导人安瓦尔的"逼宫"，同时也要面对全球经济危机再次爆发，以及国内政治危机和种族危机频发的压力。在此情况下，纳吉布提出的具体改革措施如下：一改巫统独大格局，建立高效、亲民政府；设立经济顾问理事会，推出刺激经济配套网站等一系列措施应对经济衰退；在国内缓和民族情绪以及种族矛盾的同时，积极处理南海问题，推进中马关系。

2013年5月5日，马来西亚第十三届选举落下帷幕，连续执政56年的执政联盟国民阵线虽守住了政权，但在国会222个席位中其仅获133席，为有史以来最低，其全国得票率仅为47.42%，而在野党人民联盟获得高达50.83%的支持率，首次超过国民阵线得票率。国民阵线建立以来，面临一次又一次的分裂局面，马来人政权也几经磨难，各个种族间矛盾依然十分突出，社会不稳定因素依然存在，马来西亚反对党势力也在不断壮大，马来西亚人民也越来越清楚地知道自己的国家需要一个什么样的政府。2018 年 5 月，马来西亚举行了第七届全国大选。前总理马哈蒂尔重返政坛，带领反对党阵营希望联盟取得了国会 222 个席位中的 113 席，赢得首次大选，获得组阁权。马哈蒂尔再次就任总理一职。国民阵线仅获 79 个席位，失去了连续执政 61 年的政权。大选后，国阵主席纳吉布辞去国阵和巫统主席一职。在此情况下，马来西亚政治发展的总体态势仍不是十分明朗，但是可以确定的是，马来西亚的政治发展最终会在曲折中缓慢前进。

第二章

政治制度

第一节　宪法

一　马来西亚宪法的历史沿革

马来西亚的前身是马来亚，虽然拥有悠久的历史，法律制度的历史却非常短暂，迄今为止，仍未找到在其本土产生的法律文本，星星点点的习惯法资料也仅仅是从其史料中发现的。7 世纪，随着伊斯兰教传播到东南亚，伊斯兰法与本地习惯法相结合形成了古代马来西亚的习惯法，其近代以来的法律制度大多借鉴英美两国，尤其是宪政制度方面。[①] 1826 年，英国把马六甲、槟榔屿和新加坡合并起来组成海峡殖民地，进行统一管理，拉开了英国在整个马来半岛进行殖民统治的序幕。为了维护和方便英国在马来亚进行殖民统治，英国通过了有关宪法的相关文件，初步设计了马来亚的宪政制度框架。第二次世界大战结束后，战败国日本撤出东南亚，同时史无前例的民族独立解放运动席卷东南亚各国，但是作为战胜国的英国却卷土重来，期望重新获取马来亚的实际控制权。为了应对包括马来亚在内的整个东南亚地区空前高涨的民族解放运动，麻痹人民的反殖、反帝意志，维护英国在本地区的殖民统治，英国于 1945 年 10 月派哈罗德·麦克密契尔来到马来亚，与各州苏丹密谋签订有关新政制改革的协议。直至

---

① 米良：《论马来西亚宪政制度的特点》，《学术探索》2009 年第 6 期。

1946 年 1 月，英国才公布了《马来亚和新加坡关于未来的宪法的声明》。这个文件的封面是白的，遂叫"白皮书"。"白皮书"的出版目的是将战前分散的各个海峡殖民地、马来联邦和马来属邦的行政管理权集中起来，组成一个受英国控制的马来亚联邦，将新加坡直接从战前的海峡殖民地分离作为英国的直辖殖民地。[①] "白皮书"规定设立总督一职，作为新加坡和马来亚联邦的最高统治者对其进行管理；在马来亚联邦设立中央政府，下设立法会议与行政会议，总督是这两个会议的主席，享有最终的决定权与否决权；而各州苏丹则仅仅保留其处理宗教和习俗的权力。[②] 可见，这一文件剥夺了苏丹的所有政治权力，国家的实际权力掌握在英国派遣到马来亚的总督手中。此外，为拉拢华人，这一文件还决定授予所有在新加坡和马来亚出生的人以公民权。英国企图通过政制"改革"，强行对新、马实行分治，加强中央集权统治，镇压战后新、马各地发展起来的革命力量，抑制人民要求独立的呼声。因此"白皮书"一出笼就遭到全体马来人的强烈反对，他们进行了反"白皮书"的斗争，使英国殖民者处境孤立。为了安抚马来人，缓和种族矛盾，避免发生不必要的变故，英国被迫改变策略，同封建势力勾结起来，抛出了所谓马来亚联合邦计划。1946 年 7 月 25 日，英国宣布成立一个由 6 名英国官员和 6 名马来人（苏丹与巫统代表）组成的工作委员会，负责修订新政制的工作。1946 年 12 月 23 日，英国当局与各地苏丹在数次密商后，仅对"白皮书"进行了无关痛痒的修改，抛出了所谓"马来亚政制建议书"。由于这个文件封面为蓝色，遂叫"蓝皮书"。

"蓝皮书"同"白皮书"并无区别，仅仅把"马来亚联邦"换成"马来亚联合邦"。不过，在联合邦，苏丹在"白皮书"中被剥夺的权力恢复了，按照"蓝皮书"的规定，苏丹担任各州名义上的首长和州行政会议主席，有权设立苏丹会议，可以根据自身需求增加联合邦立法议会议员的名额；最高统治者名称由原来的总督改成高级专员（亦称钦差大

---

① 朱振明主编《当代马来西亚》，四川人民出版社，1995，第 113 页。
② 米良：《论马来西亚宪政制度的特点》，《学术探索》2009 年第 6 期。

臣)。① 可见，马来族统治者的权力和地位有了明显的提高，马来人的特权也得到承认，非马来族的政治地位被相应地削弱，但事实上，"蓝皮书"从内容和本质看，仍是"白皮书"的翻版，同样遭到了各族人民的反对。但因为封建苏丹和大资产阶级在"蓝皮书"中获得了利益，因而他们支持"蓝皮书"。1947 年 12 月初，英国国会不顾新、马人民的反对，通过了成立马来亚联合邦的法案。到 1948 年 1 月，各州苏丹与英国总督在"马来亚联合邦协定"上签字，并同时签订了州协定。1948 年 2 月 1 日，马来亚联合邦正式成立。

20 世纪 50 年代，马来亚人民族独立意识日趋强烈。1951 年 4 月，联合邦政府实行议会制，高级专员任立法议会议长，并任命 11 名政府部长，开始实行部长制，选举日趋活跃。1953 年 8 月，巫统和马华公会在吉隆坡举行联合大会，要求马来亚联合邦在英自治领域内独立，联合邦立法议会于 1954 年（后经同英殖民当局谈判改为 1955 年）举行民选，随后，巫统、马华公会和印度人国大党结成"马华印联盟"。② 1955 年 7 月 27 日，在联合邦立法会议选举中，由巫统、马华公会和印度人国大党组成的联盟获得胜利，8 月 4 日组成了由联盟党领袖东姑·拉赫曼任联合邦首席部长兼内政部长的新政府。但英国仍掌握着联合邦政府实权。马来亚联合邦还不是一个独立国家，但这次大选的胜利，使马来人民进一步坚定了争取独立的信心。1955 年 12 月至 1957 年 5 月，联盟党主席东姑·拉赫曼率领代表团多次前往伦敦与英国政府谈判有关独立以及独立后宪制的问题。1956 年 3 月 6 日，马英签订协议，准许双方指派一个宪法委员会负责草拟马来亚独立后的新宪法。联合宪法草案在先后经过各州苏丹会议及联合邦行政会议的批准之后，又在英国国会两院中通过。1957 年 8 月 27 日，《马来亚联合邦宪法》即《独立宪法》正式公布。8 月 31 日宪法生效。1963 年 9 月 16 日，马来亚联合邦的 11 个州和新加坡、沙巴及沙捞越组成了马来西亚联邦，1965 年 8 月 9 日，新加坡脱离马来西亚联邦，成立新加坡共

---

① 朱振明主编《当代马来西亚》，四川人民出版社，1995，第 112 页。

② 龚晓辉等编著《马来西亚概论》，世界图书出版广东有限公司，2012，第 215 页。

和国。马来西亚联邦成立后，一直沿用1957年出台的马来亚联合邦宪法，后改名为《马来西亚联邦宪法》，该宪法是马来西亚的首部宪法，亦为现行宪法。其间，联邦宪法在1963年、1970年、1971年、1983年、1984年、1987年、1993年、1994年、2005年、2007年经过多次修改。马哈蒂尔时代修改最为频繁，重要的修订如下。一是1983年宪法修正案。把联邦法院更名为最高法院（1994年又改称为"联邦法院"），任何案件（包括民事案件在内）不再上诉到英国枢密院；最高元首在宣布紧急状态之前需征求总理的意见，不能独自享有该权力。[1] 值得一提的是，因为该修正案触犯到最高元首的权力，苏丹拒绝签署，后经王室和议会数月谈判达成妥协；1983年12月15日，作为最高元首的代表，副最高元首签署了该项修正案（合乎马来西亚宪法的规定）。二是1984年宪法修正案。最高元首宣布紧急状态的权力得以恢复，对于最高元首向议会呈递的法案，拖延期为30天，超过30天，不管最高元首是否同意签署，该法案将自行生效。三是1993年宪法修正案。该修正案废除了各州苏丹的个人司法豁免权，并设立特别法庭根据普通法律审理涉及最高元首和苏丹们的任何刑事和民事案件，赋予该法庭终审权；该修正案还赋予国会议员公开评议王室事务的权利，当然，宣扬废除君主立宪制除外。此外，1994年宪法修正案规定最高元首必须接受及根据政府的劝告行事。[2] 2005年，马议会再次修改宪法，将各州的供水事务管理权和文化遗产管理权移交给中央政府。

从以上各种修正案可见，马来西亚宪法的制定并非一蹴而就，而是一个不断发展变化的过程。但其变化呈现一定的规律与特点：一是殖民色彩逐步淡化，民族独立意识逐渐加强；二是王权不断受到限制和削弱，人民民主观念不断增强。

二 现行宪法

马来西亚联邦宪法由14章（共181条）和13个附表组成，各附表分

---

[1] 米良：《论马来西亚宪政制度的特点》，《学术探索》2009年第6期。

[2] 米良：《论马来西亚宪政制度的特点》，《学术探索》2009年第6期。

别包括若干小章，全文 10 万多字。这部宪法是马来西亚的根本法，确认
了马来西亚国家制度和社会制度的基本原则，规定了马来西亚的政体、国
家结构形式、国家机关的组织形式与活动的基本原则、公民基本权利和义
务、制定法律的基本原则和程序等，具有最高的法律效力，是一般立法的
基础。宪法确定了国家政府机构的任务和形式，如元首、国会、内阁、法
院、大选和公共服务等，确定了公民权、官方宗教和官方语言等，赋予了
国家特殊民族特殊的地位，如马来人的特权。① 该宪法并不是马来西亚独
立后制定的，而是在独立前夕英国政府与以东姑·拉赫曼为首的马华印联
盟代表以及苏丹等各方经过多次协商制定的，所以深受英、美宪法之影
响。宪法中若干重要原则如责任内阁制、国会两院权力分配以及多数党组
阁等重要内容均效仿英国的制度。由于马来西亚是联邦制国家，在联邦与
各州权力的划分上多受美国宪法的影响，比如上院代表各州，与英国上院
代表贵族有所不同。②

　　这部宪法内容丰富、涉及面广，其主要内容如下。

　　第一章：联邦的州、宗教和领土（共 4 条）。明确规定伊斯兰教为国
教；宪法是联邦的最高法律。

　　第二章：公民的基本权利（共 9 条）。规定公民享有言论、集会、结
社等自由以及人们在法律面前人人平等，但如何保证其实现，该法没有具
体规定。

　　第三章：公民资格的获取和丧失（共 18 条）。

　　第四章：中央国家机构的规定（共 38 条）。

　　第五、六章：各州、联邦（中央）与各州关系的规定（共 26 条）。

　　其余各章是财政、选举、司法机关、统治者特权等相关规定。同时宪
法还规定东马的沙巴、沙捞越两州享有教育、移民和劳工等的自主权，各
州政府拥有州宪法和立法机构，但联邦政府在立法权力和行政权力方面大
于州政府。至于附表的内容，主要有正、副最高元首的选举资格、选举程

---

① 米良：《论马来西亚宪政制度的特点》，《学术探索》2009 年第 6 期。
② 朱振明主编《当代马来西亚》，四川人民出版社，1995，第 114 页。

序，统治者会议的组成、议事规则，中央与地方职权的划分及州宪法应增
补的条款等。

第二节 国家机构

一 中央国家机构

（一）最高元首与统治者会议

1. 最高元首

马来西亚实行君主立宪制，最高元首和州苏丹分别是国家及州的立宪
君主。最高元首是国家权威的象征，拥有名义上的最高立法权、行政权与
司法权，还是伊斯兰教领袖兼武装部队统帅；对内对外是国家的最高代
表。根据宪法，最高元首是国家权力的最高执行者，地位处于联邦所有人
之上，任何法院都不能对其做出任何诉讼。最高元首的配偶称为元首夫
人，地位仅次于最高元首。

（1）最高元首的权力

最高元首有权召集、取消和解散国会，但在行使上述权力时，需要向
内阁征求建议。根据联邦宪法第 32 条第 1 款的规定，最高元首是地位高
于所有人的马来西亚主要领导人，有权在任何法院发表任意言论而享有司
法豁免权。作为国家的最高领导人，最高元首拥有行政权，可以执行行政
权或者将行政权交由内阁或内阁指定的部门代为行使。根据联邦宪法的规
定，最高元首可以根据自己的判断决定三项事务：任命总理；拒绝解散国
会的请求；召开研究关于苏丹的特殊地位的统治者会议。最高元首拥有马
来西亚的最高军事权，拥有委任武装部队参谋长、武装部队委员会成员和
警察总监的权力，也有权赦免或者推迟军事法庭审理的各项案件，有权赦
免所有在联邦区域内发生的案件或者是国家安全法范畴内的特定案件。最
高元首还拥有任命联邦法院首席大法官、大法官、高等法院法官、总检
察长、审计长以及沙捞越、沙巴、马六甲、槟城四个州州长的权力，
有权召开专门涉及统治者特权、地位、荣誉和称号的统治者会议，批

准国会通过的法案。宪法还规定最高元首为其原属州、联邦直辖区以及沙巴、沙捞越、马六甲以及槟城四个州的宗教领袖（其他各州为本州苏丹）。此外，联邦宪法第 153 条也赋予了最高元首特权以保护马来人和沙巴、沙捞越土著居民的特殊地位；联邦宪法第 150 条赋予最高元首宣布紧急状态的权力，假如最高元首觉得正在发生的紧急状况对安全以及经济生活或者联邦内的公共安全造成了威胁，那么他有宣布实施紧急状态的权力。[①]

（2）最高元首的义务

虽然最高元首拥有许多权力，但其权力受到法律的制约。比如宪法第 40 条就有规定：最高元首在行使本宪法或联邦法律所赋予的职权之时，必须咨询内阁或内阁授以全权的部长的意见；国家元首在任命总理时只能挑选下院多数党的领袖；任命高级官吏，则需按照总理和内阁的意见。[②]宪法还规定，最高元首不能从事商业活动以及担任营利性职位，除国事访问之外，没有统治者会议批准，不能离开马来西亚超过 15 天。

（3）最高元首的选举程序

不同于其他君主立宪国家，马来西亚在历史上分为许多独立的苏丹国，如今的马来西亚由 4 个州与 9 个原苏丹国组合而成，因而马来西亚没有唯一、世袭的君主，其君主产生于选举。[③] 所以马来西亚的君主制是选举的而非世袭的，是有任期的而非终身制的，是集体君主制而非个人君主制。所有马来西亚的苏丹都有权利被选为最高元首，但有下列三种情况者除外：年龄不够；本人拒绝被选举为最高元首；由于各种原因思维不健全。最高元首由统治者会议选举产生，玻璃市、吉打、霹雳、雪兰莪、森美兰、柔佛、吉兰丹、丁加奴和彭亨 9 个州的世袭苏丹拥有选举权和被选举权。最高元首仅能从西马 9 个州的世袭苏丹中按年龄、就任年代轮流秘密投票选出，不能连任且仅有 5 年任期，每位苏丹仅仅拥有一次担任最高

---

① 朱振明主编《当代马来西亚》，四川人民出版社，1995，第 116 页。
② 罗刚、王越停：《马来西亚宪政制度概述》，《云南大学学报》（法学版）2004 年第 5 期。
③ 罗刚、王越停：《马来西亚宪政制度概述》，《云南大学学报》（法学版）2004 年第 5 期。

元首的机会。① 如果最高元首于任期间逝世，或者因为其他原因不能继续担任，下一任最高元首不能接任，必须从头算起，任期5年；最高元首选举出来之后，按照惯例依据相同方式选举出副最高元首辅佐最高元首的工作，并且在最高元首告假或者是其他特殊情况不能任职时代理其职位。

2. 统治者会议

（1）统治者会议的构成

由于马来西亚由若干个邦组成，且各邦在政治、经济和军事等方面都拥有极大的独立性，马来西亚的君主制便采取了集体君主制这种特殊的形式。1948年，《马来亚联合邦协议》颁布，马来亚统治者会议成立，成员包括雪兰莪、森美兰、玻璃市、吉打、霹雳、吉兰丹、柔佛、彭亨和丁加奴9个州的世袭苏丹和槟城、马六甲两州的州长。会议召开的时间并没有明确规定，只要最高元首或会议成员3人以上请求，便可以即刻召开会议。但有一种情况较为特殊，如果在最高元首任期届满前四周，最高元首职位或者副最高元首职位空缺之时，即便无人响应，也应该召开会议；与会人数须超过统治者会议人数的一半，统治者会议中有一枚统治者玺，交由兼任统治者会议秘书的掌玺大臣掌管。②

（2）统治者会议的职责

联邦宪法第38条对统治者会议的主要职权有详细规定：①选举正、副最高元首（由于沙巴、沙捞越、马六甲和槟城的4个州长是最高元首任命的，所以他们没有选举权和被选举权）；②同意或拒绝任何法律；③对宪法所规定的需要经统治者会议同意或征询统治者会议意见后才能做出的任何任命提出意见；④决定是否同意将任何宗教活动、仪式、典礼推广至全联邦；⑤审议国家政策问题，不过在统治者会议审议国家的政务之时，必须邀请总理和各州首席部长（即州政府首脑）或者他们的代表参加；其他苏丹和地区行政长官需要由其相应州的州务大臣或首席部长陪

① 上海社会科学院法学研究所编译室编译《各国宪政制度和民商法要览（亚洲分册）》，法律出版社，1987，第121页。

② 罗刚、王越停：《马来西亚宪政制度概述》，《云南大学学报》（法学版）2004年第5期。

同。审议政府政策是最高元首在内阁的建议下需要行使的职责，也是其他苏丹和地区行政长官根据州政府会议委员会的建议需要行使的职责。统治者会议需要审议任何一条关于苏丹特殊性、地位、尊贵性和崇高性的法律。联邦宪法第153条规定，在修改政府行政权力分配时，必须向统治者会议征求意见。统治者会议成员可以在下列任务中根据自己的判断来采取措施：选举或者革除最高元首的职务，或者是选举副最高元首；对于各项任命给予建议；同意或者否定任何一条修改边界的法律或者涉及苏丹特殊性、地位、尊贵性和崇高性的法律；同意或者否定是否普及至全联邦。[①]没有经过统治者会议批准，任何触及统治者特权、地位、荣誉或尊严的法律都不予通过；凡会议讨论关于正、副最高元首的选举或解职，或统治者的特权、地位、名誉或宗教上的行为仪式时，沙巴、沙捞越、马六甲与槟城这4个州的州长都不能参与。[②] 最高元首任命联邦法院院长、大法官、审计长、选举委员会委员、公务委员会委员等职位时，必须征求统治者会议的意见；有关代行最高元首职务的法律，也应该获得统治者会议批准；除统治者会议同意外，最高元首不能离开联邦15日以上。[③] 统治者会议决议须经半数以上票数通过，决议制定后须加盖御玺方可生效。如果就某一项任命，会议多数成员已达成一致同意并致信掌玺大臣，此时会议就无须再召开。

（二）议会

1. 议会的构成

议会也称为国会，是国家的立法机构，分上议院和下议院。联邦宪法赋予联邦议会制定各项联邦法律和各州法律的权力。1909年成立的马来联邦议会是马来西亚历史上最早的议会形式，它由英国驻扎官及霹雳、雪兰莪、森美兰和彭亨4个州的苏丹和参政司组成。1948年，马来西亚在英国政府的倡导下成立了立法议会，当时共有75名议员，到1955年扩大

---

① 罗刚、王越停：《马来西亚宪政制度概述》，《云南大学学报》（法学版）2004年第5期。
② 朱振明主编《当代马来西亚》，四川人民出版社，1995，第116页。
③ 骆沙舟、吴崇伯：《当代各国政治体制——东南亚诸国》，兰州大学出版社，1997，第85页。

到 98 名（其中 52 名由民选产生，剩下的 46 名则由英国殖民政府委任，还包括 5 名政党代表）。直至 1959 年，议会改为两院制，由上议院和下议院组成，基本形成马来西亚的议会形式。

（1）上议院

上议院为马来西亚国会的重要组成部分，主要职责是更加详细地讨论下议院通过的某项法案或者有关民众利益的事项，以及负责讨论涉及公众利益的事务。上议院共设有 64 个议席，其中 28 个议席是由 13 个州的立法议会选举产生的，剩下的 36 个则由最高元首根据总理的建议委任。由最高元首任命的上议院议员一般是在公共服务方面或职业、商业、企业、农业、文化活动、社会服务领域做出卓越贡献，或者是代表少数民族或代表少数民族利益的能力得到褒奖的人士。上议员须为居住在联邦境内的马来西亚公民，年龄大于 30 周岁。上议员任期 3 年，不受议会解散的影响，任期不能超过两届。

上议院设正、副议长各一名，从上议院的议员中选举产生。另外上议院还设一名秘书，由最高元首委任。如果议长和副议长都没出席上议院会议，那么议长的任务将由一名按照规定选出的临时议长来执行。任何一名上议员都可以向上议院议长写信提出辞职，上议员若在未得到允许的情况下连续 6 个月未出席议会或当选 3 个月内未上任，议长有权宣布该席位空缺，并按照联邦宪法规定选举具有相当条件的人员来补缺。上议员任期不受下议院解散的影响。

（2）下议院

下议院是国会的重要组成部分，是人民表达意见和意愿的专门委员会，是马来西亚最主要的立法机构，是国会权力的主要来源，它的主要职权包括立法权、对政府及财政的监督权、干预经济活动权等。

议员由选民直接选举产生，采取选区制，每个选区 10 万人，产生 1 名议员，议员不能同时代表两个选区参选，也不能同时成为上议员和下议员。议员年龄须在 21 周岁以上，任期 5 年。凡下列人无资格成为议会任何一院的议员：精神病患者；尚未还清债务的破产者；担任营利性质职位者，被联邦各法院宣判有罪，且被判刑 1 年以上或罚款 2000 林吉特以上尚未获得特赦者，曾在外国取得公民资格或向外国宣誓效忠的。下议院的主要职权包括立法权，对财政的监督，干预经济活动，对政府的监督、质询、弹劾和提出不信任案等。① 议员如在任期内死亡、辞职或被解职，该议员所在选区须随时进行补选。下议院共有 222 个议席，设议长 1 名，副议长 2 名。下议院议员必须在就职之前宣誓对宪法和国家忠诚。宣誓之前，下议院议员皆拥有参选下议院议长的权利。不过议长可以从议员中选举产生，也可以从非议员中选举产生，而副议长仅能从议员中选举产生，如果议长为非议员，则被追认为议会增补议员，但无权担任正、副总理以及各部的正、副部长和政务次长的职务，议长也无权参加议会投票。如果下议院议长和副议长都没能出席下议院会议，其职责将由依法临时选举的人员来执行。与上议院一样，下议院也设有一名由最高元首委任的秘书。

2. 议会的职责

议会的主要职权包括修改宪法、制定法律及法令，讨论通过由财政部长提出的财政预算和追加案，以及质询政府各部门工作等。根据联邦宪法第 73 条的规定，为了更好地行使宪法赋予的立法权，国会需要制定联邦内涉及以下所有领域的法律以及对外的法律，这些领域包括外交事务、国防、国家安全、国内和犯罪法律、公民权、船运、航海、渔业、通信和交通运输、公共事务、教育、卫生、工人事务、土著居民事务等；州立法机构则制定有关州内各项事务的法律，包括风俗习惯、伊斯兰教事务、土地、农业、州政府给水工程、州政府行政体制、州历史等；通过被赋予的各项权利，国会可以制定联邦事务目录里面涉及的所有事项的法律，州立法机构可以就上述州事务目录和共同事务目录当中包含的各项事务制定法律。如果州的某一法律与宪法精神相违背，则执行宪法并废除该法律。国会可以针对州事务目录中包含的事务进行立法，但是仅限于下列情况：执行联邦政府与州政府签订的协议、条约，或者由联邦政府参与的国际组织做出的决定；维护两个或多个州之间法律的平等。

---

① 朱振明主编《当代马来西亚》，四川人民出版社，1995，第 119 页。

3. 议会的立法程序

宪法规定议会拥有立法权，只要经过议会两院通过且经过最高元首同意的法案即可成为法律，两院中的任何一院皆可提出法案。但下议院制定法律草案之后必须交由上议院审核，假如审核通过则交给最高元首签署并发布，如果上议院不予通过法律草案，则将该草案直接发回下议院重新修改，修改之后再交由上议院审核，上议院虽然对法案无否决权，但可以通过提出修改案推迟法案的实施。但如果下议院将法案在国会闭会期前一个月交给上议院审核，而上议院在此期间内没有通过也没有提出修改案，那么下议院则有权直接将法律草案交由最高元首审核并签署。如果法律草案发回下议院，在一年之内下议院没有按照上议院的建议修改，但草案在下议院经由投票通过，那么下议院有权直接将法律草案交给最高元首审核并签署。在法案呈报给最高元首的 30 天内，若最高元首批准同意该法案，则在该法案上签字和加盖国玺；反之，则把该法案退回通过该法案的议院，并说明反对该法案或其任何部分的理由，不过财政法案除外。如果最高元首退回法案，议院应该及时予以复议，若复议后，该法案仍然获得全体议员的 2/3 多数票通过（指宪法修正案），或获得半数通过（指普通法案），则不论是否修正，应将该法案连同反对理由提交另一议院，由另一议院重新审议，如果也获得该议院议员的核准，应将该法案重新提交给最高元首批准，最高元首应在 30 天内批准。若最高元首仍不予以批准，则该法案在 30 天后视同已经最高元首批准而成为法律。[①]

宪法规定，凡涉及征税和支出等的法案和修正案，只能由下议院提出。下议院拥有弹劾政府和对政府提出不信任案的权力。修改宪法必须得到下议院 2/3 以上的议员同意，后经最高元首批准方能生效。

（三）内阁

1. 内阁的地位与构成

马来西亚政府实行内阁制，内阁制政府又称为议会制政府或责任内阁制政府，是马来西亚的最高行政机构，由总理、副总理和各部部长、副部

---

① 罗刚、王越停：《马来西亚宪政制度概述》，《云南大学学报》（法学版）2004 年第 5 期。

长及政务次长组成，总理为政府首脑。每届大选后，最高元首授权议会中获得多数席位的政党进行组阁，并采纳总理的提名建议，任命各部正、副部长等成员；政府内阁成员须为议会议员。内阁实行集体负责制，向议会负责并且定期向议会报告工作，为协助内阁协调和监督各部的工作，政府设立了 3 个理事会——国家行政理事会、国家经济理事会和国家安全理事会，均由总理直接领导。马来西亚内阁（政府）机构的设置在独立初期较简单，不到 15 个部。后来随着政治、经济、教科文、社会事务等职能的发展，以及形势发展或实际需要，对原来的政府机构进行了相应的调整。到 1993 年 12 月初，内阁共设 26 个部级机构，分别行使有关职能。这些机构的名称是：总理署，内政部，司法部，外交部，财政部，乡村发展部，国防部，交通部，工程部，原产部，能源与电信及邮政部，国际贸易及工业部，国内贸易及消费人事事务部，土地及合作社发展部，农业部，科学、工艺及环境部，教育部，卫生部，人力资源部，青年及体育部，房屋及地方政府部，新闻部，文化、艺术及旅游部，公共企业部，国家团结及社会发展部以及沙巴事务部。每个部都设有正、副部长，有的部还增设政务次长。[①]

2. 内阁的职能

内阁的主要职能是：制定和执行政策、法律，总理全国性的公共行政事务；参与立法和司法工作；制定和实施国家内、外政策，任免高级官吏；掌管和指挥军队、警察、法院、监狱等机关；干预乃至参与经济活动、发展国家资本主义；其他如组织选举、建议解散议会等。独立以来，历届内阁总理均为巫统主席。[②]

（四）司法

马来西亚的法律制度属于英美法系。虽然先后经历了葡萄牙和荷兰的殖民统治，但是殖民者并没有将法律带进马来亚，只是在英国殖民者到来之后，其才将法律比较完整地引入马来亚。1855 年，英国法律制度比较

① 朱振明主编《当代马来西亚》，四川人民出版社，1995，第 119 页。
② 朱振明主编《当代马来西亚》，四川人民出版社，1995，第 120 页。

完整地在马来亚推广。由于国情不同,英国法律并不能完全适应马来亚地区的需求,因此殖民政府对法律进行了一定的修改,以便与当地的风俗习惯相融合。与正统的英国法律制度相比较,马来西亚法律制度的宗教色彩更为浓厚,因为其兼顾了马来亚的三大民族,即马来人、华人、印度人的传统文化习俗。以下职能只能由最高法院来行使:裁决国会和立法机构制定的法律有效或者失效(因为在某些事务上按照法律规定,国会和州立法会议不具有制定相关法律的权力);裁决州与州之间或者联邦政府与州之间的矛盾和分歧;按照联邦宪法的规定裁决高等法院或者是某一位高等法院法官的建议;裁决在法院(最高法院除外)审理当中出现的关于联邦宪法规定的权力问题。

马来西亚的司法系统,基本上沿用了英国的普通法,《马来西亚联邦宪法》为国家最高法律。此外,还引用了一套伊斯兰法律,以处理涉及伊斯兰事务的法律诉讼。马来西亚的司法机关主要是指法院,广义的司法机关还包括检察机关和司法行政机关。法院和检察机关的主要职权是进行审判和追究刑事责任并提起公诉,其行使的这种职权即司法权。而行使司法权的主要方式则是审理各类诉讼案件。[①]

马来西亚的司法制度,主要是指宪法与法律对法院组织结构、组成、职权等的制度化规定。马来西亚的法院大体分为最高法院、高等法院(包括马来西亚高等法院和婆罗洲高等法院)、初级法院(包括地方法院、巡回法院)三级。此外,还设有审理各种特殊案件的专门法院,如伊斯兰教法庭、特别军事法庭、劳工法庭、少年法庭、(东马)原住民法庭、铁路法庭等。[②]沙捞越还有独立的土著法院。

1. 联邦法院(最高法院)

马来西亚联邦法院的名称曾更改多次。1985年1月1日,将最初名称——联邦法院更名为最高法院,到1994年6月又将其改称为联邦法院。其成员包括1名首席大法官、2名高等法院院长、6名联邦大法官,他们

---

① 朱振明主编《当代马来西亚》,四川人民出版社,1995,第120页。
② 朱振明主编《当代马来西亚》,四川人民出版社,1995,第120页。

皆是由最高元首在征询内阁总理及统治者会议的意见后任命的（其中任命联邦大法官还应征询首席大法官和各高等法院院长的意见），联邦法官皆实行终身任职制，直至65岁退休。关于联邦法官的资格，宪法规定了两条，一是马来西亚联邦公民，二是在被任命前十年，曾在法院担任过辩护律师，或在联邦或州的司法与法律部门服务过。[①]

联邦法院的权力有专属管辖权和咨询管辖权两种。其中专属管辖权有四点：第一，对高等法院或者高等法院法官的判决提出上诉的案件进行受理，并做出裁决；第二，审查议会或者州立法机关制定的法律，对该项法律的有效性做出裁决；第三，受理各州间或者联邦和各州间的纠纷案件；第四，裁决其他法院在诉讼过程中涉及宪法效力的问题（即解释宪法）。马来西亚其他一切法院需服从联邦法院的判决。联邦法院的咨询管辖权，指的是如果最高元首对宪法任何条文的要旨产生任何疑问，可以向联邦法院征询意见，而联邦法院则应在法院公开庭上宣布其意见。[②]

2. 高等法院

马来西亚的高等法院主要是指设在西马的马来亚高等法院以及设在东马的婆罗洲高等法院，其中西马的在吉隆坡注册，东马的在沙巴州与沙捞越州注册，这两个法院具有同等管辖权和地位。高等法院由最高元首咨询总理与统治者会议意见后予以任命的院长1人、法官若干人（马来亚高等法院法官不超过20人，婆罗洲高等法院法官不超过8人）组成。高等法院院长由总理任命，但在任命之前，总理需要征询各高等法院院长的意见，比如委任一高等法院的法官，则应征询该高等法院院长的意见，若任命婆罗洲高等法院院长，则须征询沙捞越州首席部长和沙巴州的意见。在高等法院中，最高元首可以以命令方式委任若干具有担任高等法院法官资格的司法专员，但需要咨询联邦法院首席大法官（在东马，是州元首根据婆罗洲高等法院院长）的意见，专职法官除外。司法专员除了遵守委任状所规定的限制与条件之外，

---

①　罗刚、王越停：《马来西亚宪政制度概述》，《云南大学学报》（法学版）2004年第5期。

②　陈宝音：《亚洲诸国宪法监督制度初探》，《中外法学》1990年第3期。

拥有执行他认为迫切需要执行的高等法院法官职务的权利，其履行职务时所采取的任何措施，都应视为该法官采取的措施，所以，可以说他拥有和享有与该法院法官同样的权力与豁免权。[1]

在民事及刑事初审管辖方面，高等法院拥有无限制的权力，大多数民事诉讼可以由一名法官单独进行审理。高等法院除了对来自下级法院的上诉案件做出裁判之外，若在审理上诉案过程中发现涉及公共利益的法律问题，可以向联邦法院汇报并提出意见。当事人如果对高等法院做出的判决不服，亦可自行向联邦法院提出上诉，还有一种情况是经由下一级法院上诉到高等法院，并已经做出判决的案件，要想上诉到联邦法院，必须拿到高等法院承审法官的相关证明或者检察官的证书，用于证明该案件所涉及的法律问题应该由联邦法院做判决才符合公共利益。[2]

3. 检察机关

马来西亚的检察机关是代表国家追究刑事责任和提起公诉的机构，主要权力有：进行预先调查与侦查；决定被告是否羁押；对审判的执行进行监督；终止追究刑事责任（土著法院、伊斯兰教法院和军事法院的诉讼除外）。联邦检察机关设立一位总检察长、若干检察长（官）以及分驻全国各中心区的负责人副主控官和设在地方的督察长。宪法规定，联邦总检察长由最高元首根据总理的建议任命，出任者需具备担任联邦法院法官的资格，其职权包括：根据最高元首或者内阁随时提交的法律问题向最高元首、内阁或任何部长提供建议，执行最高元首或者内阁交办的任务，以及行使宪法或任何其他成文法所赋予的职权。在执行职务时，总检察长有权出席联邦的任何法院或者特别法庭。此外，总检察长拥有自行决定是否提出、进行或中止任何刑事案件的诉讼的权利（土著法庭、伊斯兰教法庭、军事法庭的诉讼不在此范围内）。最高元首规定总检察长的任期，并可以随时辞职。总检察长的免职理由和免职方式与联邦法院法官类似。[3]

---

① 罗刚、王越停：《马来西亚宪政制度概述》，《云南大学学报》（法学版）2004 年第 5 期。
② 罗刚、王越停：《马来西亚宪政制度概述》，《云南大学学报》（法学版）2004 年第 5 期。
③ 骆沙舟、吴崇伯：《当代各国政治体制——东南亚诸国》，兰州大学出版社，1997，第 125 页。

　　总的来说，马来西亚的司法体系是为资产阶级和封建贵族阶级服务的，即使其千方百计地宣传"司法权独立"，也仍然掩盖不了其维护统治集团利益的实质。首先，在组织方面，马来西亚的法官均是由任命而非选举产生的，任命之人皆有长期担任法官或律师职务的经历，并且这些皆由总理亲自挑选推荐，往往最能代表资产阶级统治集团的利益，这就从源头上保证了法官的阶级属性。资产阶级还用"不可随便更换"的制度把经过细心挑选出来的法官固定地安插在审判岗位上，任期直至65岁。若某个法官不顺从统治阶级的意向，统治阶级总能以各种"行为不检"的借口将其罢免，除去这些所谓"不称职"法官。各级法院不外乎是统治集团镇压劳动群众和进步力量的工具罢了。

　　对马来西亚宪政的分析给我们两个非常重要的启示。一方面，即使是拥有不同社会文化背景的国家，其宪政制度或者法律制度也是能够进行借鉴与移植的。另一方面，在借鉴外国宪政制度时应该根据本国国情，尤其注意文化因素与宗教因素，切忌照搬照抄。这一点在马来西亚宪政中表现得尤为突出，比如，考虑到马来西亚有着特殊的土著文化与伊斯兰文化，在国家机构上便相应地设立了土著法院、伊斯兰法院，在公民权利的保护（在宪法中对土著人、穆斯林的权利做了特殊保护）方面，也做了符合国情的安排，把外来制度成功与本土国情融合在一起。① 我国同样是一个拥有多民族、多元文化的国家，不妨在保证国家统一、领土完整和社会制度的前提下，在政治制度的设计上更多地兼顾不同地区的特殊性，使我国政治制度的内容更丰富、更具广泛适应性。②

二　地方国家机构

（一）中央和地方的关系

　　马来西亚是君主立宪制联邦制国家，中央与地方的关系属于联邦政府的体制。在马来西亚的中央与地方权力划分中，中央的立法权、行政权、

---

① 费巩：《比较宪法》，法律出版社，2007，第60页。
② 米良：《论马来西亚宪政制度的特点》，《学术探索》2009年第6期。

财政权和土地权大于地方。按照 1963 年"马来西亚联邦协定"和马来西亚宪法规定，东马两个州享有特殊的待遇，两州拥有更大的自治权。两州在移民事务、土地、宗教、财政、司法、官方语言、土著民族的地位、宪法修改、公共事务等方面均有自治权。马来西亚的政治体制在民主与威权之间寻求平衡，这一特点也体现在中央与地方的关系上。马来西亚联邦制与一般联邦制国家的不同之处在于，宪法赋予了各州自主权，规定各个州都有自己的宪法，但实际上这种自主权很薄弱，在立法、行政、财政和土地管理方面，各州仍受到联邦政府较强的控制。

1. 中央和地方立法权的分配

（1）中央和地方的立法权限划分

中央和地方的立法范围和立法事项有明确的划分。首先，马来西亚联邦宪法划分了中央和地方立法的范围。中央和地方行使立法权时，国会为全联邦及其局部制定法律，所制定的法律在联邦内外均有效，各州立法议会为本州的全部或者局部制定法律。其次，马来西亚联邦宪法划分了中央与地方的立法事项。为区分联邦和各州的立法事项，马来西亚联邦宪法制定了联邦事务表、州事务表和共同事务表。国会可以就联邦事务表或者共同事务表规定的任何事项进行立法。为尊重和保护马来人以及东马两州的宗教和习俗，国会不能制定有关伊斯兰教、马来人习俗的法律，或者沙巴州和沙捞越州土著及习俗的法律；在咨询有关当事州政府之前，不能向国会任何一院提出立法的动议案。各州立法机关可以对州事务表和共同事务表规定的任何事项进行立法。

国会有权扩大各州立法权，各州拥有剩余立法权。国会可以授权各州立法机关就联邦事务表内的全部或部分事项制定法律，州立法机关需遵守国会设立的条件和限制。国会授权各州立法机关制定的州法律，在该法规定的范围内，可以对该法律制定之前（涉及该州）的联邦法律进行修改和废止。各州立法机关有权就立法事务表未予以列举并且非国会有权立法的事项进行立法。

对于限制河流使用的立法和共享立法权的行使也有明确规定。关于限制河流使用的立法，国会立法或者制定的规章，若要限制各州及其居民利用其州内河流航行灌溉的权利，除非获得该州立法议会全体成员多数的赞同决议，否则在该州不予生效。至于共享立法权的行使，当国会两院或者各州立法议会的议长认为一项法案或者修正案提议对有关共同事务表所列举事项的法律进行修改，或者对州事务表所列举而联邦有权行使职权的事项进行修改时，议长应当对该法案或者修正案进行认证。

东马两州在立法权的分配上比较特殊，其不仅拥有特定事项的立法权，还可以扩大立法权。联邦宪法对沙巴州和沙捞越州的事务表、共同事务表做了补充规定，补充的事项被视为州事务表的一部分或共同事务表的一部分，东马两州有权针对这些事项制定州法律。沙巴州和沙捞越州立法机关可以制定销售税的法律。最高元首可以颁布命令，授权沙巴州和沙捞越州的州立法机关根据国会扩大立法权的规定制定相关的法律。国会无权为东马两州制定有关土地和地方政府的统一立法。

（2）中央对地方的立法控制

首先，联邦法律高于地方法律。如果各州法律与联邦法律抵触，则联邦法律优先，各州法律在抵触的范围内无效。

其次，在特定情形下中央拥有为地方立法的权力。中央在下述情况下可以就州事务表规定的事项制定法律：为履行联邦和其他国家缔结的任何条约、协定或盟约，或者为履行联邦为成员国的国际组织的任何决议；为促进两州或两州以上的州法律的一致；应任何一州立法议会的请求。为了确保法律和政策的统一，国会可以制定有关土地保有，业主佃户关系，地契登记，土地转让、抵押、出租，地役权和其他有关权益，土地的强制征用和评估以及地方政府的有关法律。

最后，国会约束各州宪法。如果国会认为某州经常不遵守联邦宪法和该州宪法的规定，国会可以制定法律以确保有关规定的遵行。如果州宪法未包含附件八第一章的规定（"本质条款"），或州宪法的规定不符合"本质条款"，国会可以制定法律令本质条款在该州生效，或者废除其违反本质条款的规定。各州所制定的法律，除非由国会提前废止，否则应当在根据该法律通过后新组成的立法议会决议确定的日期失效。

2. 中央和地方行政权的分配

（1）中央和地方行政权限的划分

马来西亚联邦宪法对中央和地方的行政权限做出了明确的规定。联邦政府行政权的实施范围包括国会可以制定法律的所有事项，各州行政权的实施范围包括州立法机关可以制定法律的所有事项。联邦行政权的实施范围不包括州事务表列举的事项，除联邦和各州法律的规定外，联邦行政权的实施范围也不包括共同事务表列举的事务。在联邦和各州法律就共同事务表列举的事项授权联邦行政机关的范围内，联邦行政机关需排除各州行政机关而行使职权。联邦拥有土地保有，业主佃户关系，地契登记，土地转让、抵押、出租，地役权和其他有关权益，土地的强制征用和评估以及地方政府的有关法律的行政权，但需经过州立法议会决议同意，否则不得在该州实施。联邦和各州可以安排由一方行政机关代替另一方行使职权，并规定因此所产生各项费用的支付。根据联邦法律关于州的行政权可以扩展至对联邦法律任何特定条款的执行的规定，东马两州可以扩大州行政权以及州各机关的职权、职责。授权各州履行任何职权时，联邦应将联邦与该州协议支付的款项支付该州，如果无协议，则应由联邦法院首席大法官任命的裁判所裁决。

（2）中央对地方的行政控制

首先，各州对于联邦的义务。各州行政权的行使应当遵守联邦法律，不妨碍或者影响联邦行政权的行使。

其次，联邦可以调查州事务、拥有州事务的某些行政和立法权力以及可以检查州事务。第一，联邦拥有查询、调查和统计州事务的权力。联邦政府在认为恰当时，可以就州立法机关制定法律的事项进行查询，授权调查、收集和公布统计数据。各州政府及其官员、机构有义务协助联邦政府执行上述规定的权力，联邦认为有必要时可以发布指令。第二，联邦拥有州事务的某些行政和立法权力。联邦行政权包括：对州立法机关可以制定法律的任何事项进行研究，设立及维护试验和演示站，对各州提供建议和技术援助，向各州居民提供教育、宣传和演示；各州农、林业官员应当接受联邦向州政府提出的专业建议。联邦政府可以设立政府部门，行使州立法范围内事项的职权，该事项包括土地保护、地方政府和城镇乡村的规划等。第三，联邦拥有检查州事务的权力。获得联邦政府授权的官员在行使联邦行政权时，有权对州政府的任何部门和工作进行检查，并根据检查结果向联邦政府提交报告，若联邦政府下达指示，则通知州政府并递交州立法议会。

最后，设立全国地方政府理事会，协调各州、中央直辖区和地方政府的关系。全国地方政府理事会由一名联邦部长担任主任，由各州统治者或者首脑任命的代表以及联邦政府任命的若干代表组成。主任对全国地方政府理事会的任何问题进行投票，并可以投出关键性的一票。全国地方政府理事会每年举行一次会议，主任认为必要时可以随时召集。全国地方政府理事会的职责是，与联邦政府和州政府协商，促进、发展和规制联邦内地方政府的国家政策和执行此政策的各项法律；联邦政府和各州政府应当遵循所制定的政策。联邦政府和各州政府的职责是对拟定的有关地方政府的立法与全国地方政府理事会进行协商，全国地方政府理事会有就该事务向有关政府提出建议的职责。

3. 中央和地方财政权的分配

（1）中央和地方财政权限的划分

在税收的征收方面，联邦政府和州政府受到马来西亚联邦宪法的制约。联邦和各州都有权征税，但如果没有法律的授权，联邦不得为联邦用途而征收任何国家税或地方税，不得由州或者为了州用途而征收任何税或者地方税。按照宪法规定，在各州辖区内征收的税捐费所得款项均归各州所有。按照联邦法律规定的条件，各州获得该州生产产品出口税中的10%或者法律规定的份额，以及该州生产的除锡以外的矿产品出口税中的规定份额。[①] 联邦议会通过立法，可以把联邦政府征收的税种或联邦法律批准征收的归各州使用的税种分配给各州负责征收，可以把联邦政府税收的全部或者部分收入分配给各州使用。联邦的一切税收和款项存入联邦统一基金。除了伊斯兰教义捐、开斋节施舍、伊斯兰教财务机关或类似性质的伊斯兰教税收需要存入一项特别基金，州的其他税收和款项存入各州统

---

① 周立峰：《马来西亚地方制度研究》，硕士学位论文，山东大学，2011，第 21 页。

一基金。

联邦分配给各州的税种有：棕榈酒商店的税收；由土地、矿产和森林所征收的税款；除自来水供应和服务、机动车、发电设备和商业登记以外的许可税款；娱乐税；联邦法院之外的法院诉讼费；州政府部门提供特别服务的规费和收入；市政局、市议会、乡村会议等地方当局的收入，但不包括按照自治市条例设立的市机关的收入，市政局、市议会、乡村委员会、地方议会等地方当局按照成文法有权保留其收入和控制的支出；有关原水的收入；州公产租金；州盈余的利息；土地和州公产销售的收益；联邦法院以及法院的罚款和没收；伊斯兰教义捐、开斋节施舍、伊斯兰教财务机关或类似性质的伊斯兰教收入；埋葬物。

联邦分配给东马两州的附加税种有：石油产品进口税和出产税；木材和其他林木制品出口税；如果对缴纳出口税的矿物（不包括锡，但包括石油）征收的特许税以其价格计算不足10%，则各州享有矿物出口税或部分出口税；对沙巴州，如果医药和卫生仍作为共同事务表的项目，享有关税收入的30%；州销售税；除联邦港口和码头外的港口和码头的收费；自来水供应和服务的收入，包括水费；与自来水供应和服务有关的许可收入。

联邦和各州的财政负担有明确的划分。联邦和各州应合理分担共同事务表所规定事务的法律和行政措施的财政支出，如果该项开支是联邦承付款项，或者按照联邦政策由联邦政府特别批准的州承付款项，该项开支的承担者为联邦；如果该项开支是州承付款项，那么该项开支的承担者为州。统治者的皇室费用、立法议会议长的薪金、州的所有债务以及任何法院和法庭判决应当由州偿还的款项由州统一基金担负。

（2）中央对地方的财政控制

联邦政府掌握主要收入来源，联邦政府的拨款是州政府的重要收入来源。中央政府统管重要的税收项目，分配给各州的税收项目收入较少，如果仅靠自身的收入，各州政府无法正常运转，因此联邦政府的拨款成为各州收入的重要来源。各州的收入中来自联邦政府的拨款主要有：按人口拨给的人口补助金；按各州公路千米数拨给的州公路补助金；拨给人均收入低于全国平均水平的州的平衡补助金；当年收入超过 10% 时拨给各州的收入增长补助金；从州储备金中提取的补助金；有条件地拨给的补助金、矿物出口税份额。[①] 向各州拨款时，联邦政府通常设置了一定的条件，如规定州政府必须将收入增长补助金用于专门的发展计划。

联邦政府控制州政府的财政支出。州政府的基本日常开支受联邦政府统管，只有经过联邦政府的同意，各州政府才可以增加编制数量和提高工作人员的薪金标准。州政府的发展计划受联邦政府的控制，由于财力有限，要发展大的项目往往需要争取贷款。州政府的贷款也受联邦政府的严格控制，须向联邦政府贷款，若向其他财源贷款，须经过联邦政府的批准。

联邦设立国家财政委员会，协调处理联邦与各州的财政关系。国家财政委员会由总理、总理指定的部长若干人以及各州统治者或州元首委任的代表各一名组成。联邦政府应就涉及各州的财政事项征询国家财政委员会的意见，包括：联邦拨给各州的补助金；将任何联邦税收或收费的全部或部分收入分配给各州；联邦与各州每年的借款需要及联邦与各州对借款权的行使；贷款给任何一州；制订国家发展计划；制定有关法律。

4. 中央和地方土地权的分配

（1）中央和地方土地权限的划分

联邦政府有权为联邦用途征用土地。如果联邦政府认为一州尚未分配的土地必须为联邦用途而使用，则联邦政府与州政府协商后，可以要求州政府将联邦政府所指定的土地授予联邦或者联邦政府指定的机关。除非确认出于国家利益，否则联邦政府不得要求州政府授予保留为各州用途的土地。联邦政府要求州政府永久性让与土地时，州政府不能限制所让与土地的用途，联邦政府应每年向州政府支付适当的租税以及与土地市场市值等值的补偿金。当联邦政府要求州政府让与土地的其他权益时，应州政府的请求，联邦政府应每年向该州支付合理的地租和补偿金。但在保留作为联邦用途期间，该土地因改良而增值，则增值部分不计入该土地的市场值、

[①] 骆沙舟、吴崇伯：《当代各国政治体制——东南亚诸国》，兰州大学出版社，1998，第96 页。

地租或者补偿金。如果联邦政府请求州政府让与土地，但该土地已经拟定用于州用途，则州可以征用其他土地替代前述土地，如果前述土地的征用费用超过规定的支付费用，联邦应当就费用超出部分向该州支付适当的款项。对于已经分配的土地，当联邦要求让与土地时，州政府应该遵从联邦的要求，以协商或者强制的方式征用该土地的权益，州政府征用土地产生的任何费用应该由联邦偿付。

州政府有责任让与作为联邦用途而保留的土地。凡州土地保留作为联邦用途，联邦政府可以要求州政府将土地不限制用途地永久让与联邦政府，联邦政府应该支付适当的补偿金和适当的年度租金。凡作为联邦用途保留的州的土地，联邦政府可以将其让与州，但州必须向联邦支付土地市值和土地为联邦所用时土地改良的市值，如果州政府接受，则保留即予终止。作为联邦用途而保留的州土地不得终止保留，所有保留土地由联邦政府管理。联邦政府可以将土地的一部分或者全部的占有、控制和管理权转让或者租赁、租借给任何人。

联邦与各州对马来保留地的权限划分。马来保留地指保留作为分配给马来人或者土地所在州原住民的土地。首先，马来保留地的变更须得到州立法议会和国会的批准。在马来西亚独立之前为马来保留地的州土地，继续为马来保留地，直到另有法令规定为止。变更马来保留地的法令，只有州立法议会、国会的全体议员以多数和到会并投票议员的2/3多数通过，才得以生效。其次，当时未成为马来保留地，且未经开发或者开垦的州土地，可以根据该法律宣告为马来保留地。宣告州土地为马来保留地的，应当提供该州内未经开发和开垦的相同面积土地供统一分配。宣布成为马来保留地的州土地，其面积不论在任何时候均不超过该州供统一分配的土地总面积。最后，根据现行法律，各州政府可以将州政府以协议的方式征用的土地，以及经业主申请，并得到所有享有土地权益者同意的其他土地划为马来保留地。此外，对森美兰州、马六甲州习俗地和丁加奴州马来人保有地有特别规定。宪法的规定均不影响对森美兰州、马六甲州习俗地及其土地权益的转让、租赁进行限制的法律的效力。丁加奴州有关马来人保有地的法律继续有效，直至该州立法机关通过新的法令为止。

（2）中央对地方的土地控制

联邦设立国家土地委员会，各州政府必须遵守执行国家委员会所制定的政策。国家土地委员会由部长担任主任，其成员由各州统治者或者州首脑任命的代表、联邦政府任命的若干代表组成，联邦政府的代表不能超过10人。国家土地委员会每年开会一次，主任认为有必要时随时召集国家土地委员会会议。国家土地委员会负责的职责是，制定促进和规制全联邦土地用于矿业、农业、林业或其他用途的国家政策，并执行有关国家政策的法律。联邦政府和各州政府应遵循国家土地委员会所制定的政策。联邦政府和各州政府可以就任何土地利用事务、土地立法的拟定和实施与国家土地委员会进行协商，国家土地委员会应当就上述事务向政府提出建议。

联邦政府制订统一的国家发展计划，根据国家发展计划，如最高元首在征询国家财政委员会、国家土地委员会及有关州政府的意见后，确认在某一州或某几州的任何地区推行发展计划对国家有利，可宣布该地区为发展区。在发展区内，联邦政府可随时为发展计划的需要，指定一定范围内的土地为私人使用土地，其余为联邦政府统一规划、开发。联邦实施发展计划所得全部收入，必须用于：提供发展计划所需要资金及其支付其工作费用；归还联邦因推行该计划所担负的任何支出；剩余的收入，则交归发展区所在的州。有关土地利用、地方政府发展等国家计划不包括沙巴州和沙捞越州，未获得州首脑的同意，沙巴州和沙捞越州土地不得被宣布为任何开发规划用途的开发区。

（二）西马各州的政府机构

1. 州统治者和州首脑

西马11个州中，除了马六甲、槟城两州，剩下的9个州是所谓马来州。这9个州各有一名世袭的统治者，其中森美兰州和玻璃市州的统治者分别称为"严端"（Yang di-Pertuan Besar 或 Yamtuan Besar）、"拉惹"（Raja），其余7个州的统治者是苏丹。这9位统治者有资格选举和被选举为国家正、副元首。若某州的统治者当选为最高元首，则其在任期间不再统治本州，而委托摄政王代行其职权。

州统治者应根据建议行使职权。州统治者根据州宪法和法律，或者作为统治者会议成员身份行使职权时，应当根据行政议会或其成员以行政议会名义提出的建议采取行动。州统治者有权要求获得行政议会所有的有关州政府的信息。州统治者的职权主要有：任命州务大臣；不同意解散州议会的请求；请求召集统治者会议讨论关于统治者特权、地位、名誉和尊严，或者宗教行为、礼仪或典礼等事项；作为伊斯兰教首领或者担任有关马来人习俗的职务；任命其嗣子、配偶、摄政王或摄政会议；册封马来人世袭爵位、头衔、荣誉和尊严及委任有关职务；制定皇家宫廷法规。

马六甲、槟榔屿设州首脑一名，称为州元首或州长。州首脑由最高元首在咨询首席部长后自行任命。非公民或者归化成为公民，或者根据宪法登记为公民者，不得被任命为州首脑。州首脑不得担任任何领薪公职，且不得积极参与商业活动。州首脑任期四年，可随时以书面形式向最高元首提出辞呈，最高元首根据最高立法议会全体议员 2/3 以上多数通过的决议而免除州首脑的职务。州首脑因疾病、缺位或者其他原因不能视事时，州立法机关可以立法授权最高元首在与首席部长协商后任命一人代行其职权，行使职权期间可以代替州首脑作为统治者会议的成员，但此人应具有担任州首脑资格，否则不得任命。州首脑的薪金由立法机关通过法律规定，并由统一基金担负，在其任职期间不得减少。州首脑的职权大体与州统治者相同。马六甲和槟榔屿的州首脑没有最高元首选举权和被选举权。

州统治者与州首脑享有尊崇的地位。各州苏丹是州最高统治者，居住在金碧辉煌的皇宫里，他们的服饰、用具和日常用品都为金黄色，因为金黄色代表高贵，是专属于皇宫的颜色。每年苏丹的诞辰日都是全州的大事，属于全州的公共假日，而州政府还要为苏丹举行隆重的庆祝仪式。[①] 州统治者和州首脑享有居于他人之上的尊崇地位，各州统治者和州首脑在本州享有优先于他州统治者和州首脑的尊崇地位。州统治者的尊崇地位优于州首脑。州统治者之间应当根据其就职的日期，州首脑之间应当按照其被任命为州首脑的日期确定其尊崇地位次序，如果州首脑同日任命，则年长者的尊崇地位优先。

---

① 龚晓辉等编著《马来西亚概论》，世界图书出版广东有限公司，2012，第220页。

2. 州立法议会

州立法议会实行一院制，和州统治者组成州立法机关。州立法议会的主要职能是制定州的法律，讨论州财政预算案和土地等问题。

州立法议会由若干议员组成，设一名议长。议员和议长由选举产生，任期5年。年满21周岁居住于该州的公民均有该州立法议会议员的当选资格，任何人不能同时成为跨选区的州立法议会议员，任何辞去州立法议会议员身份的人，自辞职生效之日起5年内，丧失州议会议员的当选资格。如果议员被委任为联邦内阁的部长，上任前必须辞去立法议会议员的职务。州立法议会可推荐2名议员成为上议院议员，参加联邦上议院的工作，任期3年。议长须是议员或者具有议员当选资格。非议员选举为议长者，必须是因为其职务而成为立法议会当选议员之外的议员。当议长空缺时，立法议会除选举议长外不得进行其他事务。

统治者应当随时召集州立法议会，前后两个会期之间的期限不超过6个月。州立法议会闭会和解散由统治者下令。除非立法议会提前解散，否则其自首次集会起满5年后解散。立法议会解散后应当在60日内举行全州大选，新议会应当自解散之日起120日内召集。根据宪法，假如在森美兰州议会解散的60天内，全国仍未进行大选，临时政府仍可延长30天管理期。一旦30天后还没举行大选，将由森美兰州最高统治者委任新的州政府。选举委员会确认州立法议会有缺位时，应当在60日内予以补选。

立法机关立法权的行使，由立法议会通过法案，并由统治者签署。除州行政议会成员外，不得在议会提出和动议涉及由州统一基金担负开支的法案或者修正案。统治者一般在法案呈交之后的30日内签署，法案经统治者签署后成为法律。如果统治者未在期限内签署，则法案在所规定期限届满后自动成为法律。法律予以公布之后生效，但不妨碍立法机关推迟法律的施行或者制定涉及既往的法律。

州立法议会有权制定州宪法，但必须以联邦宪法的原则为基础，不能与联邦宪法相抵触，否则无效。有关统治者王位的继承、统治者的地位和马来族传统职位的类似规定，州立法机关不得修改。任何修改州宪法法案的行为，均应获得州立法议会全体议员2/3以上的投票赞同，否则不能通过。对任何州所制定的法律，除非由国会提前废除，否则应当在根据该法律通过后重新组成的立法议会决议的确定的日期失效。

3. 州行政议会

州行政议会是州最高行政机关，领导人是州务大臣或首席部长。西马各州中，由统治者领导的州设州务大臣，由州首脑领导的州设首席部长。州务大臣或首席部长在州议会选举之后产生，获得过半席位的政党成为执政党，该政党的领导人也就成为该州的州务大臣或首席部长。州务大臣或首席部长须从州议员中提名4~8名议员组成行政议会。尽管州宪法规定归化或者按照联邦宪法登记为公民者，不得被任命为州务大臣，但统治者可以自行决定免除选择州务大臣的约束。如果统治者在州立法议会解散时进行任命，则可以任命上届议会议员，其任期至下届州立法议会首次召集时为止，除非其本人依然为新一届议会议员。行政议会集体对立法议会负责。如果州务大臣或首席部长失去立法议会多数议员的信任，除非统治者根据请求解散州立法议会，否则其应该提出辞呈。除州务大臣或首席部长之外的行政议会成员需要依循统治者的旨意行使职权，可以随时提出辞职。

州行政议会统管州的一切行政事务，主要职权有：土地的买卖、开放和利用，领导县、乡政府的工作，办理地方性公务，举办和管理社会公益福利和服务事业等。州行政议会成员不得从事与本人职责和本部门有关的营业、经营和职业，当其从事有关的营业、经营和职业时，不得参与行政议会中关于该项营业、经营和职业的决定，或者参与做出可能影响其经济利益的决定。

4. 下级法院

西马的下级法院包括头人法院、地方法院和推事法院。最低一级的法院是头人法院，其可对处25林吉特（合8.3美元）以下罚金的轻微罪行进行审判，有权判决诉讼标的不超过50林吉特（合16.6美元）的民事诉讼。其次一级的法院是地方法院。地方法院具有初审及民事管辖权，其权限大小根据主持法官是一级地方法官还是二级地方法官而定。一级地方法官有权预审有关可控罪行的指控，有权审判可处 3 年以下徒刑的罪行，以及诉讼标的不超过 1000 林吉特（合 333 美元）的民事案件。不服头人法院判决，可向一级地方法院上诉。二级地方法官可判 1 年以下徒刑或处以罚金的罪行。最高一级的法院是推事法院。推事法院有权审判可处 7 年以下徒刑的罪行以及某些特殊的罪行，可以对可控罪行的指控进行预审。推事法院一般有权审判诉讼标的不超过 2000 林吉特（合 660 美元）的民事案件。不服地方法院的判决可向高等法院上诉，不服推事法院的判决可向高等法院上诉。①

5. 州赦免委员会

州赦免委员会，由联邦总检察长、州统治者或州首脑及其他不超过 3 人的成员组成。州赦免委员会成员任期 3 年，可以连任，也可以随时辞职。联邦下议院议员和州立法议会的议员不得兼任州赦免委员会委员职务。州统治者、州首脑均拥有司法赦免权，对本州境内的一切犯罪拥有赦免、减刑及缓刑的权力。当他们行使赦免权时，应根据州赦免委员会所提出的建议行事。赦免委员会必须在州统治者或州首脑的参加并主持下举行会议。在对任何案件提出赦免建议之前，应考虑总检察长对案件提出的书面意见。在马六甲、槟榔屿两州，州首脑没有伊斯兰教首领的身份，只要涉及对伊斯兰法庭做出判决的罪犯的赦免权，只能由最高元首代替行使。

6. 州各级政权组织

西马各州，州以下行政建制为县和乡。县设县长一名，县长和县委会成员由州行政议会委任。县长除了主持县行政管理外，名义上还兼任地方法官一职。县设土地公署，由县长领导。各县均再划分为若干乡，由乡长管理。在各乡中，乡长是县长的代表。乡设乡发展和安全委员会，由乡长领导。乡长之下有村长，传统上他是不支薪的。

（三）东马两州的政权组织

东马两州各设一名州首脑，由最高元首任命。州首脑由于不是世袭

---

① 骆沙舟、吴崇伯：《当代各国政治体制——东南亚诸国》，兰州大学出版社，1998，第124 页。

的，所以没有最高元首选举权和被选举权。东马两州州首脑的资格、薪金、职权、地位等与马六甲州、槟榔屿州相同。

东马两州都设立法议会，立法议会行使州宪法和法律的权力，议员由地方直接选举产生，任期 5 年。立法议会解散后应在 90 日内举行全州大选。

东马两州的行政机构被称为州内阁，类似于联邦的内阁制。州内阁的首长称为首席部长，并设若干名副首席部长协助其工作。首席部长下设若干部，各部由部长和副部长领导。首席部长由取得州立法议会多数席位的政党领袖担任。

东马两州的法院包括低级法院和土著法院。与西马的下级法院不同，东马两州不设推事法院。东马两州的低级法院由三个级别的地方法官法院组成，分别是一级、二级、三级地方法官法院，很多地方法官由县长兼任。土著法院是东马两州特有的司法机构，它们主要审理违反本地法律和习俗（包括伊斯兰法及其习俗）的案件，诉讼当事人一般是土著居民。东马两州均设驻扎官土著法院、土著上诉法院，土著上诉法院由一名高等法院法官、有关省的驻扎官及一名土著头人组成，高等法院法官主持。在沙捞越州，土著法院分为三级，不服其判决的可向驻扎官土著法院上诉，有些案件可向土著上诉法院上诉。在沙巴州，经土著法院受理的初审案件可向县长上诉，有些案件可向土著上诉法院上诉。[1]

东马两州州以下的行政建制为区或省。沙巴州划分为 4 个驻扎区，各由一名驻扎官管理。各驻扎区划分为若干县，也设有副县长管辖的区。在村一级，土著头人对县长负责，村长在土著头人的领导下从事地方行政工作。沙捞越州划分为 5 个省，各由一名驻扎官担任行政首长。各省划分为若干县，大多数的县再划分为若干区，区由沙捞越行政局的 1 名成员管理。[2]

---

[1] 骆沙舟、吴崇伯：《当代各国政治体制——东南亚诸国》，兰州大学出版社，1998，第124 页。

[2] 骆沙舟、吴崇伯：《当代各国政治体制——东南亚诸国》，兰州大学出版社，1998，第121 页。

东马两州的首脑均有赦免权，并成立由州首脑主持的赦免委员会。联邦总检察长是该委员会的成员，州赦免委员会进行任何咨询、讨论前均须尊重总检察长的书面意见。但对于伊斯兰法庭做出判决的罪犯的赦免权，应由最高元首行使。

（四）联邦直辖区和市

马来西亚有三个联邦直辖区，即吉隆坡联邦直辖区、纳闽联邦直辖区，以及 2001 年 2 月 1 日成立的新行政首都布城联邦直辖区，其行政首长均称市长，由内阁联邦直辖区部委任，并接受其领导和指示。联邦直辖区设立赦免委员会，由最高元首、总检察长和掌管直辖区事务的部长委任的委员组成，最高元首参加并主持赦免委员会会议，行使对伊斯兰法庭做出判决的罪犯的赦免权。

马来西亚城市一般设市政委员会。市政委员会由市长 1 人和委员会若干人组成，由州政府任命。由于未设独立的立法机构，市政委员会没有立法的权力。除立法权外，市政委员会财政自理，不依赖中央和州政府。各市根据财政收入制定本市的发展计划，并自行招募人员。在城市规划、地方预算、公共工程、住房、卫生等方面，各市政委员会拥有行政自主权。

第三节　政治体制运作的特点

一　选举委员会的功能

选举委员会是马来西亚的选举指导机构。在马来西亚大选中，从宣布马来西亚大选日期、大选提名日期及竞选期，到统计大选的票数并宣布大选结果，选举委员会都是不可或缺的角色，因此选举委员会在马来西亚的政治体制中发挥着重要作用。

选举委员会设正、副主席各一名，另设 5 名委员，其中沙巴州和沙捞越州须各有一名。选举委员会成员均由最高元首任命，可任职至年满 65 岁，也可随时向最高元首提出辞呈。若某成员是尚未清偿债务的破产者，或从事其他有报酬的职业，或当选为议会两院或州立法议会的议员，最高元首可下令将其罢免。

选举委员会有责任任命选举官员和选民登记官。选举委员会需为每个州任命一名州选举官和若干州副选举官，为每个选区任命一名选举主任和若干助理选举主任，以及一名执法人员和若干名助理执法人员。任命选民登记官时，选举委员会首先须任命一名马来西亚首席选民登记官，其次是各州的副首席选民登记官。必要的时候，选举委员会还要为每个登记区域任命一名选民登记官，以及多名副选民登记官和助理选民登记官。

宪法规定，选举委员会的主要职责是组织议会及各州立法议会的选举，拟制与修订选民名册。选举委员会每年进行选民登记工作，按规定的方式为登记区域编制、发布和修订指定的选举名册，在宪报公布最新的选民名册。将为国会议会和州议员制作的选举名册合并为一个登记表。当选举名册已被认证或重新认证，而且认证或再认证的公告已经在宪报刊登，选民名单应被视为最终的和有约束力的，不再受到法院质疑、上诉、审查、撤销或搁置。选举委员会委任海外大使馆或领事馆负责选民登记。为确保海外邮寄选票程序顺利进行，选举委员会与马来西亚驻外国代表办公室及大使馆合作，提供培训、行动守则指南，以及通过视频讲解邮寄选票程序。此外，在布城总部设一个24小时运作的海外邮寄选票管理单位。

监督选举活动和选举名册上的选民也是选举委员会的责任之一。选举委员会有责任敦促所有选举官员公平、公正，必要的时候为选举官员提供指导，以确保遵守和有效执行相关法规。选举委员会可以委任政党和本地非政府组织担任大选的本地观察者，邀请泰国、印尼、柬埔寨、缅甸及菲律宾等邻国担任大选的国际观察者。选举委员会负责统计选民人数，包括申请登记成为新选民的人数，也将展示从选民册中删除的选民名字，这些选民是已经逝世或被剥夺公民权的人。

经过最高元首的批准之后，选举委员可以对选民登记及所有附带事宜做出规定。选举委员会规定各选区选举名册的保管和维护，以及选举名册的类型和形式；规定准备和出版选举名册应遵循的程序；规定选举名册的准备或修改的时间，以及修订时应遵循的程序；规定当选区的边界已明确或者更改，编制和公布选区新的选举名册应遵循的程序；规定在制定和确定因任何名称插入选举名册，或者反对选举名册插入或包含任何名称，而要求索赔应遵循的程序；因受到无合理理由的异议，反对将他的姓名列入任何选举名册而感到委屈者，应支付不超过 1000 林吉特的赔偿金；授权登记或评审官，依据法律处理任何申请、要求、反对和上诉，管理任何目的的宣誓；规定任何申请、通知、请求或反对的费用及收费的方式；规定选举名册或新的或经修订的选举名册须经核证的方式；更正选举名册中文书的错误；授权或要求登记员向人们提供所需的任何选举名册的副本或其一部分，是否免费或支付费用，另有规定；将选区划分为登记单位。

经国家最高元首批准，选举委员会即可对马来西亚下议院和立法议会的选举行为及所有附带事宜做出规定。规定通知举行选举的方式；规定候选人的提名以及反对提名的程序，选举委员会批准在选举中使用符号，但不批准与任何宗教或教派有关联，或与良好的秩序或道德不相容的符号；负责公布具有争议的选举即将进行投票的日期；规定候选人或代表候选人不得拥有超过 2 万林吉特数额的存款，一旦超过可能被没收；规定投票站须提供的便利，在投票的日期允许进入投票站的人员，以及为每个投票站任命一名或多名监选官员和其他官员或职员；规定投票的地点和方式，确保用于选举的投票箱和选票的安全；当对投票人的身份进行确定时，提供进行确认的方式、人员和所提的问题；规定用于选举的选票和票根的形式；规定停止投票后，投票箱、未使用或损坏的选票、选举名册的副本、选票的票根和其他文件处理的方式；规定计算选票应遵循的程序，当出现选举主任和监选官员未经任命的情况，投票可能被拒绝承认；制作和公布选举当中选举主任的反馈和关于投票的声明；规定在选举中使用私人机动车辆的条件；规定选民有权邮寄选票并为邮寄选票提供便利；根据 1954年选举犯罪法案，规定某些行为被视为非法。

选举委员会在划分选区、更改选区或建立新的选区之后，须把每个选区划分成投票区，指定一个地方或多个地方建立投票站或者区站，然后在宪报刊登公告宣布相关事宜。投票区的划分，可以根据选举委员会的要求而改变，在做出更改时，选举委员会须在宪报刊登有关的公告，详述划分的情况。除非选举委员会认为有必要或适宜于个案的特殊情况，否则每一个投票区须有一个投票站。选举委员会可以在必要的时间和需要的场合，指定任一地方设立一个新的投票站以取代原先设立的，但须在宪报刊登一则有关新投票站详情的公告。在支付一定的补助金之后，选举委员会可以自由使用学校或学校的部分作投票站，也可以将公共建筑或经营场所作为投票站。当这些学校、建筑和经营场所被用作投票站时，选举委员会须对产生的损害进行赔偿，并支付维持秩序所产生的费用。

二 选民的流程

第一，确认选民的资格。宪法规定的选民资格为：年满21周岁的马来西亚公民。有以下情形之一者，应取消其选民资格：因心智不健全而被拘留，或正在服刑中；在选举日前曾在英联邦的任何地区犯既定罪，被判处死刑或12个月以上的监禁者。[①] 2013年，旅居海外且已登记为选民的马来西亚公民可以申请成为邮寄选民，申请期限截至国会或州议会解散日当天。欲成为海外邮寄选民，须符合3个条件：必须是合格的选民；在国会或州议会解散前的5年内，须在国内逗留至少30天；住在海外（泰国南部、新加坡、文莱和加里曼丹除外）。定居在邻国泰国南部、新加坡、文莱及加里曼丹的马来西亚公民不符合申请为邮寄选民的条件，必须亲自回到马来西亚，在投票日当天投票。

第二，选民进行登记。选民仅在一个选区登记，只能进入一个选区的选举名册。马来西亚公民每年可以向选举委员会申请登记为新选民，可直接到各地选委会办公室，以及选委会设立在邮政局、购物中心、娱乐场所、住宅区以及政府大学等地点的柜台进行登记。选民可以更换投票选区地址。

第三，公布选民名单。根据《2002年选举条例》，新选民登记名册14天内在全国935个地点展示，这些地点包括各州选举办公室，配有电

---

① 骆沙舟、吴崇伯：《当代各国政治体制——东南亚诸国》，兰州大学出版社，1998，第105页。

脑系统的邮局、政府部门、土地局、地方议会及市议会、民众会堂或睦邻
计划等。提出申请者可到有关地点检查自己的名字是否被展示，也可以通
过官方网站检查自己的名字，如有任何疑问，可电联选举委员会总部或州
选举委员会办公室。任何人士若要针对新选民登记提出反对意见，可以填
写表格提出申请，但一个人只能针对不超过 20 人提出反对意见。

第四，确认竞选议员的资格。宪法规定的竞选资格为：年满 21 岁的
马来西亚公民，但有下列情形之一，不得参加竞选：被认定或被宣布为精
神不健全者；未清偿债务的破产者；因犯罪被任何法院判一年以上监禁或
2000 林吉特以上罚款而未获无条件赦免者；具有双重国籍（已取得马来
西亚籍而未放弃外国国籍）者。[①] 在同一届选举中，一人可同时进行国会
和州立法议会的竞选。

第五，竞选提名。大选提名日由选举委员会宣布。在大选提名日，
大选候选人到各自选区的提名登记中心进行登记。竞选提名时，需用
马来文填写表格，同时缴纳押金（竞选国会议员缴纳押金 1000 林吉
特，州议员为 500 林吉特）。若竞选者所得选票不足本选区所投有效选
票的 1/8，押金将全部被没收。若在投票之日前死亡或退出竞选，押金
可退还。[②] 2012 年选委会修改选举法令条例，规定提前投票、国州议席
候选人的提议人和附议人必须是该选区选民，候选人可在提名日当天
早上 10 点前撤回提名，过后则无法撤销候选人资格。此外，若候选人
的提名表格没有遵守条例，或没有资格成为候选人，提名站官员有权
拒收提名表格。

第六，选民参与投票。选举委员会一般选择把周末或公共假期列为大
选投票日。在大选投票日，选民在一个选区投票，选出国会议席和州议席
的议员。根据 2012 年选举（修正）条例，凡拒绝出示左食指验证、拒绝
点墨或已点墨的选民将不获选票。投票站主任或赋权执行任务者必须记录

---

① 骆沙舟、吴崇伯：《当代各国政治体制——东南亚诸国》，兰州大学出版社，1998，第
　　105 页。

② 骆沙舟、吴崇伯：《当代各国政治体制——东南亚诸国》，兰州大学出版社，1998，第
　　105 页。

选民的上述行为，若发现选民编号或名字已记录接过选票而手指有墨迹，可拒绝发出选票给有关选民。新条例也写明投票程序，即当选民索取选票时，选举官必须喊出其编号及名字，而选民须出示左食指，以鉴定是否已被点墨，一旦确认没有发过选票记录及无点墨，选举官会为选民点墨及发出选票。对于盲人或其他身体残缺的选民，投票官可依照选民指示代为划选票。若选民没有左食指或左食指无法点墨，选举官可在左手任何手指进行点墨，若选民没有左手指，则可点在右手食指或其他手指。如果选民完全没有手指，那可点在左手或右手尾端。选民的投票结果在当天晚上公布。

三 选区划分

选区划分是马来西亚选举制度的一个重要组成部分。马来西亚采取选区制，每个选区选举 1 名议员。全国共分 222 个国会选区，由数个州选区合组而成，设 222 个下议院议席。州立法议会选举共分 576 个州选区，设 576 个州议席。

（一）选区划分现状

1957 年宪法规定了选区划分的原则，即以选民人数为主要考量的划分标准，各个选区不论地域大小，选民数量之差不超过 15%。1960 年，选举委员会宣布了一个选区划分计划，将全国划分为 100 个选区，每个选区的选民数量相近。由于在很多选区里，马来人选民并不构成多数，这个选区划分计划引起了马来人及巫统领袖的忧虑，担心非马来人因议席增多而拥有更大的政治权力。为了确保马来人在政治上的支配权，由巫统主导的联盟政府于 1962 年提出宪法修正案，剥夺了选举委员会在选区划分上的最终裁决权，并将选区划分的权力交给由马来人议员主导的下议院。下议院否决了选举委员会提出的选区规模差异更小的划分方案，放弃了以相近选民数为基础划分选区的原则，转而采取按地域大小的划分原则。1962 年国会修改宪法，将各选区选民数量的差异由不超过 15% 改为不超过 50%。1973 年国会通过宪法修正案，各选区选民数量上的限制被取消。

独立以来，马来西亚多次重划选区。1958年，国会选区共有104个，州选区共有282个。1963年，马来亚半岛、新加坡、沙巴、沙捞越组建马来西亚联邦，全国有159个国会选区，西马104个，沙捞越州24个，沙巴州16个，新加坡15个。1965年新加坡退出马来西亚之后，1969年全国的国会选区数量恢复为144个，州选区数量为362个。1974年，全国的国会选区增加到154个，州选区数量增加到408个。1984年，全国的国会选区增至177个，州选区增至447个。1987年，全国的国会选区数量达到180个，州选区数量达到455个。1994年，全国的国会选区数量增至192个，州选区数量增至498个。1996年，全国的国会选区数量增加到193个，州选区数量增加到504个。2001年，全国的国会选区增至194个。2003年，全国的国会选区从194增至219个，州选区从504增至567个。2005年，全国的国会选区增至222个，州选区增至576个。

马来西亚共拥有222个国会选区及576个州选区，其中西马拥有166个国会选区，445个州选区。东马两州拥有56个国会选区和131个州选区，其中沙巴州拥有25个国会选区及60个州选区，沙捞越州拥有31个国会选区及71个州选区。

表2-1 1958~2003年西马国会选区和州选区变化

单位：个

年份	国会选区	州选区	新增国会选区	新增州选区
1958	104	282	无	无
1974	114	312	10	30
1984	133	351	19	39
1994	145	394	12	43
2001	146	394	1	无
2003	166	445	20	51

资料来源：《大马华人周刊》（Chinese Weekly），http://www.chineseweekly.com.my/news/cw%20opinion_ 201214%20sarawak.html。

表 2-2　1966~2003 年沙巴州国会选区和州选区变化

单位：个

年份	国会选区	州选区	新增国会选区	新增州选区
1966	16	32	无	无
1974	16	48	无	16
1984	20	48	4	无
1994	20	48	无	无
2003	25	60	5	12

资料来源：《大马华人周刊》（*Chinese Weekly*），http：//www.chineseweekly.com.my/news/cw%20opinion_201214%20sarawak.html。

表 2-3　1968~2005 年沙捞越州国会选区和州选区变化

单位：个

年份	国会选区	州选区	新增国会选区	新增州选区
1968	24	48	无	无
1977	24	48	无	无
1987	27	56	3	8
1996	28	62	1	6
2005	31	71	3	9

资料来源：《大马华人周刊》（*Chinese Weekly*），http：//www.chineseweekly.com.my/news/cw%20opinion_201214%20sarawak.html。

（二）选区划分的影响

在马来西亚政治体制中，选区划分既是影响政党利益的重要因素，也是政党进行政治博弈的手段。长期以来，马来西亚多个政党展开了激烈的竞争，而以地域大小为原则的选区划分制度破坏了各政党公平竞争的基础，对马来西亚的政治格局产生了重要的影响。

首先，现行的选区划分对马来人政党巫统最有利。现行的选区划分为巫统掌控执政联盟以及国家政权提供了条件。采用新的划分原则之后，人口稀少的乡村选区数量大量增加，人口密集的城镇选区数量明显减少。由于马来人人数占优，而且多居住于农村，因此新的选区划分原则实则是向马来人倾斜。现行的选区划分成功地扩大了马来人的政治代表权，也意味着国会和州议会的大部分议席从马来选区产生。由于"巫统长期得到70%～80%马来人的支持，即使在1990年面对46精神党的挑战，也仍能得到60%以上的马来人选票"，[①] 有大量稳定的马来选民作为后盾，巫统可以轻易地拿到数量占优的马来选区议席。在选区重划的过程中，巫统的政治力量日趋强大。1974年选区重划之后，国会选区产生了很大的变化，以马来选民为主的国会选区数量大幅增加，马来选民超过50%的国会选区占西马国会选区的比例已从1965年时的56%上升至70%。1974年的选区重划同样改变了州选区的格局，"即使是马来人占少数的森美兰州、雪兰莪州和霹雳州，政权都稳稳地掌握在马来人手中"。[②] 1984年选区划分后，西马国会选区一共132个，其中马来选民占50%以上的共有92个，马来选民占相对多数的有5席。[③] 在2003年选区重划中，巫统获得65%的新增议席，仅国会议席就占53.42%。2008年大选之前的选举中，巫统主导的执政党联盟几乎都取得了"压倒性胜利"，即使所有的政党退出执政联盟，巫统仍可取得足够的国会议席单独执政。2008年大选以后，部分马来选民的选票流向反对党联盟，导致执政党联盟失去了国会2/3绝对多数的优势，但执政党联盟依然凭借选区划分优势获得选举胜利。

其次，受到选区划分的影响，执政党联盟中的非马来人政党在选举中处于劣势地位。除了巩固巫统的政治权力，调整选区划分亦有削弱非马来人政党之意。1973年通过的取消城乡选区人口比例限制的修宪案，实际上是为了防止出现1969年大选华人、印度人政党赢得不少席位的情况。选区划分调整后，非马来人选区比例更小。除了在有限的选区争取席位，非马来人政党不得不依靠巫统在马来选区赢得议席，从而加深了对巫统的依赖。由于非马来人的选区规模普遍较大，更进一步削弱了非马来人的选票作用。1984年选区划分后，在西马26个选民人数超过5万人的大型国

---

① 廖小健：《马来西亚华人政治的突破与困惑》，《东南亚纵横》2002年第6期。

② 曹云华、许梅、邓仕超：《东南亚华人的政治参与》，中国华侨出版社，2004，第324页。

③ 曹云华、许梅、邓仕超：《东南亚华人的政治参与》，中国华侨出版社，2004，第324页。

会选区中，至少有 18 个是以华人选民为主的选区，而 25 个选民人数在 2 万~3 万之间的国会选区中，马来人选区占 23 个。[①] 选区规模差异使马来人的选举权扩大了约 7%，华人和印度人的选举权分别缩小了约 10% 和 7%。[②] 由于选区划分，非马来人政党在执政党联盟中已处于从属地位，非马来人政党的政治影响力也已不如往昔。

最后，选区划分制度加大了反对党挑战执政党联盟的难度。1990 年大选，国民阵线的得票率只有 51.95%，却在国会赢得了 127 个议员席位，反对党的得票率是 45.40%，却只在国会中占有 53 席。2013 年大选，国民阵线的得票率是 46%，低于反对党人民联盟近 51% 的得票率，却获得了 133 个议员席位，远远高于后者的 89 席。反对党在城市选区占优势，执政党在乡村选区占优势，但城市选区的选民数远远多于乡村选区的选民数。由于选区划分原则违反"一人一票"的原则，选区议席与选民选票数相背离，导致国民阵线在投票率输给反对党的情况下，仍可以以多数议席获得连任，而反对党即使在得票率方面占优，也只能得势不得"席"。

① 曹云华、许梅、邓仕超：《东南亚华人的政治参与》，中国华侨出版社，2004，第 324 页。
② 雷衍华：《准霸权合作：马来西亚种族政治的稳定之路》，北京大学亚洲 – 太平洋研究院编《亚太研究论丛》第四辑，北京大学出版社，2007，第 265 页。

第三章
政党与社团

第一节　主要政党

马来西亚注册政党有40多个，目前由14个政党组成的"国民阵线"联合执政。以不同政党的性质为标准，马来西亚的政党大致可分为族群性质政党、非族群性质政党、宗教性质政党、其他性质政党四类。

一　族群性质政党

据统计，马来西亚总人口3000万人，其中马来人占总人口的68.1%，华人23.8%，印度人7.1%，其他种族1.0%。① 因此，马来西亚的族群主要有马来人、华人、印度人和当地土著居民。具有族群性质的政党主要有马来民族统一机构、马来西亚华人工会、马来西亚印度人国大党和其他土著族群政党。

马来民族统一机构（The United Malays National Organization，UMNO） 简称巫统，马来人政党。巫统成立于1946年5月11日，当时的领导人是奥恩·嘉法（Onn Jaafar）即拿督·翁，战后英国殖民政府的"马来亚联邦"计划是它产生的直接诱因，由于"马来亚联邦"计划的提出，马来人感到自己的权利受到了极大的侵害，因此要联合马来人的力量共同反抗英国人的马来亚联邦计划，并争取在马来半岛的统治权力。巫统

---

① 《马来西亚国家概况》，中华人民共和国外交部网站，2015年7月，http：//www.fmprc.gov.cn/mfa_ chn/。

的发展大致可分为五个阶段。第一个阶段是初期的巫统（1946~1957）。成立之初，巫统并不是一个政党，只是一个政治组织，它具有政党功能是在马来亚联合邦成立之后。由于巫统的领导人奥恩·嘉法主张其成员应该包括除马来人之外的非马来人，遭到多数人反对，于是在1951年他又单独成立了"马来亚独立党"。而巫统的领导人则由东姑·拉赫曼接任。1955年选举之前，巫统内部又出现了一次分裂，分出的势力即后来的"伊斯兰教党"。直到1957年马来亚联合邦独立，巫统逐渐成为执政党的重要一员，其合法性地位也初步确立。第二个阶段是新马合分中的巫统（1958~1965）。1958年新加坡实行自治后，新马于1963年9月16日实现合并，马来西亚联邦成立，但好景不长，1965年双方最终因政治、经济、文化以及种族方面的矛盾分道扬镳。这一时期，巫统内部极端势力的发展在马来西亚的政治发展中起到了重要作用。第三个阶段是调整中的巫统（1966~1980）。1969年爆发了"5·13"事件，马来西亚政治开始向威权主义过渡，巫统在权力结构上进行了调整，这种调整最终在1974年完成，其主要原则是各党须先承认巫统在联盟中居于领导地位，然后才谈权力分配和分享，巫统的绝对核心地位由此确立。第四个阶段是马哈蒂尔时代的巫统（1981~2002）。这一时期，巫统经历了史上最严重的一次分裂，1988年2月4日，马来西亚高等法院以巫统有30个支部未经注册而参加大选为由，宣布该党为"不合法团体"，1987年4月24日第38届巫统大会及选举被宣布无效。前巫统领导人马哈蒂尔申请成立注册"新巫统"，并于2月15日获准注册，2月16日正式成立。1996年，原先从巫统分裂出去的"四六精神党"重返新巫统，新巫统再次还名"巫统"。第五个阶段是后马哈蒂尔时代的巫统（2003年至今）。这一阶段，巴达维和纳吉布都对巫统有新的发展。现有党员338万人。巫统的组织机构从上而下分为中央最高理事会、州联络委员会、区部和支部4级，最高理事会由25人组成，下设政治局、财政局、经济局、教育局、宗教局、文化及社会福利局、劳工和公会事务局。巫统中央机构每3年改选一次，产生1名主席、1名署理主席（第一副主席）、3名副主席和25名最高理事会成员。巫统主席和署理主席代表国阵出任政府正、副总理。现任主席扎希德。

马来西亚华人公会（Malaysian Chinese Association，MCA） 简称马华公会。1949 年 2 月 27 日成立，原名"马来亚华人公会"，马来西亚成立后改为现名，是马来西亚第二大政党。全国共有 110 万名党员。马来西亚华人公会是由本国华人和具有华人血统的公民组成的单一种族政党。成立之初，其目的是代表和保障华人的政治、经济、文化等利益，促进各民族亲善。马华公会成立至今，马来西亚的核心发展议题仍然是马来西亚的族群政治。马华公会既代表华人的权益又不能影响马来人的权益，想要在双方之间找到平衡点实属不易，并且华人对马华公会的作为也会有不满，1969 年爆发的"5·13"事件就是一个很好的例子。到了八九十年代，马来西亚政府对华人的教育出台歧视性政策，大多数华人认为马华公会没有很好地保障华人的权益，因此华人转向支持其他政党。2008 年的大选中，马华公会遭受了前所未有的挫败，在华人聚集的地区都没有取得应有的优势，反而民主行动党占据上风。马来西亚华人公会于 2014 年 2 月 23 日在吉隆坡举行中央代表特别大会，庆祝马华公会成立 65 周年。马华公会总会长廖中莱做了"改革转型，走出新路"的主旨演讲。这次大会还通过了全党重新接受出任各级政府官职的议案。希望强化马来西亚华人公会的政治定位，包括重新确定它在政府内的参与权和地位。

马华公会的组织机构主要有：代表大会（最高权力机构）、中央委员会、会长理事会、州联络委员会。中央委员会执行所有职务之权力。中央委员会（简称中委会）组成成员有：总会长、署理总会长、总秘书、6 名副总会长、总财政、组织秘书、25 名票选中央委员、不超过 8 名由总会长委任的委员。会长理事会由中委会委员组成，成员包括总会长、署理总会长、一名或多名副会长、总秘书、总财政、组织秘书以及在总会长绝对权限内所委任的不超过 10 名委员。总会长可在他认为适当时终止这项委任。会长理事会负责本党的行政事务，它有权转授和处理一般和个别事务，但必须向中央委员会下一次会议报告其活动。马华会长理事会除非有特殊原因，每月至少进行 2 次例会，以便发挥监督时政的最大效能。在会议上，除了处理党内组织、行政的一般和个别事务之外，会议更重要的任务是：对国内最新时局和任何突发事件，做出适时的讨论及拟订决策；对所有将在每周三举行的内阁会议的议程及将在会议上提出的任何课题预先进行探讨，决定马华的立场并准备所需的资料、数据，使出席内阁会议的马华阁员有所遵循和有效表述。中委会必须在马来西亚各州成立一个州联络委员会（简称州联委会），拥有督察该州内之区会及支会的特定权力。州联委会的职权包括：监督及协调州内区会及支会之活动；作为中委会与州内各区会之联络机构，以处理中委会指定的任何事务。①

马来西亚印度人国大党（Malaysia India Congress，MIC） 简称印度人国大党，1946 年 8 月 2 日成立。它是马来西亚印度、巴基斯坦族政党，旨在争取和维护两族利益。现任主席是达图·斯里·萨米·维鲁。印度人国大党设有政治、经济、教育、组织及纪律、妇女、青年等 14 个委员会，每年召开一次全国代表大会，中央机构每两年改选一次。马来亚印度人国大党本是印度国大党在东南亚的分支，印度独立后，马来亚印度人国大党转向与马来人及华人合作，共同争取马来亚的独立。于是，1955 年 4 月 10 日，马来民族统一机构、马来亚华人公会、马来亚印度人国大党三党决定组成马来亚联盟党（马华印联盟党），由三党领导人组成全国理事会。马来亚联盟党主张以合法手段争取在英联邦内独立，对内主张进行民族合作和保留马来人的某些特权。1955 年 7 月 27 日，马来亚联盟党在大选中获胜，成为马来亚联合邦的执政党，印度人国大党成为执政党的成员。1974 年，马来西亚 9 个政党组成"国民阵线"，发展到后来有 14 个成员。但不管怎么变动，印度人国大党始终是马来西亚政治中一支重要的力量。

沙捞越土著保守联合党（United Traditional Bumiputera Party） 简称土保党。1973 年 1 月 5 日由原土著党和保守党合并而成，是国民阵线的一员。马来西亚原有许多土著民族，为维护自身利益，它们也组成政党。该党主要由达雅克族和其他土著民族组成，旨在维护沙捞越土著民族的利益，同时也是土著民族贵族以及地主利益的代表者。②

---

① 马来西亚华人公会官网，http://www.mca.org.my/cn/。
② 马燕冰、张学刚、骆永昆编著《马来西亚》，社会科学文献出版社，2011，第 203 页。

沙捞越国民党（The Sarawak National Party）　1961 年 4 月 29 日成立，其成员大部分为伊班族，反对沙捞越加入马来西亚。1962 年改变主张，转为支持马来西亚，1966 年 7 月因与中央政府发生冲突，首席部长宁甘被免去职务，于是该党退出了执政联盟，成为州内反对党，1970 年和 1974 年分别在州议会获得 12 个和 18 个议席，实力有所上升，像其他党派一样，沙捞越国民党也难免出现分化、派系斗争，有的宣布退党甚至另组其他政党。①

沙捞越达雅克族党（Parti Bangsa Dayak Sarawak）　1983 年成立，1984 年 1 月加入国民阵线，其领导成员大多是当年退出沙捞越国民党的要人。虽然在 1987 年被开除出州内国民阵线，成为州内反对党，但仍然是马来西亚国民阵线的一个成员党。②

马来西亚人民进步党（The People's Progressive Party of Malaysia）　前身为"霹雳进步党"，成立于 1953 年，是一个多民族政党。其政治理念强调人民公正及公平，主张中立并同一切不同社会制度的国家建立和发展友好关系。1957 年加入联盟，但由于不满在联邦大选中获得的议席而退出。1974 年加入"国民阵线"。在拿督·卡维斯（Y. B. Datuk M. Kayveas）的领导下，全国拥有 30 万党员及 3000 个支部。根据 2006 年的统计，进步党有 48% 的印裔党员、32% 的华裔党员、13% 的巫裔党员及其他种族党员。

二　非族群性质政党

人民公正党（People's Justice Party）　1999 年 4 月 4 日成立了国家公正党，2003 年 7 月，国家公正党决定与反对党人民党合并为人民公正党。党员主要以马来人为主，华裔占 16%，印度裔占 13%。党主席为原公正党主席、前副总理安瓦尔夫人旺·阿兹莎（Wan Azizah），署理主席为穆罕默德·阿兹敏·宾·阿里（Mohamed Azmin Bin Ali），

---

① 马燕冰、张学刚、骆永昆编著《马来西亚》，社会科学文献出版社，2011，第 204 页。
② 马燕冰、张学刚、骆永昆编著《马来西亚》，社会科学文献出版社，2011，第 204 页。

前副总理安瓦尔任该党顾问。① 人民公正党在 1999 年成立后参加了大选，获得 5 个国会议席。2008 年的大选中人民公正党更是获得 31 个国会议席，成为国会最大的反对党。人民联盟的另外两个成员党民主行动党和伊斯兰教党分别获得 28 个和 23 个议席。他们成功地阻挡执政党国民阵线获得超过修宪所需的 2/3 议席，形成了一个强有力的反对党联盟。人民联盟反对 1971 年开始实行的"新经济政策"，主张推行没有种族歧视的经济政策。人民公正党还不断扩张势力，从以前的西马逐渐向东移。

民主行动党（Democratic Action Party，DAP） 1966 年 3 月 18 日成立，原名马来西亚人民行动党，是新加坡人民行动党在马来半岛的分支。该党信仰民主社会主义或社会民主的议会民主路线，是一个社会民主党，致力于追求民族平等、社会正义及经济公正。主张建立一个多民族、多元文化的马来西亚。其思想具有包容性，希望各族群之间能够和睦相处，平等对待。在 1969 年的国会议员选举中，民主行动党获得大胜，但也引起了马来人的嫉妒，引发"5·13"种族冲突。1972 年 1 月 9 日，妇女组成立。第二年又成立了社会主义青年团（社青团）。在 1990 年的全国大选中，民主行动党又一次获得胜利，迫使国民阵线和巫统在某些执政政策方面，尤其是教育及文化领域做出了有限程度的让步，对当时的政治环境做出了不少贡献。但是在 1999 年大选中，该党联合伊斯兰教党、国家公正党和人民党组成"替代阵线"，并发表了替代阵线联合宣言——"迈向公正的马来西亚"，携手抗衡国民阵线，力求粉碎其 2/3 的国会大多数议席。然而，民主行动党在此次大选中表现很不理想，秘书长林吉祥被迫离开国会下议院，最终民主行动党于 2001 年退出了替代阵线。2004 年大选，民主行动党再次成为马来西亚第一大反对党。在 2008 年 3 月全国大选中，民主行动党赢得 13% 的选票，获得 28 个席位。民主行动党获得空前胜利，并且国阵失去五州政权，即槟城、

---

① 《马来西亚国家概况》，中华人民共和国外交部网站，2015 年 7 月，http://www.fmprc.gov.cn/mfa_chn/。

霹雳、雪兰莪、吉打及吉兰丹，反对党大胜。现在这五个州被称为"人民联盟州"。在未来的马来西亚政治中，民主行动党仍然是不可小觑的一支重要力量。

三 宗教性质政党

伊斯兰教党（Parti Islam Malaysia，PAS） 1951 年 8 月 23 日成立，原称泛马伊斯兰教党。是以马来穆斯林为主的宗教政党，它的伊斯兰教义来自较传统保守的伊斯兰教经典，包括《古兰经》《圣训》等。[①] 其成立的背景是当时的族群矛盾尖锐，保护马来伊斯兰教徒的权益，加上不满当时的巫统族群政策和世俗主义倾向，最终从巫统脱离出来成为一个独立的政党。伊斯兰教党发展迅速，党员从 1952 年的不足 5000 名迅速发展到 2008 年的数十万名。1955 年参加选举，1974～1977 年曾加入国民阵线，但是在 1977 年发生分裂，部分领导成员另组"伊斯兰教阵线"，不久之后被开除出国阵，成为反对党。1982 年党选以后，伊斯兰教党成立了"乌拉玛顾问委员会"，该会加强了对伊斯兰教党的指导，其中一些政治纲领得到调整。主张建立伊斯兰教国，将伊斯兰教原则引入国家政治、经济、教育和政治体系。80 年代的伊斯兰教党允许新兴力量的注入，不断发展壮大并逐步获得领导权。1999 年 11 月举行的马来西亚大选中，该党获得吉兰丹州和丁加奴州执政权，取代民主行动党成为第一大反对党，其领袖也成为反对党领袖。但在 2004 年的大选中，伊斯兰教党只获得 7 个国会议席，时任党主席哈迪·阿旺也落选国会议员，民主行动党再次获得较多席位。伊斯兰教党开始调整政策，强调希望团结其他种族与宗教的人，追求平等与自由。这一调整取得了很好的效果，2008 年选举之后，"人民联盟州"打破了国阵占据 2/3 席位的传统优势。

沙巴民族统一机构（United Pasokmomogun Kadazandusun Murut Organisation） 简称沙统。1961 年 12 月 24 日成立，党员以伊斯兰教徒为

---

① 马燕冰、张学刚、骆永昆编著《马来西亚》，社会科学文献出版社，2011，第 200 页。

主。1962 年沙统和沙巴华人工会以及马印国大党联合组成"沙巴联盟党",成为沙巴州执政党。1974 年加入国民阵线。但是该党经历了几次变动,1975 年不但内部出现分裂,还宣布退出国阵,1976 年又重回国阵,1984 年又被再次驱逐出国阵,1986 年 6 月 14 日又回到国阵,1990 年,沙统再次决定并入巫统。①

伊斯兰教阵线(**Islamic Front**) 1977 年筹组,1978 年注册成功,成员多是马来族的伊斯兰教徒。该党主张土著在国内拥有政治权利,团结所有马来人。伊斯兰教阵线一度击败伊斯兰教党,与巫统联合组织州政府,也曾是国阵的一员,1989 年伊斯兰教阵线宣布退出国阵。

四 其他性质政党

马来西亚民政运动党(**Malaysian People's Movement Party**) 简称"民政党"。成立于 1968 年 4 月 15 日,是马来西亚的自由派政党,同时是国民阵线的成员之一,也是亚洲自由民主联盟的成员。党员主要以华人为主。该党强调非种族性、温和社会主义、宪政民主三项基本原则。在槟榔屿州势力和影响较大,1969 年在槟榔屿州立法议会获得多数席位,组织州反对党政府。1974 年加入国阵。

四六精神党 由当年退出巫统的领导人拉扎利、达图·拉益士耶汀等人于 1989 年 5 月 5 日注册成立。基本上延续了巫统的基本纲领,主张发扬巫统的光荣传统。1990 年参加国会和地方议会普选,分别获得下院和西马各州议席 8 席和 19 席,并和伊斯兰教党联合组织吉兰丹州政府。②同年 10 月,该党和民主行动党、印度人进步阵线、哈民党、大马人民党等协商组成"人民阵线"。1992 年获准成立。

沙巴人民正义党 1989 年 9 月 15 日成立,推行"多元种族"政策,维护杜顺人的尊严,21 世纪初有党员 3 万余人。1991 年成为国阵成员党之一。③

---

① 马燕冰、张学刚、骆永昆编著《马来西亚》,社会科学文献出版社,2011,第 205 页。
② 马燕冰、张学刚、骆永昆编著《马来西亚》,社会科学文献出版社,2011,第 206 页。
③ 马燕冰、张学刚、骆永昆编著《马来西亚》,社会科学文献出版社,2011,第 205 页。

第二节 主要政治人物

一 东姑·阿卜杜勒·拉赫曼 (Tunku Abdul Rahman)

1903 年 2 月 8 日出生于吉打州的皇宫。父亲是吉打州第 24 任统治者苏丹阿卜杜勒·哈密德·哈利姆·沙，母亲是吉打苏丹的第四位王妃。16 岁时获得一笔奖学金，这使得他可以去剑桥大学圣凯瑟琳学院学习。1954 年，拉赫曼成为马来亚的首席部长，1957 年 8 月 31 日马来亚独立，他成为第一任总理。1970 年拉赫曼辞去总理职务，由拉扎克接替。拉赫曼被尊称为马来西亚"国父"。

二 敦·阿卜杜拉·拉扎克 (Tun Abdul Razak)

1922 年 3 月 11 日生于彭亨州，早年留学英国并获得法律学位，1951 年任巫统副主席，马来亚独立后出任副总理兼国防部长。1970 年，东姑·拉赫曼退休后接任总理职位，并任署理国防及外交部长。他在任期内积极推动国民教育政策，提出"新经济政策"，目标是在 20 年内建立一个马来人的经济社会。70 年代初，巫统联合沙捞越与人民联合党、槟城民政党、霹雳州人民进步党、伊斯兰教党联合组织州和中央联合政府，组成"国民阵线"。在外交方面，他奉行中立不结盟政策。1976 年阿卜杜拉·拉扎克患白血病医治无效去世。

三 侯赛因·奥恩 (Hussein bin Onn)

1922 年 2 月 12 日出生于柔佛州新山，父亲是巫统创始人之一，弟弟即马来西亚第二任总理敦·阿卜杜拉·拉扎克。1940 年入伍，1942 年毕业于印度台拉登军事学院，后参加印度陆军。1946 年返回马来西亚后，参加巫统。1948 年受派在柔佛州组织"家园保卫团"。1949 年任巫统青年团第一任团长，1950 年任巫统秘书长。1972 年当选巫统第三副主席。1973 年和 1975 年曾任代理主席，1973 年任副总理。1976 年拉扎克总理去世后，继任总理和代主席，同年任总理和国防部长，1978年任巫统主席，1981年辞职。

四　马哈蒂尔（Datuk Seri Mahathir Bin Mohamad）

1925年12月20日生于马来西亚吉打州首府亚罗士打。1953年毕业于新加坡马来亚大学医学系，获医学学士学位，1946年加入巫统开始其政治生涯。1954～1957年曾任亚罗士打、郎卡维玻璃市殖民地政府医务官。1957年任吉打防痨协会会长。1958～1964年辞去公职开设私人诊所。1964年第一次当选国会下议院议员。1965年任马来西亚驻联合国代表。1965～1969年当选巫统最高理事会成员，1972年12月再次当选。1981年开始担任马来西亚总理一职长达22年，是迄今为止在位时间最长的首脑。马哈蒂尔执政期间对马来西亚无论是在政治稳定方面还是在经济发展方面都做出了重大贡献。政治上，主张建立一个多元种族和多元宗教和谐、伊斯兰教与现代化并存的世俗国家。经济上，不完全遵循西方国家的现代化模式，积极向韩国、日本学习，并实行一系列促进经济发展的政策，使得马来西亚在经济上取得了巨大成就。特别是在1997年的金融危机中，马哈蒂尔的表现更是让马来西亚甚至整个东盟国家另眼相看，其政治地位和威望大幅提高。他毅然拒绝国际货币基金组织提供的所谓"药方"，并对货币进行管制，在金融危机面前起到了很好的作用，到了1999年，经济逐步回稳。在对待西方国家的态度上，马哈蒂尔具有很强的民族意识，坚决反对美国等西方国家在政治、经济等方面推行霸权主义。主张与东亚地区合作，建立能与西方抗衡的地区经济集团。

马哈蒂尔早年家境贫困，父亲虽是当地英文学校的校长，但是家里共有9个兄弟姐妹，母亲是一个虔诚的穆斯林。父母对其子女的教育十分重视，受父母的影响，马哈蒂尔在中学时代对国家的历史和伊斯兰教研究产生了浓厚兴趣，并且密切关注国家大事和世界局势。1946年巫统成立，马哈蒂尔成为首批党员，1964年在政坛上崭露头角，当选国会议员，1965年被任命为马来西亚驻联合国代表。1969年马来西亚爆发种族骚乱，马哈蒂尔写信指责当时的总理东姑·拉赫曼，认为政府的政策造成了这一事件的爆发，政府必须为此次事件负责，并要求拉赫曼下台，结果他自己被开除出党。后来他在自己撰写的《马来人的困境》一书中分析指出，巫统党内存在腐败和不正之风，并且还提出缩小城乡差距的办法，以及提高马来人的经济地位，但是这本书被政府定性为禁书，禁止发行。[①] 这本书中的内容为后来的"新经济政策"提供了很多建议。1971 年，拉扎克上台成为马来西亚新总理，他重新起用马哈蒂尔，并且恢复了他的党籍。1981 年马哈蒂尔当选为巫统主席和政府总理。上台之后，他致力于解决以往遗留的一些问题，例如，英国殖民者在马来西亚实行"分而治之"的政策，种族划分明显，形成了一些不合理的格局。因此，他既主张维护马来人的特殊政治地位和经济利益，又对华人采取温和的政策。马哈蒂尔还特别重视社会稳定，坚持除去不利于社会安定的不良因素。西方国家在东南亚地区推行西方的现代化，但是马哈蒂尔始终保持清醒的头脑，他认为西方的现代化也存在不少弊端，并不完全适合马来西亚的发展。在政府建设方面，他主张建立廉洁高效的政府，消除官民对抗的现象，并要求巫统成员走群众路线。对报刊、电视、新闻报道等加强控制。1987 年，吉兰丹州王室成员拉扎利·哈姆扎挑战马哈蒂尔的巫统主席职位，引起巫统分裂，马哈蒂尔不得不重组"新巫统"。2003 年 11 月，马哈蒂尔将权力移交给巴达维，马来西亚政权平稳过渡。2018 年 5 月 10 日，他赢得马来西亚总理大选。

五 阿卜杜拉·巴达维（Abdullah bin Ahmad Badawi）

1939 年 11 月 26 日出生于马来西亚槟城，他的祖父是著名的穆斯林学者，父亲是巫统的创建者之一。巴达维毕业于马来亚大学，获得伊斯兰研究学士学位。从小受到正统的伊斯兰教育并且家庭环境良好，对伊斯兰教具有浓厚的兴趣，进入大学后也是主修伊斯兰教专业。他为人宽容，具

---

① 马燕冰、张学刚、骆永昆编著《马来西亚》，社会科学文献出版社，2011，第 217 页。

有较强的同情心，这也为他后来的从政之路奠定了一定的人脉基础。巴达维从事过多个部门的工作，为其积累了丰富的政治经验。1964 年大学毕业至 1981 年，历任公共服务部助理秘书，总理署国家行动理事会助理秘书，文化、青年与体育部总监及副秘书长，联邦国土部秘书长及副部长。1981～1999 年，先后出任总理署长、国防部长、教育部长、国家经济执行委员会副主席、外交部长等要职。[①] 在这其中，1984 年当选为巫统副主席。1999 年 2 月，被正式任命为副总理兼内政部长。2000 年 5 月当选巫统署理主席，2003 年 10 月被任命为巫统代理主席。马哈蒂尔辞职以后，巴达维宣誓就任马来西亚第 5 任总理，2004 年实行内阁改组，他又兼任第一财政部长和内政部长。巴达维奉行种族平等、国家团结、维护发展中国家权益的理念。他认为马来西亚是一个多元种族社会，各种族和谐共处、共同分享国家权力是国家及政党成功的基石，因此必须根据本国的国情来制定国家政策，反对伊斯兰教党关于建立单一伊斯兰教国家的主张和西方所提倡的政治自由化。[②] 在国际事务中，巴达维也表现出了极力维护国家利益的决心，但是他反对使用武力或以武力相威胁，主张国与国之间的争端应在国际法的框架内解决。从政多年他多次访华，对华态度友好。2008 年大选后虽然巴达维继续担任马来西亚的总理，但是巫统在国会的 222 个议席中只获得 140 席，反对党获得 82 席，巴达维采取了一些改革措施，但是阻力重重，反对党强烈要求他下台，而且巫统内部也出现同样的声音，最终在 2009 年 4 月递交了辞呈。

六　安瓦尔·易卜拉欣（Dato' Seri Anwar bin Ibrahim）

1947 年出生，毕业于马来亚大学，20 世纪 60 年代在马来亚大学读书期间非常活跃，是马来亚大学的学生领袖。1971 年创立了"马来

---

① 马燕冰、张学刚、骆永昆编著《马来西亚》，社会科学文献出版社，2011，第 226～227 页。

② 马燕冰、张学刚、骆永昆编著《马来西亚》，社会科学文献出版社，2011，第 229 页。

西亚伊斯兰教青年运动"组织，1972～1976 年担任"马来西亚伊斯兰教青年运动"主席。加入巫统之前他自己经营一所学校。安瓦尔受伊斯兰教及左翼思想的影响颇深，他倾向伊斯兰教的斗争，为穆斯林争取更多利益。1982 年大选前，安瓦尔加入巫统，为其后来在马来西亚政坛上大展身手奠定了重要基础。马哈蒂尔在任教育部长期间，非常赏识安瓦尔善于雄辩的才华，在出任总理后将安瓦尔安排在自己部门内。加入巫统后，安瓦尔参加了大选，并成功攻下槟城唯一的伊斯兰教党堡垒区——巴东埔国会选区，随后受委为总理署副部长。1983 年，他担任文化、青年及体育部长；1984 年出任农业部长；1986 年出任教育部长一直到 1990 年。在 1987 年的巫统选举中，安瓦尔竞选副主席，他和阿卜杜拉·巴达维、旺莫达当选为副主席，但是他的得票率仅名列第三。在 1990 年的党选中成功逆袭，成为得票率最高的副主席。国际事务上，安瓦尔担任过联合国教科文组织监督理事会主席，以及东南亚教育部长理事会主席。1993 年，安瓦尔出任副总理。1998 年，亚洲金融危机在马来西亚的影响仍在，股市及汇市每况愈下，与巫统关系密切的诸多企业亏损严重，并欠下了数十亿林吉特的债务。一些企业甚至面临倒闭的风险，企业界普遍希望政府能够放宽银行贷款利率，但是安瓦尔却持相反的意见。此次金融危机还冲击了泰国和韩国政坛，最终导致政权更迭，印尼总统苏哈托因家族贪污滥权亦被人民推翻，这在一定程度上冲击了马来西亚政坛。随后，巫统内部也斗争不断，在巫统大会上，安瓦尔的支持者、巫青团长查希·哈米迪针对巫统的朋党主义及裙带作风进行抨击，查希认为政府不该只拯救大公司而忽视小型企业和穷人，这引起了巫统代表的不满。[①] 马哈蒂尔与安瓦尔的分歧也越来越大，1998 年 9 月 1 日，政府宣布实行货币管制的激烈措施后，安瓦尔威信受挫，第二天，马哈蒂尔宣布撤销安瓦尔的副总理及财政部长职务，最终安瓦尔被清除出巫统。在此期间，安瓦尔可谓失道寡助，无法通过巫统体制的渠道表达政治诉求。1999 年 4 月，安瓦尔被判处 6

---

① 马燕冰、张学刚、骆永昆编著《马来西亚》，社会科学文献出版社，2011，第 235 页。

年徒刑。2000 年又因为"非自然性行为罪"被判入狱 9 年。2003 年巴达维接任马来西亚总理后,于 2004 年 4 月释放了安瓦尔。在 2008 年的大选中,马来西亚的反对党取得巨大胜利,但是当时的安瓦尔仍未被解除参选"禁令"而不能参加竞选。2014 年 3 月,上诉法院推翻高院的判决,裁定安瓦尔犯下鸡奸罪,面临 5 年有期徒刑的安瓦尔表示会提出上诉,上诉期间仍可保释。安瓦尔原有望胜选,出任雪兰莪州务大臣,却因此无法参加雪兰莪州议会选举。2015 年 2 月 10 日,联邦法院驳回安瓦尔的上诉,维持上诉法院的判决,安瓦尔需即时入狱 5 年。在向最高元首申请宽赦期间,其国会议员资格依然有效,直至 3 月 16 日其宽赦申请被正式驳回为止。其妻子旺·阿兹莎再次代表公正党参与 5 月 8 日的巴东埔国会议席补选,击败国阵及其他独立候选人,并在 17 日就职为国会反对党领袖。

七 纳吉布·拉扎克 (Najib bin Abdul Razak)

1953 年 7 月 23 日出生,马来西亚第二任总理拉扎克的长子。姨父是第三任总理侯赛因·奥恩。曾在英国诺丁汉大学主修工业经济,1974 年获得英国诺丁汉大学经济学学士学位。1976 年,父亲去世后步入政坛并当选为国会下议员。1981 年当选巫统最高理事会成员,1982 年战胜对手穆赫塔尔·哈希姆成为巫统青年团副主席。1987 年被任命为巫统青年团运动的代理领导人,第二年巫统重组,纳吉布当选为巫统青年团团长。1993 年当选为巫统的 6 位副主席之一。在 1996 年和 2000 年的党内选举中,纳吉布再度当选为副主席,2004 年当选巫统署理主席。从 2004 年 1 月起,纳吉布开始担任马来西亚副总理兼国防部长,2004 年 3 月和 2008 年 3 月大选后继续连任。2009 年 3 月 26 日,纳吉布接任巴达维开始执掌巫统,随后当选为马来西亚第六任总理。纳吉布性格温和,平易近人,并且具有丰富的从政经验。曾担任过能源、电信、邮政部、教育部和财政部副部长,后又担任过多个职位的部长。纳吉布在执政过程中遇到过不少麻烦,2008 年被反对党联盟控告其在国防部向俄罗斯购买直升机时涉嫌贪污 23 亿林吉特。人民联盟指控国防部向法国购买潜水艇和战机时,纳吉布从中收取佣金，他的高级顾问巴金达收受巨额贿赂。蒙古女模特在马来西亚遭谋杀，纳吉布的亲信被指控涉嫌谋杀，纳吉布则被指干涉法院判决。2009 年，国阵击败反对党夺得霹雳州控制权。但意想不到的是，纳吉布被霹雳州议员弗兹告发 2008 年曾向他提供 5000 万林吉特巨款贿赂，要求其帮忙诱使霹雳州议员退出人民联盟，支持国阵建立新政府。2008 年的补选中，原巫统成员安瓦尔加入反对党联盟并在选举中获得巨大成功，这一结果也使得巫统面临巨大压力。针对这些问题，纳吉布采取了一些积极措施以扭转局势。在中马关系上，纳吉布表示愿意对华友好，坚持以"搁置争议、共同开发"原则处理南海问题，改善中马关系。2012 年在中国南宁会见了时任中国国务院总理温家宝，纳吉布表示两国关系发展取得良好进展，中国的经济发展和马中合作对马来西亚国内的建设大有裨益，在诸多领域有新的合作空间，两国要寻找新的合作增长点，并出席了中马钦州产业园区合资公司签约仪式。2014 年 5 月，纳吉布再次访华，并于 11 月来华参加了 APEC 领导人非正式会议。

八　端古·阿卜杜勒·哈利姆（Tunku Abdul Halim Mu'adzam Shah Ibni Sultan Badlishah）

生于 1927 年 11 月 28 日，马来西亚第 5 任及第 14 任最高元首，吉打第 27 位苏丹，也是马来西亚首位就任两次的最高元首。

第三节　主要社团

一　华人社团

东南亚地区是全世界华人华侨社团较为集中、活跃的地区，在 20 世纪 60 年代以前更是如此。在东南亚地区范围内，马来西亚华人社团更是众多，而且尤为活跃。在东南亚，马来西亚华人社团的起源最早，其发展脉络也较为典型。华人在马来西亚虽然是第二大族群，占全国人口的

23.7%（据 2008 年统计数据），但是由于人口众多（大约 600 万人），并且又分布在全国各州的主要城镇，此外，华人也具有与马来人截然不同的宗教、文化、社会以及经济背景，且又与马来人共同建立一个独立的马来西亚，与马来人和其他族群共同分享及承担马来西亚的发展任务，因此，研究马来西亚，包括政治、经济和社会，都必须先研究透彻马来西亚的华人。

19 世纪以前，华人最早的社团组织大多是以寺庙或者义山的形式出现，成为早期华人移民的宗教中心和福利中心。以后随着移民人口的不断增加，社团组织形式和数量也日益繁多起来。几百年来，马来西亚的华人社团组织不仅延续下来了，而且不断扩充发展。1966 年 2 月 1 日马来西亚颁布社团法令后，据不完全统计，目前马来西亚华人社团组织达 9000 多个。当然，在马来西亚，只有经过政府社团注册官方批准的民间社团，才算是合法的社团组织，其一切活动才会受到承认和保护，否则属于非法组织，将会被取缔。

本部分从华人社团的不同类型出发，细致介绍马来西亚华人社团的主要类型。研究世界华人华侨问题的学者大体认为，华人在东南亚有三个主要支柱，一是代表经济发展的商会社团，二是代表教育发展的华人学校，三是代表社会发展的乡亲社团组织。

（一）工商会社团

马来西亚华人工商协会组织在当地华人社会中拥有重要的社会影响和地位，尤其在早期的马来西亚华人历史上，更是发挥过至关重要的领导作用，这也是华人在东南亚地区发展和立足的命脉所在。主要原因在于，华人来到马来西亚地区，从最初以打工、做苦力为生，到后面慢慢经营小本生意，以及创办大型企业等，都是经济因素所驱使。

总而言之，华人之所以能够在马来西亚这片土地生根发展，在很大程度上是经济所奠定的基础；而华人的经济能够顺利发展，不仅仅是因为当地的华人不畏艰险和刻苦耐劳，也是靠着商会组织所建立的网络，从都会区到各城镇乡区，从各行各业行业工会组织，到联系所有行业工会组织的总商会，这些纵向及横向的工商会组织，就是华人在马来西亚逐渐扩大的经济发展的基础所在。

工商会组织的宗旨和活动不仅局限于维护会员的权益，还关注马来西亚经济的发展，华人社会的文化、教育等方面的发展进步，马来西亚政府的政策走向，注意建立各民族之间的友好关系，等等。

马来西亚华人在早期建立的工商会组织，大多数以"中华商会"为名，后来随着经济快速发展以及各行业的逐渐出现，"中华商会"的成员机构快速扩大，很多都改名为"中华总商会"，或者现在的"中华工商总会"。

马来西亚华人的工商会组织包罗万象，并且相当多元及复杂，一般而言，马来西亚的华人工商会分为两大类，一类是以各地区为名的商会，另一类是以不同产业为名的商会以及职业工会，统称为业缘性社团。以地区为名的商会，大多数以各州为单位，其会员则包括各州之下的各城市的商会组织，如"吉隆坡暨雪兰莪中华工商总会""吉兰丹中华总商会"等；以各行各业为名称的商会或者工会组织，也跟这些差别不大，如"雪隆家庭电器商工会""森美兰禽畜业工会""槟州零售工会"等。各地的"中华总商会"，再次联合成为一个全国性质的"马来西亚中华联合工商总会"（The Associated Chinese Chambers of Commerce and Industry of Malaysia，ACCCIM）。本部分内容着重介绍几个代表性商会。

1. 马来西亚中华联合工商总会（ACCCIM）

马来西亚中华联合工商总会（简称"马华商联会"）是马来西亚华人工商团体的最高组织。它成立于 1947 年 2 月 23 日，大马各州及各地的中华工商总会成立之后，才进行联合并组成马来西亚联合工商总会。直至 1963 年马来西亚联邦成立后，ACCCIM 才改名为"马来西亚中华商会联合会"。ACCCIM 成立初期的目的是"联络马来西亚各地中华商会，振兴及维护商务，协助工农矿业，以及联合其他各族商会，促进经济发展，共谋社会福利"。ACCCIM 于 1975 年 12 月再次改名为"马来西亚中华工商联合会"。在 1979 年 9 月召开的第 33 届特别大会上，修改了 ACCCIM 章程。由于 ACCCIM 的性质是全国性华人工商联合组织，其主要功能是联合马来西亚各地的中华工商总会，提倡华人在马来西亚发展工业和商业，以及促进民族间合作，推动中马贸易关系。所以，ACCCIM 的一项主要任务，就是和马来西亚政府合作以及交涉有关马来西亚和华人的工业及商业的发展。例如，ACCCIM 参加了马来西亚政府的全国性会议或组织，了解马来西亚政府的经济发展方向，可以透过其网络传达信息给当地的华人企业或者产业，如此就可以传达国家的政策以及相关资讯，以带动华人在全国各地的经济发展。

ACCCIM 是马来西亚唯一的国家层面组织，目前共有 17 个区域性会员，分布在马来西亚的 13 个州，包括彭亨中华工商总会、吉隆坡暨雪兰莪中华工商总会、马六甲中华工商总会、霹雳中华总商会、森美兰中华工商总会、柔佛中华工商联合会、沙巴中华工商联合会、吉兰丹中华总商会、吉打中华工商总会、丁加奴中华工商总会、玻璃市中华工商总会、居銮中华工商总会、槟城中华总商会、巴株巴辖中华商会、巴生中华总商会以及北霹雳中华总商会。其会员包括华人在各地区所属的各行各业，如批发业、零售业、国际贸易业、工商业、服务业等。

ACCCIM 虽然是由上述 17 个区域性会员所组成的，不过，它的全国委员会却有 35 个委员，除了上述 17 个成员的会长为当然委员，还包括选举产生的 13 个委员以及 5 个指定委员。它的最高权力机构是会员代表大会，平时由常务委员会处理重要会务。常务委员会于 1988 年 3 月改名为"中央委员会"。1973 年 10 月，ACCCIM 在吉隆坡设立永久秘书处，以便更加有效地处理一切会务。

ACCCIM 在第 35 届大会上决定成立商联控股有限公司，1984 年公司开始进行招股活动。至 20 世纪末，商联控股有限公司主要从事油棕种植、电子产品制造及销售两个行业。截至 1997 年 3 月 31 日，商联控股财政年度资本为 1 亿林吉特，营业额为近 2 亿 7000 万林吉特，并且达到 2150 万林吉特的税前盈利。

此外，ACCCIM 还从事各种服务性工作以及慈善公益事业，每年都举办公益活动，照顾弱势群体。此外，ACCCIM 也提供奖学金给家境困难的学生，以奖励青年优秀学子。

2. 吉隆坡暨雪兰莪中华工商总会（KLSCCCI）

吉隆坡是马来西亚的首都，而其辖区则被雪兰莪州围绕，所以这个地区不仅仅是马来西亚的政治中心，也是经济和文化中心。华人所创立的吉隆坡暨雪兰莪中华工商总会，不仅仅是这个地区华人商会的最高机构，也是马来西亚中华联合工商总会下属最重要的一个成员，所以 KLSCCCI 的各项活动深受来自社会各界的关注。

KLSCCCI 成立于 1904 年 3 月 27 日，最初的名字是"商务局"，后来由于形势变化，该组织不断扩大和改组，名称也随之改变，1915 年改名为"中华商务局"，之后又改成"雪兰莪中华总商会"。后来马来西亚政府把吉隆坡的行政区自雪兰莪划分出来，但这两地具有非常密切的地缘关系，最后在 1983 年 4 月 2 日将其中文名称改为"吉隆坡暨雪兰莪中华工商总会"（The Kuala Lumpur and Selangor Chinese Chamber of Commerce and Industry）。不过，现在的英文名称在 1996 年 6 月 22 日才改为 The Chinese Chamber of Commerce and Industry of Kuala Lumpur and Selangor，缩写沿用原来的 KLSCCCI。2010 年 6 月 12 日，会员大会最终将中文名改为"吉隆坡暨雪兰莪中华总商会"，简称"隆雪中总"。

根据 KLSCCCI 网络主页的消息，截至 2010 年 1 月 1 日，KLSCCCI 会员人数共 1908 名。其中商团会员 71 名，公司或商号会员 1603 名，个人会员 190 名，附属会员 44 名。每个商团都有自己的会员，这些会员自然也成为 KLSCCCI 的间接会员，如果把间接会员也计算在内，KLSCCCI 的会员总数将超过 2 万名。KLSCCCI 拥有众多会员，且每个会员都代表着一个企业或者公司行号，大多数都拥有相当程度的经济和政治影响力。所以，KLSCCCI 在马来西亚的公信力和影响力是不容忽视的。

会员大会是 KLSCCCI 的最高权力机构，会员大会闭会期间，依章程规定选出 45 名董事（10 名商团董事、35 名个人或公司或商号董事）组成董事会，在必要时可另委任不超过 4 名董事加入，并由此产生常务董事会，推行各项会务。为了团队发展的需要，KLSCCCI 设有总务组、商业组、工业组、福利组、法律组、文教组、财务策划组、人力资源发展组、农业及原产业组、财经研究组、青年组和资讯工艺组分头工作。

3. 沙巴中华工商联合会（SUCCC）

沙巴中华工商联合会作为一个特殊的组织存在，主要有几个重要的原因。其一，它是一个联合会，它包括沙巴地区 16 个地区性商会，分布在 9 个地区，这是马来西亚中华联合工商总会之下仅有的两个具有联合会性质的中华商会组织之一。用另一种说法来说就是，沙巴中华工商联合会就是一个联合会，它所属的沙巴地区和沙捞越地区的成员，都具有联合会性质，这是其他国家的商会所不具备的，即使马来人本土的商会也没有这种特性。

其二，沙巴中华工商联合会虽然成立时间较其他商会晚，但是它所属的成员商会，却大部分都成立更早。主要原因就是英国人开发沙巴地区的贸易和经济活动，沙巴地区的组织就开始生根发芽、茁壮成长，包括沙巴州的斗湖地区、亚庇地区和山打根地区等。华人就开始在各地区分别成立中华商会，然后再联合各地区的中华商会，成立了沙巴中华工商联合会。

马来西亚的全国性中华工商总会在 1947 年成立，SUCCC 于 1955 年成立后，加入 ACCCIM 成为其成员。

4. 彭亨中华工商总会（ACCCIP）

彭亨中华工商总会成立至今已有很长的历史了，它的会员来自州内 7 个县属，以每年一度的代表大会为最高权力机构。每个县属单位将派出 4 名代表出席代表大会，每隔两年选出新一届理事。理事会包括会长、署理会长各 1 人，副会长 2 人，秘书、财政、商业组、农业组、工业组、人力组、政府事务组、查账各 1 人，理事 7 人，总共 19 人。

该会以联络全彭亨华人商会和以华人为基层的商业团体的感情，团结力量、集中意志、群策群力，互谋华人工商界的福利，并可代表华商之意见，在当地法律范围内与政府接洽一切有关华人之事件，以大公无私之态度，解决华人之间的纠纷，且以诚恳之热忱，互相力谋商场贸易利益，增进各行业与社会事业之兴革为宗旨。

为了开拓新的商业机会，同时加强与贸易伙伴之间的经贸友好联系，彭亨中华工商总会从 1995 年开始，陆续组团到海外观光考察，先后到达中国山东省、福建省、海南省、云南省、桂林市、贵州省、广州市等地。在上述旅程中，彭亨中华工商总会也与福建商会及昆明市商会，结为友好组织。

（二）教育社团组织

马来西亚华人的第三大重要特点以及支柱，就是拥有良好以及健全的华人教育体系，大约九成的华人都在小学时接受华文教育，所以九成的马来西亚华人都能说华语。华文成为所有华人的文化基础，也成为华人之间重要的沟通桥梁。

"董教总"是马来西亚影响力最大的教育社团组织。马来西亚的华文教育之所以这么成功，跟马来西亚华人所熟知的"董教总"是分不开的。它由两个机构联合组成：一个是"马来西亚华校董事会联合会总会"（The United Chinese School Committees Association of Malaysia, UCSCAM），简称"董总"；另一个是"马来西亚华校教师会总会"（The United Chinese School Teachers Association of Malaysia, UCSTAM），简称"教总"。

细致来说，"董总"和"教总"分别是马来西亚各地国民型华文小学（简称华小）及华文独立中学（简称独中）的董事会组织及教会组织，再由各州董联会、教师会共同组成的联合组织，因而统称"董教总"。就组织而言，"董总"以及"教总"是两个各自独立运作的组织机构，分别代表两个不同的群体。但是，就实质而言，这两个组织都实际负责马来西亚华文教育的发展，即保障华人在马来西亚的教育、文化以及习俗，而且又经常联合举办活动，因而被称为"董教总"。

如果说各地的教师组织可以在内部团结起来以保障教师的自身福利，那么在华文教育处于生死存亡的关键时刻，为了有效地争取华校的权益，就必须组成全国性的组织。这个组织就是"教总"，这是马来西亚华校教师会总会的简称，"教总"也是联合马来西亚各州以及各地华校教师的最重要的组织。马来西亚华校教育公会早在二战前就已经成立了，当时是以马来西亚的华校教师为主。二战后英国人重返马来半岛，于 1951 年发表《巴恩报告书》，企图抑制华文教育。就这样，一个全国性的华校教师总会，在《巴恩报告书》的强烈冲击下，开始整合为一股强大的力量，成为捍卫华教的中坚。

"教总"在 1957 年 12 月 25 日正式成立，当时来自马来西亚 12 个单位的华校教师代表在吉隆坡集会，共同决议成立"马来亚联邦华小教师会总会"。后来由于马来亚政治变化，经过独立及改名，这个名称后来也更名为现在的"马来西亚华校教师会总会"，它的三大宗旨是：发扬中华文化，维护华人教育；愿与政府合力共谋华文教育的改进；保障华校教师在联邦的平等地位，改善华校教师待遇。"教总"成立之后的整个 50 年代，在马来半岛的许多地方又相继成立了 8 个教师组织，加上 1945 年"教总"成立之前成立的 15 个华教组织，共有 23 个华教组织成立于 1945～1957 年间，占马来半岛华校组织总数的 60% 以上，这个全国性华教组织的地位不断得到巩固与加强。①

"教总"的成员都是实际的教育工作者，他们对华文教育的贡献最直接。"教总"在过去出现过好几位杰出的领导人，包括林连玉先生，担任教总第 3 届至第 10 届主席（1954～1961）；沈慕羽先生，担任教总第 15 届至第 42 届主席（1966～1994）。

"董总"是马来西亚各州华文学校董事会的联合总会，成立于 1954 年 8 月 22 日，其宗旨是联合马来西亚各州华文学校的董事会，以提倡和促进华文教育的发展。根据"董总"章程第四条，其最重要的功能就是"共同研讨及举办马来西亚华校与革新事宜，包括课程、考试、师资、教育基金及其他有关事项"。因此，"董总"决定马来西亚华文学校的发展方针及方向，他们决定的政策，再交由教师会组成的"教总"来施行。例如，马来西亚华文学校每年都举办各级学校的华文语文比赛，其中项目包括作文、演讲以及表演等，这些都由"董总"和"教总"联合举办，

---

① 《董教总简介》，董教总网站，http：//www.djz.edu.my/。

再轮流由各州的华文学校负责承办。如此积年累月延续华文教育，不仅联系了各州各地的华人学校，也维系了华人在马来西亚的中华文化，对于马来西亚的华文教育贡献显著。

从"董总"的组织结构来看，"董总"具有广泛的社会基础，它深深扎根于华人社会，有近两百年的发展历史，是维护和发展华人民族教育的一个重要团体。

1954年"董总"成立后，"董总"和"教总"加强分工合作，紧密配合，并肩奋斗，成为马来西亚华教运动的领导机构。60多年来，"董总"和"教总"共同致力于捍卫和发展马来西亚的华文教育事业，先后建立了"董教总发展华小工作委员会"、"董教总华文独中发展工作委员会"以及"董教总教育中心非营利有限公司"，为完善马来西亚华文教育的完整母语体系而奋斗。

（三）乡亲社团组织

说到华人组织，必须提到乡亲社团组织，它被看作海外华人第二个重要的组织，它是由华人在各地的同乡所组成的。华人自古就有"血浓于水"的传统亲情，大家来自同一个地方，说着同样的语言，拥有相似的社会文化习俗，这样就非常容易连接成一个具有社会性、组织性的群体力量。

因为历史渊源，马来西亚华人在东南亚地区，拥有多元化的乡亲社团，比如客家人、广东人、福建人、海南人四大海外华人的乡亲社团。但是，马来西亚华人组织的社团，不仅有乡亲社团，还有宗亲社团，[①] 其他文化、宗教以及服务性和公益性的社团组织。不过，其中最重要的，组织结构最完整和影响力最大的，就是以乡亲为名义建立起来的社团。最具代表性的乡亲社团如下。

1. 马来西亚福建社团联合会（大马福联会）

马来西亚最大的同乡社团是"马来西亚福建社团联合会"，简称"大

---

① 宗亲社团是建立在相同姓氏基础上的血缘组织，是来自相同世系的同姓人聚在一起组成的姓氏团体。中国人移居海外的突出特征之一，是社会组织和传统社团的出现和发展。宗亲会和同乡会、商会、同业公会一样，也是海外华人组成的社会团体种类，具有群众性，其前身是同宗会、家族性的家族会。

马福联会"。由最初的十多个团体会员发展为现在的 172 个所属会员,可见其发展之迅速和蓬勃,也显示了其在马来西亚华人团体中的影响力。福联会,顾名思义,就如同 ACCCIM 一样,是一个具有联合会性质的社团组织,它是一个联合马来西亚各地的福建社团的组织。

福联会成立于 1957 年,成立之初历经波折,最早是由丁加奴福建会馆于 1955 年的会员大会上提议建立的,之后再邀请雪兰莪、槟城、森美兰、马六甲、彭亨、霹雳等各地的联合会,参与讨论并提出意见,推举由首都地区的雪兰莪福建会馆担任领导机构,并负责相关的建组工作。经过两年时间的努力,终于在 6 月 24 日成立了马来西亚福建联合会。之后,马来西亚联合邦于 1957 年 8 月 31 日独立后,由于当时的政治以及社会形势尚未稳定,有关法律规章并不完备,所以马来亚福联会并未正式登记注册。马来西亚联邦确定成立之际,马来西亚福联会于 1963 年 6 月正式获得官方批准,并于同年 10 月 22 日更名,直到现在。

马来西亚福联会以团结福建同乡,联合全国各地福建社团,共同谋求福利和发展文化慈善公益事业为宗旨。1988 年,福联会将"促进各民族团结活动"纳入章程宗旨,以适应马来西亚的国情。

1978 年马来西亚福联会成立青年团,简称"大马福联青",其宗旨是联系各地分会的青年组织,团结同乡青年,促进发展青年活动,并协助主会推动会务相关工作。自"大马福联青"成立以来,积极开展各种活动,并且与其他青年组织联合举办团务活动,并与之保持密切往来。马来西亚福联会于 1950 年成立妇女组,简称"大马福联妇女组",主要工作是联络各地分会妇女组以及开展妇女活动,协助主会推动会务工作事宜。

马来西亚福联会虽然在 2007 年 6 月热烈开展庆祝成立 50 周年的活动,可是福建人到马来半岛已经超过 100 年,福建人对马来半岛的经济开发、社会文化、教育工作以及政治参与,已经写下了非常丰富以及灿烂的历史。

由于马来西亚福联会组织完整、历史悠久以及人才众多,其主办的活动相当多。马来西亚福联会的主要活动是提倡以及保障福建人在马来西亚各方面的权益,定期出版刊物和通讯录,马来西亚福联会也经常与其他华人团体和马来人团体进行交流与联谊活动,以推动福建人在马来西亚的发展。此外，马来西亚福联会也与国外的乡亲团体有着联谊和交流活动。例如，根据马来西亚福联会的网页信息，马来西亚福联会在 2007 年就接待了三个来自中国福建省的访问团，而马来西亚福联会也在 2007 年 5 月组团前往福建省访问，足迹遍及厦门、福州以及泉州等城市，以加强双方的交流与联谊。

2. 马来西亚潮州公会联合会（马潮联会）

马来西亚潮州公会联合会，简称"马潮联会"。诞生于 1934 年，它是大马潮人统一的同乡机构。此外，在马来西亚的 13 个州和联邦直辖区，均有潮人建立的分散的同乡团体。其中马六甲潮州会馆会龄最长，大约成立于 1822 年，至今已有近 200 年的历史。其次是沙捞越古晋潮州会馆和槟城潮州会馆，分别成立于 1863 年和 1864 年，也都有 100 多年的历史。这些会馆可以说是潮人在海外建立的较早的地缘组织。

20 世纪 30 年代初到 70 年代初，联会的名称有过多次更改。1935 年，将原会名中的"韩江"二字改为"潮州"二字，即马来亚潮州公会联合会。第二次世界大战结束后，西方殖民统治受到猛烈冲击，马来亚联合邦于 1957 年 8 月 31 日摆脱英国的殖民统治宣布独立。1963 年 9 月 16 日，马来亚联合新加坡、沙捞越、沙巴成立马来西亚联邦。在新的形势下，马来亚潮州公会联合会相应地改名为马来西亚潮州公会联合会。1965 年 8 月 9 日，新加坡宣布退出马来西亚联邦，1967 年会名随之改为马来西亚及新加坡潮州公会联合会，简称"马新潮联会"。1973 年 12 月，新加坡潮州八邑会馆为尊重大马政府有关民间社团不能跨国组建的法规，自动退出联会，联会于 12 月 15 日改名为马来西亚潮州公会联合会，简称"马潮联会"。

"马潮联会"由马来西亚各地区的潮州会馆、韩江公会、潮侨公会等团体联合组成，以代表大会为最高机关，实行轮值制度，值年主席从南到北，由各地区会馆或公会轮流担任，每年轮换一次。1968 年值年主席改为以州为单位，制定值年主席轮流表，依序轮流担任，周而复始。每年 8 月 17 日在值年主席所在地区举行"马潮联会"周年纪念会暨代表大会。"马潮联会"设主席 1 人、财政 1 人、稽核 1 人、秘书 1 人，必要时可增设书记若干人。联会的主席由轮值会馆的正首长担任。1980年第41届代表大会通过新章程，决定成立常务委员会，由雪兰莪、古晋、霹雳、槟榔屿、吉隆坡、吉兰丹、关丹、马六甲、亚庇等9个地区的潮州会馆和韩江公会组成。这9个地区的同乡组织是由代表大会选举产生的，后逐年增加到15个地区。常务委员会负责日常会务，代表大会还决定在吉隆坡设立永久秘书处，于1981年开始投入工作。随着规模的扩大，联会会务繁多，组织机构也不断健全完善。

3. 马来西亚广东会馆联合会（马广联会）

广东人是马来西亚华人的第三大族群，人口大约140万人，主要分布在马来半岛的吉隆坡、森美兰、彭亨及霹雳地区。广东人的数量和福建人、潮人及客家人的数量相差不大，因此广东人在马来西亚也有相当大的势力和影响，最重要的组织就是"马来西亚广东会馆联合会"，这是马来西亚华人最早的乡亲联合会馆。马来西亚广东会馆联合会（马广联会）于1947年2月22日在吉隆坡中华大会堂召开的一次各地乡亲会馆代表联席会议上宣告成立。同时通过的章程，选出了首届5名常务委员，敦·李孝式被选为第一届常务主任兼财政部长。自创立至2007年，各地共有39所广东会馆先后加入并成为会员，分布在东马及西马各地。各地的广东会馆也有其所属的馆址，总计共有129所，包括所有与广东相关的粤裔团体。

马来西亚广联会是马来半岛成立最早的华人联合会馆。但是，它的发展模式和运作却受到后来成立的马来西亚福联会的影响。1981年成立广联青年团，1998年成立广联妇女部。由此可见，马来西亚广联会虽然成立较早，但是马来西亚福联会的青年团体及妇女部却是最早成立的，并带动其他乡亲会馆，先后成立类似组织。

马来西亚广联会成立的最重要的人物是雪隆广东会馆的李孝式爵士，当时就是由李孝式联合马来半岛各地的广东会馆代表，在1947年2月集会，发起成立马来西亚广东会馆，并由李孝式爵士担任联合会的第一届主席。之后，李孝式爵士积极经营广联会以及参与马来半岛的独立运动，担任马华公会的主要领导人。因此，马来亚联合邦在1957年8月31日独立后，李孝式担任了第一任财政部长。之后的广联会主席也积极推广业务，如第 39 届会长李剑桥先生，他是广联会 21 世纪以来最重要的人物，带领广联会走向区域化和国际化。

广东人是中国大陆地区之外人数最多的华人族群。因此，马来西亚广联会就具有相当大的意义，因为它不仅是联系马来西亚广东人最大的组织，也具有联系东南亚广东人甚至全世界广东人的功能，在区域化及全球化持续发展的 21 世纪，马来西亚广联会具有重要意义，若发展顺利将载入历史。

二 马来人社团

和华人社会相比较，马来人缺少建立社会组织的积极性，在整个殖民时期，绝大多数的马来人生活在农村，他们所从事的职业也以农业为主。普通人民和世袭苏丹之间的保护与被保护之间的关系也限制了马来社会组织发展的空间；马来贵族和广大马来农民两个阶级的分裂和英国殖民统治者对这两个阶级分裂状况的强化，使得马来社会组织出现得较晚；另外，马来传统和英国的殖民统治使得马来人认为政府有义务给他们一定的福利和保护他们的利益，这阻碍了马来人组织和社团的兴起。长期存在的是一些不完整的马来人社团和组织，这些社团和组织的目的就在于为了社区和个人的福利而进行合作。

虽然如此，在资本主义制度下经济和社会的变迁，包括不断扩大的城市化建设、社会差别的扩大等，对马来人社会的转型起到一定的推动作用。独立前的马来人社团无论在公民权利方面还是在政治社团方面都扮演着至关重要的角色。到 19 世纪晚期，生活在新加坡、槟榔屿和马六甲的马来人在城市建立起自己的社区，其社会认同的需求得到了很大的满足，每个社区大都是来自同一个地方的人，从事的行业也相似。随着城市生活变得复杂，竞争也相对变得更加激烈，这种居住模式和职业类型也变得多样化，追求传统结构下的声望和地位的重要性也减弱。

从 1910 年开始，在城镇和较大的集市，类似的俱乐部和社会组织如雨后春笋般不断涌现，这些社团组织的成立，反映了居住在城市且在经济上有竞争力的马来人寻求个人和社会发展新途径的意识在不断增长。社会的变迁促使马来人呼吁他们的社会去追求经济发展和文化的复兴。这也使得马来人社会组织意识到他们是整个马来社会的一部分，在这样一个拥有多元种族的社会里，为了改进马来人的教育和经济地位，他们有必要发出声音。

所有马来人社团组织都有一个共同的目标，那就是致力于保护马来人社会免受外来移民的影响，保护马来人的利益不受侵犯、文化不受侵蚀。值得一提的是，独立后的马来人所面临的新问题和新环境又造就了新的社团组织，这些新组织和政府又要进行重新整合。本部分主要介绍一个具有典型性和代表性的马来人社团组织——土著权威组织。

2008年3月马来西亚全国大选后，马来人保守派支持的土著权威组织（Peubuhan Pribumi Perkasa Malaysia）① 开始兴起，并成为当代马来民族主义的代表组织。土著权威组织的兴起与当前马来西亚政府推动的政治改革密不可分，也是马来西亚独特种族政治结构的必然产物。从目前的政治形势来看，土著权威组织已经开始对马来西亚的种族关系以及政治和经济改革造成很大的影响。

2008年9月，马来西亚成立了土著权威组织这个马来人非政府组织，它的成员约30万余人。土著权威组织拥有非常完善的规章制度和组织体系，并对其组织成员的资格、中央和地方组织的职能有着详尽的规定。从组织体系方面来说，土著权威组织设置了中央、州、地方三级管理机构。中央一级的最高决策机构是成员大会，成员大会一年一次，主要的职责是处理大会讨论事项，听取各委员会的年度报告和选举产生土著权威组织主席、副主席以及各委员会常务主席、副主席及其他委员。目前，土著权威组织设有主席1名、副主席5名、秘书长助理、财政官以及新闻官等职位。土著权威组织的执政机构是各委员会，委员会由主席领导，下设副主

---

① 《土著权威组织宪章》第一条第二款解释：土著（Perkasa）包括"马来人以及马来半岛、沙巴及沙捞越的土著民"。

席 1 名，主要工作是处理日常事务，有任免委员的权力，并且可以就组织的运行事务做出决策；每年成员大会召开时，各委员会需要向大会提交前一年的工作报告。另外，不同年龄段的土著权威组织成员还有专门组织，并拥有相应的称号，例如 40 岁以下的女子可给予土著女英雄称号、40 岁及 40 岁以上的女子可给予土著巾帼称号以及 40 岁以下的男子可给予土著英雄称号等。从组织成员方面来说，该组织宪章第五条明确规定：所有 18 岁以上的马来人和土著居民都可进入土著权威组织。有意向入会的马来人或土著居民需要得到一名土著权威组织合法成员的支持，同时需填写土著权威组织的正式表格，然后提交相关委员会批准通过。获得批准加入该组织的成员，需一次性缴纳终身会费 10 林吉特。但是，任何成员如果不遵守组织的宪章或做了玷污组织名誉的事，将被开除或暂时终止成员资格。

在州以及地方一级，组织设有州、地方及联邦直辖区协调委员会，中央机构主要通过协调委员会对州、地方及联邦直辖区的土著权威组织实施领导。州土著权威组织主席领导各级地方及联邦直辖区协调委员会，下设置署理主席 1 名、副主席 2 名、名誉秘书 1 名、名誉秘书助理 1 名、新闻官 1 名、名誉财政官 1 名、土著女英雄组织主席 1 名、土著英雄组织主席 1 名、土著巾帼组织主席 1 名以及 10 名委员等。地方及联邦直辖区委员会主席管理地方以及联邦直辖区协调委员会，下面设置有署理主席 1 名、副主席 1 名、秘书 1 名、财政官 1 名、新闻官 1 名、土著女英雄组织主席 1 名、土著英雄组织主席 1 名、土著巾帼组织主席 1 名以及 9 名委员。各州土著权威组织除了通过州协调委员会与中央沟通外，还可以要求召开"特别成员大会"。

土著权威组织的政治口号为"国家的土著组织"，就是维护马来西亚土著民族的利益。该组织主张实现六个政治大目标：①捍卫马来语作为国语的地位；②捍卫伊斯兰教作为国教的地位；③维护马来人特权；④维护马来苏丹的权利；⑤维护国家主权；⑥保护土著民族。

土著权威组织主要通过直接向国家和政府领导人提交议案，并采取批评和抗议等方式表达利益诉求。

第一，组织直接向国家和政府机构的相关领导人提交议案，表达其政治诉求。例如在 2009 年，阿里曾经向最高元首、各州统治者、各州大臣、部长、候任总理纳吉布及反对党民主联盟递交土著权威组织成员大会提出的 10 项议案，并在第 215 届会议上全力支持统治者会议表明维护马来西亚统治者、马来语以及马来人特权地位和伊斯兰教的立场。

第二，该组织通过批评、游行抗议等方式获得马来西亚民众的支持，以此向政府施压。土著权威组织积极捍卫马来语的国语地位，该组织认为，马来语是马来西亚的国语，它的地位受到宪法保护，任何组织及个人都应该支持马来语的兴旺发达，任何阻碍马来语发展的组织和个人都应该受到谴责。2012 年 10 月，土著权威组织猛烈批评了马来西亚的多家国有企业，起因是这些企业拒绝资助马来语广告。目前马来语作为国语的地位日益降低，阿里建议说，"政府官方、行政务必使用马来语文，即使是法庭辩论，也必须用马来语进行"；所有街道的名称也必须全部改为马来文；马来西亚应像菲律宾和印度尼西亚那样，为促进国家团结，推动建立单一源流学校，让所有马来西亚人民能够完全掌握使用马来文。另外，土著权威组织认为，穆斯林的语言应该是马来语，必须坚决抵制穆斯林使用马来语版的基督教经典。阿里曾经公开向政府给东马民众发放马来语版的基督教经典提出质疑，说"政府如果要对东马民众发放基督教经典，为什么不使用当地方言，而使用不是东马民众母语的马来语"。阿里甚至还威胁当地的基督教徒说要发动圣战。

第三，就捍卫伊斯兰教的国教地位而言，该组织认为，伊斯兰教在马来西亚的地位是受宪法保护的，这与其他宗教不同，应该指责任何有关质疑伊斯兰教的言论。为了捍卫伊斯兰教，阿里还支持穆斯林参加伊斯兰教团体发起的"百万人反叛教"的集会，并且警告侮辱马来人及伊斯兰教或者那些经常得罪土著权威组织的人，这些人在 2013 年大选中将不会得到土著权威组织成员的支持。

第四，就维护马来人和土著民的经济地位而言，该组织认为，政府应该保护马来人和土著居民的利益，小心提防华人控制国家经济命脉。阿里在 2010 年接受当地媒体采访时说，马来西亚华人已经控制了马来西亚经济的主要部分，在马来西亚最富有的人群之中，华人占了九成之多，但是这些华人仍旧贪得无厌。阿里还抱怨政府实施开放的市场经济，让本来在经济上处于弱势的马来人陷入了更加不利的地位。2010 年 5 月，由土著权威组织主导的马来人协商理事会发起了"土著经济大会"，该大会一致通过了 31 项决议案，向马来西亚中央政府提出了捍卫马来人权益的诉求，决议案包括恳请政府根据种族人口比例，分配 67% 的国内财富给土著，剩余的 33% 分配给非土著居民。大会要求政府签署私人界宣誓书，用来废除私人领域对土著的"歧视"，并重新调整私人领域的雇员以及财富比例。土著权威组织还促请纳吉布政府在新经济模式内注入新经济政策的精神，该组织担心新经济模式纳入华人的议程以后，华人会利用选票数量绑架政府，从而在下届大选中独揽国家大权，彻底边缘马来人。

和其他的小型社团组织不同，土著权威组织的崛起给马来西亚的政治生活和社会发展带来了比较大的冲击，主要表现在以下方面。第一，从马来西亚的民族主义历史发展脉络来看，土著权威组织可以被看作马来民族主义的重要载体。直至 2008 年前，马来西亚民间虽然也有比较强烈的马来民族主义的情绪，但是马来民族主义的载体主要还是政府。例如，由马来人中坚分子组成的核心执政党——巫统就是以实现和维护马来人利益为立党宗旨而建立的政治组织。[①] 在巫统的领导下，马来人民成功阻止了英殖民者的马来亚联邦计划，并且颁布了赋予马来人特权的《马来西亚联邦宪法》，之后又推行保护马来人的国家文化政策和教育政策、新经济政策，并且建立了巫统领导的执政联盟——国民阵线。换句话说，以巫统为核心的马来西亚政府很好地保护了马来人的利益。在之前的马来西亚的历史上则很少出现专门以维护马来人的利益为主要目标的非政府组织。进入21 世纪之后，尤其是自 2008 年全国大选以来，马来西亚政府顺应时势，积极推动政治经济的改革，在一定程度上放弃了马来人优先政策，转向更加注重马来西亚各种族和谐发展。这一举措引发了马来人和土著居民社会的强烈不满情绪，土著权威组织就此而生，成为新时期马来人利益的捍卫

---

① 廖小健：《战后马来西亚族群关系研究》，暨南大学出版社，2012，第 101～102 页。

者，也可视作马来西亚民族主义的"民间载体"。换言之，将来一旦马来人的利益受到侵犯，土著权威组织将变成马来人表达利益诉求的重要渠道。第二，从马来西亚的政治发展进程来看，土著权威组织也可被视作影响马来西亚政治进程的利益集团。从1957年独立以来，马来西亚形成了自己独特的种族政治结构。这种结构表现在：马来人主要依靠政府保障自身利益，而华人、印度人则主要依靠一些社团组织表达自己的利益诉求，收效甚微。土著权威组织领导的马来人协商理事会举办了土著经济大会，大力抨击新经济模式及国家经济咨询委员会否决马来人权益一事，并再次强调了扶弱政策并未违反宪法第153条"赋予马来人及土著居民特权地位"，且呼吁马来人不要惧怕捍卫本族群的利益。马来西亚国家经济咨询委员会成员阿兹南表示说，政府迫于压力，特别是土著权威组织的压力，最终放弃成立"平等机会委员会"，并且对《新经济模式结论篇》做出了一定的修改，继续实行扶弱政策。[①]

三　印度人社团

和中国移民一样，印度移民也在马来西亚殖民时期建立过自己的社团组织，这些社团组织是基于民族认同而建立的，从某种程度上说这些组织是与印度社会运动相联系和对应的，马来亚时期的印度社团组织尤其如此，它们和印度当代的独立运动紧密关联。马来亚时期的印度人显示出城乡差别，一般根据种姓、语言、经济实力以及受教育水平来划分为城乡两级，他们之间没有任何相同的文化认同或归属感，更没有任何深厚的群众基础。20世纪20年代以来，马来半岛印度人社团组织的社会基础仍然是种姓制度，同时这些社团组织和印度国内的运动相呼应。在战前，这些社团组织主要关注种姓制度和印度教的改革。

印度人社团组织具有多样性，大部分印度社团组织属于宗教组织，其次是青年组织，再次是社会组织和行业公会。早期的马来亚印度社团组织

---

① 《马来西亚经济咨询委员会成员：因迫于权威组织压力，土著扶弱政策才不得不保留》，〔新〕《联合早报》2011年2月9日。

只具有一些简单的组织结构，他们所要培育的是团队精神。但是随着时间的推移，这些社团组织的政治性逐渐凸显出来。马来亚的印度移民比较早地建立了和西方类似的现代化工会。因为印度移民大多受雇于欧洲人开办的大型种植园，或者在殖民政府的某些部门工作，所以他们所建立的组织的早期活动主要集中于谋求自身工作条件的改善。印度国内争取独立的斗争，唤醒了马来亚印度移民的政治意识。

印度人社团组织各自为政，他们强调组织内部的认同。其中一个最主要的原因是信仰伊斯兰教的印度移民社会倾向于和马来穆斯林形成联盟，而不是和信仰印度教的印度移民合作。他们更加注重宗教认同。第一个宣称代表所有印度移民的团体是马来亚印度中央协会（the Central Indian Association of Malay），这个组织经过长期的努力才得以成立。1937 年尼赫鲁访问马来亚期间，指责马来亚印度中产阶级对马来亚印度社会漠不关心，并号召他们团结起来，在一定程度上也推动了它的成立。

独立后，致力于整个印度社会更高层次团结的组织是马来西亚印度人国大党。这是一个政治组织，它的前身是马来亚印度协会（简称 MIA）。MIA 是由在马来亚当地出生的印度人于 1936 年建立的，这个组织影响很小，因为它的领导精英大多受过西方教育并且住在城市，没能够把广大种植园的印度人和乡村印度人团结起来。即使是 MIA 在马来西亚的印度社会也不完全具有代表性和独立性，它作为国阵成员之一，影响甚微。迫于其他印度组织的强大压力，要在保护和促进印度语言、文化和教育方面做出努力，建立强有力的社团组织，使马来西亚的印度人尤其是在种植园工作的穷苦印度人团结起来，还面临许多困难。

第四节　马来西亚非政府组织

同其他许多第三世界国家一样，马来西亚的非政府组织在 20 世纪 70 年代到 80 年代后期快速发展起来。任何事物的发展都有一个过程，马来西亚非政府组织的发展也自有它本身的规律。独立后的马来西亚政治、经济以及后期的社会发展给予了非政府组织很大的发展空间；新经济政策对马来西亚非政府组织造成了直接影响。马来西亚政府和非政府组织的关系逐步演变为既有对抗又有合作和协商的关系。

一 马来西亚非政府组织的发展历程

自1957年马来亚联合邦独立之后，马来西亚非政府组织的总体结构发生了很大的变化。现在仍然存在很多具有影响力的非政府组织，它们大多都是由英国殖民统治时期的社会组织形成的，如印度民族主义组织、华人秘密会社等。这些早期的社会组织都是通过共同的民族或宗教信仰形成并建立起来的，主要关注成员的经济事务和社会福利。前文提到的新经济政策（1970~1990）实质上就是把马来西亚的政治、经济和社会资源重新分配，向有利于马来人的方向改进。但是实际上，虽然政权自马来西亚独立起一直都掌握在马来人手中，但是马来人和华人之间一直存在不容置喙的经济间的差距，这一巨大差距也是造成两个族群冲突的重要原因。由于政治制度朝着马来人倾斜，华人社会在公共服务和经济发展等方面得不到满足，非马来人的非政府组织也就开始兴起。专注发展型的非政府组织在新经济政策时期发展迅速。在1991年以后，非政府组织继续发展，既进行宣传与倡导，同时也为社会提供一定的公共服务。非政府组织在这一时期的快速发展是有原因的。"全球结社革命"的兴起，为非政府组织的发展提供了重要契机。在马来西亚国内，总理马哈蒂尔在1991年宣布要在2020年之前通过高速的经济发展让马来西亚跻身世界发达国家的行列。马来西亚政府必须充分利用私人部门等一切可以利用的资源来发展国民经济。在这种大背景下，非政府组织不仅在数量和活动范围上有所突破，而且它们提出的倡议以及提供的公共服务都得到了政府的鼓励和认可。

马来西亚国会1980年报告数据显示：在马来西亚注册的合法社团组织有31985个。但在1990年，《社团法令》的数据显示，有14000个组织现登记在案。现今，非政府组织的数量已经大大超过了以往统计的数据。根据社会团体登记处的分类，非政府组织大致包括13个类别：文化、宗教、妇女、青少年、社会福利、社交娱乐、行业公会、体育、教育、政治、互惠团体、职业协会以及综合社团等。

二 马来西亚主要非政府组织类型

（一）马来西亚妇女非政府组织

1. 概况

战前的马来西亚妇女组织主要关注妇女的教育和福利问题以及学龄前的女童。对于早期追求政治目标的马来西亚非政府组织来讲，推动妇女教育是它们主要解决的问题，比如说，于1929年创立的马来西亚女教师联合会。它是第一个正式的马来西亚妇女非政府组织，旨在鼓励和推进更多马来西亚女生接受正规的学校教育，帮助她们提升现有的社会地位。值得一提的是，在马来西亚争取独立的过程中，马来西亚妇女组织也发挥了作用。

马来西亚独立后，马来西亚妇女非政府组织得到了很大的发展。更多的女性服务于政府公共部门，但是她们的正当权益还是没有受到保护，面对这种不公平的境遇，女性们团结起来进行斗争，这时，妇女非政府组织就发挥了它们的作用——为这些女性争取权利，经过递交请愿书、递交备忘录，游行示威以及组织集会等方式取得了一定的成效。在20世纪70～80年代，马来西亚经济发展迅速，制造业发展更是迅猛，很多女性劳工开始出现，有些更担任了领导的角色。90年代之后的妇女非政府组织更是活跃，积极发挥作用，为专门解决妇女问题搭建了一个非常便捷的平台。

2. 主要代表组织

（1）妇女力量（Tenaganita）

妇女力量于1990年在吉隆坡成立并以公司名义注册。1991妇女力量开始积极参与公众事务。它的活动领域涉及人权、社区发展、妇女、环保、消费和健康等问题。它的目标是保护妇女的权益，推动妇女赋权，鼓励妇女在社会中尽量发挥她们的能力。在人权方面，妇女力量致力于帮外籍劳工、被压迫群体和贫困阶级争取权利。

妇女力量的活动内容在国内外不同，就马来西亚来说，它的主要活动有：开设政府规定的读写能力培训，定期举行社会动员和社会组织技能培训，组织讨论妇女受虐问题，开展反对使用马来西亚妇女三大联合组织的非政府组织杀虫剂运动，与当地非政府组织加强合作，参加防治艾滋病非政府组织委员会，等等。

在全球和国际层面，妇女力量是亚太妇女、法律和发展论坛（APWLD）、亚洲妇女委员会、亚洲移民中心、杀虫剂亚洲网络、亚太妇女资源研究中心、亚洲发展文化论坛、亚太成员教育的组织成员。它的出版物包括泰米尔时事通讯《Jothee》和《杀虫剂——无言的受害者》。

妇女力量的总监兼创办人是艾琳·费尔南德斯博士。1986年，她发起"停止对妇女施暴运动"。因为这个运动，各类型的妇女组织如雨后春笋般成立。其中一个是妇女行动协会（AWAM），艾琳曾担任妇女行动协会会长达5年之久，现已成为马来西亚国内最强大的妇权团体之一。家庭暴力法、性骚扰指南和修改有关强暴的法律条文都是她努力的成果。她也是亚太妇女、法律和发展论坛的创办者，担任总监超过10年。这个区域性组织的宗旨是结合女性律师和社运工作者的力量，关注远东地区的妇女法律。1992年起，她是农药行动网络的主席，致力于废除使用农药及发展可持续性农业。这个组织也发动关于健康、反对基因产品和争取种子控制权的运动。

艾琳·费尔南德斯于2012年在印尼指责印尼外劳在马来西亚不安全，因为大马没有为保护工人而设的工作架构或特定法律。她说，在大马政府及雇主改变思维及拟立特定法律以保护工人权益之前，印尼政府不应继续让国人前往大马工作。报道说，《雅加达邮报》在周一刊出艾琳的访谈录，后者受访时，也指责大马政府歧视女佣及园丘工人，因为两者都没有被纳入最低薪制政策。可以看出，这个相对年轻的非政府组织在一系列活动上总是显得很积极。① 它已经渗透到地区和国际组织中，涉及各个行业。在推动地区合作方面，妇女力量扮演着重要角色。

① 《大马取缔非法外劳行动被指违反人权　内政部遭批》，中国新闻网，2013年8月30日，http：//www.chinanews.com/hr/2013/08 - 30/5227349.shtml。

（2）妇女援助组织（Woman's Aid Organization，WAO）

在 1979 年，敦·陈修信获敦·拉扎克最佳贡献奖，他慷慨地把这笔奖金捐赠给 3 万余名受到虐待的妇女和儿童建立一个避难所。

1981 年 11 月，筹备委员会召开首次会议。9 个月后 WAO 的雏形已现，并形成了一个志愿者核心小组。这些志愿者以鼓励受虐待的妇女们向 WAO 寻求帮助为共同工作准则。在 1982 年 6 月，WAO 正式登记注册成为马来西亚妇女非政府组织的一员，并租用了一层写字楼作为 WAO 的避难所及办公场所。而后，马来西亚邮报登出了第一篇 WAO 关于计划建立避难所的文章。第一个求助电话是在 1982 年 9 月的一个周六早上打进 WAO 的，一名妇女表示"她离开了丈夫和她的两个孩子，现在无家可归"，于是她成为避难所的第一个住户。

WAO 致力于帮助妇女对暴力行为进行抗争。它所制定的任务是尊重与保护女性并努力争取女性的平等权利，尽可能消除对妇女的歧视，并带来男女平等的局面。WAO 的基本理念是"没有人生来就该遭受虐待"，它们相信每个人都有掌控他们自己的生活不被他人所侵入的权利。①

WAO 的目标是无条件为遭受身体和精神虐待以及性虐待的妇女和儿童提供一个临时的避难场所，为受害女性争取情感上和社会大众的支持，并为她们进行一定的精神和身体上的护理和治疗，WAO 还联合政府和其他非政府组织一起致力于通过改革法律、政策和体制改变妇女不平等的境遇。值得一提的是，WAO 还创建了一个专门研究对妇女的暴力行为和底层妇女的不公平待遇的部门。

（3）全国妇女组织理事会（NCWO）

全国妇女组织理事会于 1963 年成立，此时妇女非政府组织之间的合作也正式开始。当时的妇女组织多关注一些宗教、福利以及服务等问题。这个联合组织成立的主要原因有两个：第一，部分妇女非政府组织领导人认识到，各个妇女组织只有联合起来才能在为妇女争取同等报酬的运动中取得一定的成效；第二，除了争取同等报酬这个议题外，促使 NCWO 成

---

① 妇女援助组织网站，http：//www. wao. org. my/About + Us_ 3_ 3_ 1. htm。

立的外部因素是 20 世纪 60 年代为女性工人争取权利的全球趋势。NCWO 下设 11 个委员会，分别是传媒委员会、卫生委员会、教育委员会、法律委员会、经济和就业发展委员会、民族团结委员会、宗教委员会、政治和领导艺术委员会、反对对妇女暴力委员会、环境委员会和科技委员会。成员组织有女律师协会、妇女协会等。NCWO 主要代表受过教育的中产阶级和上层阶级的妇女，它和政府的紧密关系使它可以享受政府的大部分资源。NCWO 的主要目标是：把所有的妇女组织团结起来；提高妇女的生活水平并致力于妇女儿童的发展和福祉；作为妇女组织的一个咨询和顾问的机构。这种宗旨使得 NCWO 必须和全国的政党妇女组织和非政党妇女组织保持一种合作关系。

1965 年 8 月 25 日，当 NCWO 召开第一次大会时，它已经拥有了 12 个成员组织，包括马华公会妇女部、巫统妇女部（the KI UMNO）、印度人国大党妇女部、女教师协会、全国妇女机构协会、泛马伊斯兰教妇女协会、大学妇女协会、雪兰莪印度人协会妇女部、泛太平洋东南亚协会、基督教女青年协会、雪兰莪华人妇女励志会以及妇女国际俱乐部。现在的 NCWO 已经壮大成为一个拥有 80 多个妇女组织的伞状组织结构。毫无疑问，NCWO 是马来西亚妇女非政府组织最有影响力、联合时间最长以及最大的一个联合组织。

1985 年反对对妇女施暴的主要代表组织——联合行动组织（JAG-VAW）成立，这是马来西亚妇女组织的第二大联合组织。联合组织反对对女性施暴行动的起因是 1994 年家庭暴力法案的通过。参加这次行动组织的妇女非政府组织在 2000 年联合起来进行争取制定反对性骚扰的立法活动。

在 20 世纪 90 年代早期，来自 17 个非政府组织的代表组成全国妇女联盟（简称 NWC），这是马来西亚妇女组织的第三大联合组织。这个联合组织形成的起因是全体妇女行动协会发起的一次会议，议题是讨论自治的和相对激进的妇女组织共同面对的问题，这次会议指出，除了反对对妇女施暴这个议题外，还有其他许多妇女面对的问题需要解决，如妇女获得土地和住房的权利，以及涉及公正和民主之类更加广泛的问题。NCW 可以说是对 NCWO 的一个巨大挑战，同时，也可以说是对 NCWO 妇女工作的一个补充。它分为四个委员会：文化与宗教、土地、劳动以及反对对妇女施暴。由于 NCW 没有充分组织全国范围内的普通民众以及资金短缺问题，其只好在 1995 年撤销并停止活动。值得一提的是，NCW 在马来西亚的地位并不显著，但是它代表了广大基层妇女的心声。

（4）巫统妇女部

马来西亚民族统一机构（简称巫统）于 1946 年成立，该组织代表右翼传统势力，强烈反对英国殖民政府推行的马来亚联邦计划。1947 年，巫统妇女部（KI. Women's Association，于 1971 年更名为 Wanita UMNO）成立。巫统妇女部的初衷是协助巫统反对马来亚联邦计划，然后促成国家独立，争取马来西亚妇女参与政治的权利则放在了第二位。尽管如此，在巫统妇女部成员的努力下，她们还是为妇女赢得了在马来亚联合邦宪法草案中的投票权利。1962 年 4 月，巫统妇女部发起庆祝第一个妇女节（1962 年 8 月 25 日），号召所有的妇女组织参加并组织此次庆祝活动。妇女和妇女组织有了自己的节日，表明马来亚妇女在建设自己国家的历史过程中发挥了重要作用。

经过了几十年的发展，马来西亚的妇女组织已经发生了很大变化且形成了比较完善的网络。总体上，独立的非政府妇女组织所发挥的作用比较大。在提高人们关注妇女问题上的意识、积极参与教育和动员民众的过程以及呼吁修改有关法律方面，这些独立的非政府妇女组织发挥了主要的作用。

（二）马来西亚伊斯兰非政府组织

1. 概况

马来西亚多元文化共容共生，是一个成功的范例，这是非同寻常的，也是毫无疑问的。马来西亚拥有多种文化和宗教，其宗教主要有伊斯兰教、佛教、印度教、基督教和道教等。伊斯兰教传入马来半岛已有 700 多年，马来西亚信奉伊斯兰教的穆斯林大多是马来人，占全国总人口的 55%～60%，信奉伊斯兰教的穆斯林华人大约占 25%，印度族裔约占

10%，全国总人口的 7% 是信奉基督教的。马来西亚有相当规模的信奉印度教和佛教的社区。

马来西亚在国际社会具有特殊的地位，作为一个伊斯兰国家，世界上许多穆斯林和非穆斯林对马来西亚寄予厚望。在宗教与文化方面多元和谐共生，在经济方面取得成功，有现代化的教育，有一个民主化的政府，在政治上是温和派。马来西亚人民也很是自豪，他们打造了这样一个伊斯兰模式，这个模式不同于沙特阿拉伯，也不同于伊朗。

最能代表马来穆斯林社会走向的是伊斯兰取向的非政府组织，它们对马来西亚的政治、经济、社会、外交以及族群关系产生了深刻影响。

2. 主要代表组织

（1）马来西亚伊斯兰青年运动（ABIM）

20 世纪 70 年代以及 80 年代初，最重要、最富有活力与成效的伊斯兰组织是安瓦尔·易卜拉欣领导的马来西亚伊斯兰青年运动（Angkatan Belia Islam Malaysia，简称 ABIM）。该组织成立于 1971 年 8 月 6 日，决策机构由主席、副主席、秘书长、妇女事务负责人、出版事务负责人、司库和教育事务负责人组成。马来西亚伊斯兰青年运动是在伊斯兰复兴运动的国际大背景下成立的。由穆斯林学生和马来西亚穆斯林学生联合会联合创立，ABIM 主要通过慈善和教育活动推广伊斯兰文化，布施穷人。ABIM 支持和组织伊斯兰学生学习如何进行伊斯兰教的布道，它是早期马来西亚伊斯兰复兴运动的一个至关重要的伊斯兰非政府组织。

ABIM 成立初期，成员只有数百人，但是发展迅速，在 20 世纪 70 年代末兴盛起来。安瓦尔·易卜拉欣为第三任主席，他出生在一个政治活跃的家庭。他在 20 世纪 60 年代便是马来亚大学的学生领袖，当时他已表现出他的领导才华。他在马大考取马来文研究学士文凭后，于 1971 年创立马来西亚伊斯兰教青年运动，1972～1976 年担任大马多元种族青年理事会主席，1974 年起担任大马伊斯兰教青年阵线主席。他是一个伊斯兰复兴者，也是一个典型的马来民族主义者。在他领导下的 ABIM 成为马来西亚拥有相当大影响力的伊斯兰复兴运动组织之一。到 1986 年，ABIM 的成员由曾经的 4 万人上升到 6 万余人。[1] 它因为受到广大马来西亚穆斯林的支持与鼓励而继续壮大。

ABIM 以使马来西亚变成伊斯兰国家，在马来西亚实行伊斯兰法为奋斗目标，认为只有伊斯兰教才能真正解救马来西亚的种族间存在的裂痕，因为伊斯兰教"能解决人类存在的问题，创立一个真正公平的社会"。它呼吁所有的穆斯林回归到古兰经教义中去，非穆斯林要理解建立在伊斯兰原则基础上的国家，结束腐败和滥用权力，呼吁采用伊斯兰的经济、法律和教育制度，保护基本的政治自由，拒绝采用资本主义和社会主义制度，保证经济和社会的公正等。就像安瓦尔指出的，"伊斯兰教是解决马来西亚的灵丹妙药，伊斯兰教提供了一种行之有效的选择，因为所有其他选择已经失败"。另外，ABIM 还积极组织有关伊斯兰教的宣教会和讨论会，并且出版了相关书籍和刊物，其目的是帮助马来西亚青年增强对伊斯兰教的认同，以伊斯兰教的教义来规范自身的行为，摆脱世俗化和西方化。[2]

ABIM 也积极与国际伊斯兰组织建立联系，如英国伊斯兰基金会、中东的穆斯林兄弟会、印度尼西亚穆罕默迪亚青年组织等。安瓦尔在 20 世纪 70 年代担任世界穆斯林青年大会主席期间，经常访问伊斯兰国家，参加国际穆斯林论坛和会议，并在国际论坛上提出很多捍卫和支持伊斯兰教的方案。

ABIM 在有教育背景的马来青年和宗教专业人士中很受欢迎，但是不被传统的伊斯兰教领导人和本土马来人所青睐。传统伊斯兰教人士批评 ABIM 许多成员缺乏相关的宗教经历和背景，并且也反对它所宣扬的宗教改革，这样的质疑在一定程度上损害了 ABIM 的形象和可信度。自安瓦尔·易卜拉欣于 1982 年以个人身份加入巫统和政府后，ABIM 就变成了一个没有领袖的团队，形象大受损害，它的很多成员脱离了 ABIM，并责骂安瓦尔是伪君子，背叛了伊斯兰教的战争。从此 ABIM 日益衰落，不再是马来西亚最具影响的达克瓦运动。

---

① 王虎：《马来西亚非政府组织研究》，厦门大学出版社，2010，第 208 页。
② 庄礼伟：《亚洲的高度》，广东旅游出版社，1999，第 68 页。

（2）澳尔根之家

澳尔根（Darul Arqam）是一个教，它是马来西亚伊斯兰教的一个教派名称。澳尔根是先知穆罕默德的挚友，也是第一个给穆罕默德提供场所从事传教活动的人。澳尔根之家于1968年开始进行组织活动，领导人是乌斯塔兹·安萨里·穆罕默德，他出生于马来西亚森美兰州一个乡村宗教学者家庭，他从小就在伊斯兰文化的熏陶下长大。安萨里是与朋友在吉隆坡的郊区发起的澳尔根。该组织的雏形只是一个伊斯兰教的祈祷研究会，旨在强调全面认识和学习伊斯兰教的教义以及它的清规戒律。除此之外，澳尔根不崇尚任何非伊斯兰教的制度体系，并远离所有基督教和犹太人的生活方式，它在礼仪、服饰以及人际关系等其他日常生活方面，建立了以伊斯兰文化为基础的行为方式。

澳尔根之家在1968年的时候开始进入社会领域。据称，20世纪60年代的马来西亚受西方文化影响深重，整个世界的伊斯兰文化都受到很大冲击。毒品、嬉皮士文化、性开放、道德沦丧，这样崇尚世俗和物质的生活态度已经侵入社会领袖和宗教学者这些人的生活方面。1969年，马来西亚爆发了大规模的种族冲突，经济、政治和社会趋于崩溃，在这样的国际大背景下，澳尔根组织应运而生。

澳尔根之家声称他们的活动不涉及主义观念与思想意识，反对西方式的政治选举，不同意政党的组织方式，反对暴力革命。安萨里作为一个维护伊斯兰教的斗士，想要建立一个真正意义上的伊斯兰教政权，它不仅仅是一个国家性质的政权，而且是一个世界的政权，建立世界政权的前提就是建立真正的伊斯兰社会。安萨里认为伊斯兰社会的基础就是伊斯兰教，所以他打算从社会的零部件——个人与家庭开始，通过教义渗透慢慢形成整个伊斯兰社会，从而完成他的理想。

安萨里是澳尔根之家的最高领导者，组织下设有理事会、执行理事会，其成员由安萨里直接委任与指派，其下的执行理事会拥有12个分会，每个分会都有专人领导，每个州设有州级领导，下级也设有县级领导，县级下设区级领导，这里的区是根据马来西亚选区划分的。[1] 澳尔根之家的

---

[1] 施雪琴：《马来西亚澳尔根组织及其活动》，《东南亚研究》1995年第5期。

领导班子比较稳定，最高领袖一直由安萨里担任。

澳尔根之家的成员来自社会各个阶层，在马来西亚国内，它的支持者主要来自社会底层几乎没有受过高等教育的人。发展迅速的澳尔根之家渐渐引起了政治人物、专业人士、行政人员和知识分子的注意。它的支持者来自各个教派党派，包括伊斯兰教党、巫统、团结党、沙统等，很多巫统的成员还秘密捐赠资产、土地或者用各种形式支持澳尔根之家的行动，一些政界人物还秘密把孩子送入澳尔根之家的学校。可见，澳尔根之家在马来西亚的影响力巨大，现在澳尔根的成员队伍还在不断扩大，并有重量级人物。其所属成员一般分为专职和兼职两种，根据成员执行组织活动所花费的时间多少区分。1993 年，已经有 1 万余人加入澳尔根之家，其中，全职工作人员占 80%。据统计，有超过百万余人支持澳尔根之家的斗争，马来西亚国内也有大批拥护者。①

澳尔根之家的活动是多样化的，包含社会生活的各个方面，比如传教、文化宣传、经济、教育、医疗卫生等。在教育方面，澳尔根之家从当时的一所学校发展到现在的 300 余所，另外还有 11 所设在国外。就经济方面而言，澳尔根从拥有几间杂货店、一间批发商店以及一间酱油、辣椒酱和面条制造厂发展为大规模的伊斯兰食品工厂。至1993 年，澳尔根之家在马来西亚已经拥有 417 个经济计划，这其中包括工厂、迷你超市、农场、商店、巴士公司、书店、裁缝店、市场、餐厅，资产（不动产）总额达 2 亿林吉特，所有收入归入组织用来进行传教活动以及实施各种发展计划。1993 年 8 月 7 日，澳尔根集团公司在第一届经济大会上成立，其代表团常赴中国北京、云南以及土耳其、巴基斯坦等地进行贸易交流活动。澳尔根之家的资金来源主要是成员贡献、马来西亚同情澳尔根之家的民众资助以及经济收入，各占42%、35%、22%。全职工作人员的一切所需来自澳尔根之家，包括执行任务经费和生活开销等。

ABIM 和政府与巫统保持联系，并以政府所提倡的进步、温和以及友

---

① 施雪琴：《马来西亚澳尔根组织及其活动》，《东南亚研究》1995 年第 5 期。

善的姿态出现在人们面前。和 ABIM 相反，澳尔根组织完全是自主的，它远离巫统和政府。

（3）帕克姆组织

该组织的全称是"马来西亚伊斯兰福利协会"（Pertubuhan Kebajikan Malaysia，PERKIM）。它创建于 1960 年 8 月 19 日，第一任总理东姑·拉赫曼很关注 PERKIM，所以他给予了该组织很多经济和物质援助并于 1974 年当选为该组织主席。PERKIM 有其特殊性，它是伊斯兰国家、世界各个伊斯兰组织以及联合国和马来西亚政府都承认的组织。值得一提的是，它也是马来西亚唯一一个在非穆斯林群体中传播伊斯兰文化以及进行宣教活动的组织。

PERKIM 是温和的福利组织，它以为社会服务，做一切有利于人类的善事为宗旨，目的是加深非穆斯林对伊斯兰文化的了解与认知。PERKIM 与政府也保持良好的关系，政府也支持该组织以表明政府是支持伊斯兰教的。

PERKIM 在马来西亚西部的 12 个州都设有分部，它在州管辖的城市和乡村同样设有办事处，活动范围非常广泛，发展迅速。PERKIM 于 1977 年与沙巴州伊斯兰宣教协会签订协议成立联合会。另外，PERKIM 与沙捞越州伊斯兰复兴联会也签约成立了联合会。[①] 沙巴州的伊斯兰宣教协会和沙捞越州的伊斯兰复兴联会在宣传伊斯兰教方面做了大量的工作，最终让很多马来西亚当地居民归信了伊斯兰教。

PERKIM 向非穆斯林讲授伊斯兰教的教法和信仰等基础知识以及品德修养的知识。为此，PERKIM 成立了伊斯兰教教育中心，并组织相关的学术研讨会和报告会，为新加入伊斯兰教的成员举行各种各样的宣教活动。成立之初，PERKIM 的最大问题是缺少能够执行宣教任务的人选，伊斯兰宣教学院的成立解决了这个问题。宣教学院的任务是培训和教育学院，并把宣教活动开展到全世界的各个角落。

PERKIM 的首要工作就是福利工作和社会服务，1975 年应马来西亚政

---

① 陈玉龙：《马来西亚伊斯兰福利协会简介》，《中国穆斯林》1999 年第 2 期。

府的请求，PERKIM 组织收容和管理来自柬埔寨的穆斯林难民超过 13000
名，并和联合国难民署合作在吉兰丹州成立了以东姑·拉赫曼主席命名的
难民安置中心。PERKIM 也非常重视对儿童的教育，为此成立了许多幼儿
园，第一个幼儿园是在东姑·拉赫曼的直接关怀和努力下成立的，后来各
州的分部都成立了幼儿园。PERKIM 还设有一个妇女部，发展得很快，该
部的活动被认为是具有创新性的，经常为新的穆斯林姐妹举办一些研讨
会、学术会议和聚会等。在对外交往方面，PERKIM 还与许多伊斯兰协会
和组织建立了亲密友好的关系，如在吉打州的伊斯兰救援组织、在沙特麦
加的伊斯兰世界联盟。

（三）马来西亚环保非政府组织

1. 概况

马来西亚环保非政府组织是马来西亚众多非政府组织中发展良好并卓
有成效的公民社会组织。1972 年第一次人类环境会议召开，1973 年联合
国环境规划署成立，此后保护环境的政府机构和非政府组织在世界范围内
不断增加。马来西亚是众多环境会议的参加者和众多环保协议的签约者之
一。在马来西亚环保机构产生之前，围绕环境问题展开工作的非政府组织
就已经存在了。

早在联合国召开第一次人类环境会议之前，马来西亚的非政府组织就
有关环境问题举行了研讨会或者专题会议，它们还就国家的环境立法和政
策问题向政府提出倡议。这些组织不仅可以作为马来西亚环保运动的先
驱，也是发展中国家环保运动的先驱之一。自 20 世纪 80 年代全球结社革
命以来，马来西亚的环保非政府组织得到一定的发展。

2. 主要代表组织

（1）马来西亚环保协会（EPSM）

马来西亚环保协会（Environmental Protection Society of Malaysia，
EPSM）于 1974 年 1 月 11 日在马来西亚大学由一群关心和保护生态环境
的马来人设立。它是一个会员制的非政府组织，是一个非营利性质的完全
由民选执行委员会建立的组织。总部设在吉隆坡。

EPSM 的目标是：防止人类活动导致的环境恶化，采取一定措施来改

善生态环境，增加公众对所居住环境的认识。EPSM 通过大众传媒高度重视环境问题，代表民众向政府机构提交议题，反对污染，进行调查和研究，并进行环境教育，开展与之相关的谈判、论坛和研讨会。EPSM 的活动还包括通过网络和政府及其他非政府组织合作，成功完成了兴楼云冰国家公园、巴图洞穴、Tembeling 国家公园、帕潘大坝等一系列环保的社会法案修正案及其环境评估。EPSM 也将继续监管 1974 年以后的环境质量法案。

EPSM 所包含的机构有环境质量委员会、国家栖息地委员会、国家指导委员会。EPSM 的出版物有 *Balasa Malaysia*、*Alam Sekitar* 和有关环境与其他社会问题的研究报告。

EPSM 一直是马来西亚主要的环保非政府组织之一。它和其他环保非政府组织广泛建立合作机制，提供平台，共同为马来西亚的环境保护事业做贡献。

（2）马来西亚自然协会（MNS）

马来西亚自然协会（Malaysian Nature Society，MNS），原名是马来亚自然协会，总部位于马来西亚首都吉隆坡。其在新加坡的分支机构于 1991 年更名为自然协会。与马来西亚其他很多组织机构一样，它的成立比马来西亚国家独立还要早 17 年。协会的发起人是当时英国驻马来西亚总代办的大批自然爱好者。爱好自然的英国侨民当时写下了大量关于马来半岛自然的重要笔记。《马来西亚自然杂志》于 1940 年 8 月出版，同年，马来亚自然协会诞生。

MNS 的标志是已经被世界自然保护联盟列入濒临灭绝的稀有物种名单的马来貘。马来貘分布在涉及印度尼西亚、马来西亚、泰国以及缅甸等国的苏门答腊岛和马来半岛。最后一次报告发现马来貘是在马来西亚和印度尼西亚接壤的婆罗洲。遗憾的是，这样的报告还没有得到官方证实。

MNS 旨在有效保护马来西亚的自然遗产和丰富的生物多样性，并努力争取和保护所有马来西亚民众的权益。它的活动主要围绕保护马来西亚的自然遗产而展开，包括进行保护栖息地和生存环境的教育工作。NMS 是一个完全独立自主的非政府组织，它不以营利为目的，保持极高的透明度并对组织所有成员实施问责制。①

目前，马来西亚自然协会的工作主要包括四个方面。保护项目：通过政策、法规，协同联邦以及州政府进行稀有物种保护、调研以及数字信息收集。环境教育：号召在校学生参与自然协会的各项活动，借此提高公众对环境保护的理解、认识。马来西亚自然协会出版物：《马来西亚自然家季刊》和《马来亚自然期刊》。公园主题项目：建立以及维护自然公园，其定位是建立、提升公众对自然以及环境资源的欣赏水平。

MNS 的第一个项目可以追溯到 20 世纪 60 年代 Balasingam 博士发起的海龟产卵习性研究项目。这是马来西亚第一次研究海龟产卵习惯。该项计划后来由当时的渔业部接手。1977 年，MNS 联合其他五家组织，在全国发行的报纸上刊登半版广告，发起全国范围内的拯救兴楼云冰国家公园的运动。如今的兴楼云冰国家公园是马来半岛不可多得的低地森林公园之一，已成为包括鹿、象、豹、老虎及罕见的苏门答腊犀牛在内的许多动物的原始家园。古树参天、流水潺潺的兴楼云冰国家公园也是今日马来西亚最值得到访的旅游景点之一。

1993 年是 MNS 具有里程碑意义的一年。该协会开展了由马来西亚最高元首阿兹兰主持的马来西亚遗产及科学考察项目。项目组协助霹雳州州政府记录了该地区丰富的动植物物种，同时收集了大量数据。2007 年，该地区被命名为柏隆皇家公园，以保护霹雳州珍贵的自然生态。令 MNS 感到自豪的是，在它的努力推动下，2007 年 9 月 15 日，马来西亚自然资源和环境部部长阿兹米宣布将鱼翅从马来西亚政府菜单上剔除。这也是马来西亚自然协会鲨鱼保护运动的成果之一。

可以说，作为一家非营利机构，马来西亚自然协会深知其运作和广大志愿者的积极参与以及各界组织、团体的贡献密不可分。另外，MNS 还和马来西亚联邦政府、州政府、社区、媒体以及其他有关自然、环境的国际非政府组织等保持着良好的关系，经常召开有关环保的讨论会，进行保护自然环境的相关研讨。自 MNS 诞生以来，其一直致力于对包括稀有物

---

① "MNS 简介"，马来西亚自然协会网站，http：//www.mns.my/。

种以及国立、州立公园在内的自然遗产的保护。促进动植物守恒以及研究、欣赏、保护自然遗产是其创立以来的使命。多年来，马来西亚自然协会在该地区的自然以及环境保护领域发挥着重要作用，同时，也成为马来半岛最大的环保组织。如今的马来西亚自然协会已在半岛自然、环境保护领域发出了强有力的声音。

（3）马来西亚自然之友（SAM）

1977 年，马来西亚自然之友（Environmental group Sahabat Alam Malaysia，SAM）成立。1983 年加入国际地球之友协会（FOEI）。它旨在应对国家的快速发展所产生的各种环境问题。SAM 的三个主要目标分别是：提供必要帮助给那些受环境污染影响的社区；倡导一种生态可持续、社会公正并能够实现人类大多数需求的发展模式；对公众就生态良性发展的必要性进行环保知识教育。它所从事的环保领域包括森林退化、土地使用、渔业资源、水、能源、大坝、旅游、土著居民的权利以及农业。它在很多地区都设有办事处，如槟城和沙捞越。作为一个大众组织，它的活动主要在全马受环境恶化影响最严重的社区举行，如在亚洲稀土案中，帮助红泥山的村民反对在红泥山村非法生产放射性物质，还帮助沙捞越的原住民反对砍伐树木，反对侵占沙捞越原住民祖先的领地。由于 SAM 的活动过于频繁，SAM 受到社团注册局的严密监视，差点被取消社团注册资格。

（4）马来西亚荒野保护协会（SOWM）

马来西亚荒野保护协会（Society of Wilderness Malaysia，SOWM）是一个由民间自发组织的环境保护团体。成立目的在于立足本土、放眼全球，推动全民通过自然教育、生态保育与守护行动，展开马来西亚荒野保护工作，为世界缔造一个美好的自然环境。

2011 年，马来西亚荒野保护协会正式成立，旨在将荒野的宗旨与理念发扬光大，引领马来西亚大众学习荒野、保护荒野，为马来西亚的自然环境贡献自己的一份儿力量。[①]

SOWM 以保存马来西亚天然物种、让野地能自然演替、推广自然生

---

① "SOWN 简介"，马来西亚荒野保护协会网站，https：//www.sow.org.tw/en。

态保育观念、提供大众自然生态教育的环境与机会、协助政府保育水土、维护自然资源以及培训自然生态保育人才为理念，通过购买、长期租借、接受委托或捐赠，取得荒地的监护与管理权，将之圈护，尽可能让大自然经营自己、恢复生机。从刻意保留下来的荒野中，探知自然的奥妙，领悟生命的意义。

该组织的活动涉及多领域、多层次。SOWM 经常举办自然观察和摄影展会，亲近自然，感受自然。除此之外，该组织还经常举办"青少年野外求生夏令营"，旨在提升个人心灵与五官的敏锐度，并学习与人合作、沟通，进而创造和谐、充满生命力的人生。

这个年轻的马来西亚环保非政府组织充满着生机和活力，正在逐步影响马来西亚环境保护事业。

（四）马来西亚消费者非政府组织

1. 概况

马来西亚消费者组织有悠久的历史，并且拥有广泛而丰富的经验。有些在国际上有一定的知名度，如 1969 年建立的槟城消费者组织（CAP）被认为是马来西亚第一个现代非政府组织。其他诸多消费者组织多从属于马来西亚消费者协会联盟，构成一个全国性的伞状组织。

在很多国家，消费者组织的功能主要是监督消费品的质量安全、投诉制造假冒伪劣消费品的厂家和公司以维护消费者的权益。而马来西亚的消费者组织所发挥的功能要超过这个范围，它们为社区居民提供的服务内容非常广泛，包括处理民众对行政部门和私人公司的投诉、提供法律支持、开展调查、提出处理意见等。马来西亚消费者组织的另一个显著特点是它们的成员和服务对象主要是马来人。

2. 主要代表组织

（1）马来西亚消费者协会联合会（FOMCA）

马来西亚消费者协会联合会（简称"大马消协会"，英文名是 Federal of Malaysia Consumer Association）于 1973 年成立，1975 年加入国际消费者联合会（Consumer International，CI）。现有工作人员 20 余名，拥有个人会员 8500 人，团体会员 12 个。该联盟是一个非营利性的、不受工商业影响和赞助的团体，负责协调在马来西亚注册的各消费者组织活动的机构，有12个州的消费者协会都是该联盟的成员。FOMCA民间组织与州一级的活动主要由本州消费者协会协调。再往下一级，州消费者协会需与区联络委员会合作。FOMCA建立了与政府和其他非政府组织的联系网络，这些非政府组织包括马来西亚自然协会（MNS）、马来西亚环境保护协会（EPSM）、马来西亚世界野生动物保护基金会（WWFM）和马来西亚环保技术中心。在与政府合作方面，FOMCA经常为政府决策的相关问题充当顾问，帮助政府处理民众对相关法案的投诉和意见。比如，对于近期马来西亚实行的消费税措施，FOMCA在其措施落实首周就已经接获995宗投诉，并在之后把这些案件转交给有关单位寻求解决方案。FOMCA副主席莫哈末·尤索夫表示希望政府采取更积极的态度，包括不断向民众灌输消费税信息以及进行详细解释。

马来西亚消费者协会联盟的主要任务是以专业和实用的方法保护消费者的权益，包括选择权、人身安全权、知情权、言论自由权、有权要求赔偿的权利和受教育权。FOMCA致力于研究消费相关问题，促进和开展消费者教育，开展产品检验活动。FOMCA还出版了几种刊物，目的是向大众传播信息。它的出版物包括 *PENGGUNA* 月刊。FOMCA把教育视为保护消费者权利的关键因素，学习认知消费者正当权益和责任将帮助消费者有效地保护自己。目前，FOMCA的活动涉及许多领域，包括社区环境、妇女、人权、消费以及卫生问题。当然，它的性质决定它主要关注的领域还是消费。

FOMCA的环境政策的制定也是其工作的重中之重，包括有效地利用原材料和资源，减少浪费，教育、培训和激励员工履行职责与增强环保意识，同时考虑到社会和消费者的需求来制订环保计划，旨在防止污染，改善生活环境，减少使用有害物质，保护人体安全。它还举办了全国消费者活动，改变原有的消费方式，适应新的全球性挑战。FOMCA还与其他区域性和国际性的组织建立了亲密友好的联系，如国际卫生行动（Health Action International）和亚洲理性药品行动（Action for Rational Drugs in Asia）。

在现有的建立在大众和国际层面系统网络的基础上，FOMCA 在国内还有容纳和发展更大网络的空间和潜力。由于与政府拥有广泛的联系，FOMCA 在这个过程中率先培育出 NGO—政府正式关系的理念。与其他非政府组织相比，FOMCA 在与政府广泛深入合作方面处于遥遥领先的优势地位。

（2）槟城消费者协会（CAP）

在马来西亚民间，有一些由消费者自发成立的消费者联盟、主妇协会等组织。这些组织经常通过电台和电视节目进行宣传，或者在一些公共场所发放传单或刊物，在很大程度上承担了教育消费者的职责。

槟城消费者协会（Consumers' Association of Penang，CAP）是马来西亚民间消费者组织中最具代表性的。该协会成立于 1970 年，其宗旨是为广大消费者获取基本的权利、合理的产品和服务而奋斗，并通过专题研究、消费教育等各种活动，影响国家的消费政策，提高消费者的生活质量。它为确保每一位消费者在食物、房屋、保健、卫生措施、公共交通、教育以及环境卫生上的基本权利而奋斗，鼓励人民勇于说出自身的处境，向政府提出正当要求。① 它被认为是马来西亚第一个现代化非政府组织，成员主要是华人和印度人，规模庞大，在各州都拥有分支机构。

CAP 虽是地区性协会，但其影响及工作范围却遍及马来西亚。由于其广泛的影响，CAP 经常可以得到国内外的大量资金捐助，这也是其经费的主要来源。同时协会还出版报刊及大量系列书刊，由于其出版物有中文、英文、马来文、泰米尔文等不同版本，适应了当地华人、马来人等不同民族消费者的需求，因此发行量很大，收入也十分可观。

CAP 为配合各项活动成立了不同的小组，各小组分别专注于具体课题，包括健康与营养、食物与产品安全、药剂、基本需求、环境生态、市场欺诈、金融、工友权益、不道德广告、文化与生活方式以及和妇女有关的课题。社群及乡村组关注园丘工人、渔民、农民、树胶小园主、租户以

---

① "CAP 简介"，槟城消费者协会网站，http://www.cap.org.my/。

及所谓非法住户的生计和生活环境，并表达他们的心声。该组也通过座谈会、讨论、沿户访问、幻灯片和展览，教给他们有关食物、营养及健康的基本知识。教育组提供消费教育，对象包括学校和学院学生、教师、妇女及青年团体和宗教组织。它也主办关于消费课题的研讨会、工作营、展览会和戏剧比赛。在教育组的协助下，迄今槟城和其他州属内已有数百所中、小学校成立了消费者学会。通过消费教育活动，CAP 希望培养出有正确意识及负责任的新一代国民。投诉组负责接受公众人士在各种问题上的投诉，如低劣产品、冒牌食品和租户问题等。该组每年接获不满的消费者通过邮件、电话或亲临本会所做的投诉事件数千宗。法律组则专门处理涉及公众利益的案件，并为需要法律援助的社群辩护，并与投诉组协调合作，向消费人提供法律咨询服务，同时关注影响消费人利益的法律条文。出版组负责 CAP 的新闻刊物——《消费人前锋报》，这是一份有四种文字版本的刊物，即英文、马来文、中文和泰米尔文版。出版组还出版了一份以小学生为对象的《儿童消费报》。在其他小组之合作下，出版各项消费课题的书籍、报告或手册。此组也制作教育活动教材与海报，以分发给公众人士及供 CAP 使用。媒介组专门制作及保管 CAP 活动所需的视听教具（录影片、录音带及幻灯片）。协调 CAP 的各项大规模活动，如反吸烟及反酒精运动。图书组则专门收藏各类书籍、刊物、报告及手册等，并收存剪报，供 CAP 各组使用。各小组各司其职，为 CAP 的运转贡献自己的力量。

在马来西亚国内，消费教育是 CAP 工作中最具特色的一部分。他们非常注重把消费教育推进学校，向大、中、小学生开展正确的消费观念教育，利用板报、系列图书、讲演、小册子、小型研讨会、消费课堂、实地消费体验等形式，传播消费知识和法律常识，成效显著。值得一提的是，CAP 通过制作一些印有消费教育内容的 T 恤衫、背包等来开展消费教育，例如在 T 恤衫上印有正在逐渐减少的自然基因图案，其目的是教育消费者要保护大自然，此类不仅用生动活泼的形式向消费者更简洁明了地开展了消费教育，同时，也成为帮助 CAP 筹集资金的一个重要的渠道。

另外，CAP 还非常成功地动员广大消费者踊跃地加入消费者运动行列中来，更好地发挥社会各界的积极力量。比如，他们在马来西亚很多学校中选出一些消费教育的领袖，每年定期组织培训，召开关于卫生、健康、营养等各方面的消费课题讨论会，让民众更好地了解目前 CAP 的工作趋势以及现存的问题，然后再由这些领袖将有关知识更广泛地传播给其他青年学生，这样消费教育就起到了事半功倍的效果。

"产品比较试验"也是 CAP 指导人们消费的重要方式。他们针对市场状况和消费者的反映，开展了大量的产品比较试验工作，重点检测产品的安全性和品质状况，并在其用于召开新闻发布会的会议室中将有问题的产品展示出来，同时通过刊物向广大消费者通报。

CAP 的工作内容十分广泛，并与国际消费者运动密切结合。例如，为了宣传绿色食品，槟城消协通过提供技术指导、咨询等方式鼓励农民生产不使用化肥的蔬菜，并以合理价格从农民手中购买这些净菜，再出售给广大消费者。另外，为了帮助贫穷的农村地区发展经济，CAP 还帮助当地贫苦农民出售手编工艺品等。它还开辟出一部分办公室面向普通社区民众提供咨询服务，除了办公室工作人员之外，该组织的大部分员工都是注册律师。

CAP 发展势头迅猛，受到了很多马来西亚当地居民的拥戴，潜力无限。

（3）雪兰莪联合地域消费者协会（SFYCA）

1965 年，雪兰莪联合地域消费者协会成立，它是由雪兰莪消费者协会转变而来的，是国际消费者联盟的会员组织，1966 年加入了亚太国际消费者联合会（IOCU）。SFTCA 的目的是保护消费者的正当权利，也进行研究并且向政府及私人组织提供建议。它的宗旨是通过自己的活动和行为保障消费者的合法权益。该组织向消费者提供建议，并受理他们的投诉，这样产品的质量和价格就得到了很好的监管。SFTCA 也积极倡议立法保护消费者权益，同时向消费者传播正确的消费信息。SFTCA 的其他活动领域包括妇女问题以及环保、人权和健康等问题。SFTCA 是一个州级组织，它的大多数活动都集中在雪兰莪及其联合地域内展开。它所组织的活动有研讨会、演讲、展览和论坛。SFTCA 也经常在学校培育消费俱乐部以提升人们的消费意识。

    SFTCA 同时与妇女组织、青年组织、贸易协会等其他组织合作，通过出版物和宣传媒介教育指导消费者树立正确的消费观念。就马来西亚国内而言，SFTCA 也是 FOMCA 的重要成员组织之一，与贸易协会、学术机构和马来西亚其他类型的非政府组织建立了广泛的联系。SFTCA 出版物涉及多个方面，不仅有《时事通讯》季刊（*Befim Pengguna*），也有有关农业安全和卫生标准的报告与消费者法律改革。SFTCA 领导人主要是学者，工作重点是进行研究。它拥有非常完善的组织机构，现有工作人员 4 名，拥有个人会员 800 名。该组织在地区合作方面特别是在研究和发展领域具有很大潜力。SFTCA 现存的问题就是现有众多的消费者组织的活动都有所重叠，从而造成资源的浪费，这也是马来西亚消费者非政府组织的一个通病。既然这样，就有必要在地方消费者组织之间建立广泛的合作与交流机制，尽量在地区联系和运作方面达成一致。

第四章

政党政治发展

第一节　政党发展简史

一　马来亚独立之前政党的发展（1957 年以前）

与英国和美国等西方国家相比，马来西亚出现政党的时间相对较晚。在英国殖民者统治马来半岛期间，出现了有特定政治诉求的政党以及类似于政党的政治组织和团体。在英国殖民统治时期，马来半岛成立的政党和政治组织都以族群为基础，这一时期成立的政党与马来人、华人、印度人三大族群有密切的关系，各个政党代表不同种族的政治利益诉求。此外，在人口集中居住的几个地区，如槟城、吉隆坡、柔佛、沙巴、沙捞越等地，政党又具有地区特色。这些政党及组织在马来亚独立之后，成为当今各政党的基础。①

马来西亚的大多数政党是在二战后成立的，二战前成立的只有马来亚共产党。成立于 1930 年 4 月的马来亚共产党是马来西亚历史上最早成立的政党。日本宣布投降以后，英国重新占领马来亚，这一时期的政党大多与摆脱英国殖民统治、争取民族独立有关。1946 年成立了马来民族统一机构（巫统），这是马来半岛上首个代表全体马来人权益的政党，得到大多数马来民族的支持和拥护。1946 年 8 月 2 日，印度人国大党成立，这

---

① 马燕冰、张学刚、骆永昆编著《马来西亚》，社会科学文献出版社，2011，第 188 页。

是首个代表马来半岛印度人权益的政党。1949 年 2 月 27 日，马来亚华人公会正式成立，标榜代表华人的政治、经济、文化利益，马来西亚成立后改名为马来西亚华人公会。

1955 年马来亚联合邦获得自治权，但并不是一个独立的国家，以东姑·拉赫曼为首的马来亚联合邦政府代表团多次同英国政府谈判关于马来亚的独立问题，1957 年 8 月 31 日，英国最终同意马来亚联合邦在英联邦内独立。1957 年马来亚联合邦从英联邦独立出去，结束了英国在该地区的殖民统治，揭开了马来亚历史发展新的一页。

二 马华印三大党联盟时期（1957～1969 年）

1952 年巫统和马华公会正式组成联盟，1954 年 12 月印度人国大党加入该联盟，至此马华印联盟党（简称"联盟党"）正式成立。1955 年 7 月，英国殖民政府举行联合邦立法议会选举，联盟党获得 52 个选举席位中的 51 席，1955 年 8 月 4 日马华印联盟党作为执政党组成新政府。巫统、马华公会、印度人国大党分别代表本国最主要的三大族群，三个政党要共同维护本族群的利益，同时尽量照顾广大马来人的特殊权益，在这之间很难找到平衡点。尽管三大党之间也存在矛盾和分歧，但为了共同执政，他们仍然紧密联盟。

马来亚独立以后，特别是马来西亚成立后，政党活动日益活跃，已有的政党大多继续发展及转型，或与其他政党整合，各个政党如雨后春笋般蓬勃发展。主要原因是随着马来西亚独立后代议制的确立，在这个推行民主政治的新兴国家，资产阶级各派政治势力想要夺得中央或地方议席及政府职位，表达自己的政治愿望或政治诉求，必须通过政党来实现。马来西亚宪法规定，中央及地方政府都是由取得联邦下议院及各个州立法议会多数席位的政党及政党联盟来组织，所以，要想夺取国家权力或在政府中有一个位置，自己首先必须是一个政党的成员。[1]

在马来亚独立后的几届大选中，融合了三大族群的马华印联盟党都获

---

[1] 马燕冰、张学刚、骆永昆编著《马来西亚》，社会科学文献出版社，2011，第 189 页。

胜并联合执政。巫统是马来亚最重要的政党，巫统主席担任内阁总理。伊斯兰教党的主要势力局限于吉兰丹州，根本不具有制衡执政联盟的实力。1963 年马来西亚成立之后，东马地区（沙巴和沙捞越）属于马来西亚领土，以前这两个地区的政党也属于马来西亚的政党，因此该时期增加了一些新的政党，但没有一个政党可以和联盟党相抗衡，马华印联盟党具有压倒性优势。

三 政党斗争时期（1969～1986 年）

1965 年 8 月，李光耀领导的人民行动党因与马来西亚政府在治国理念上出现分歧，新加坡宣布退出马来西亚联邦，建立新加坡共和国。1965 年 10 月民主行动党成立，其前身是马来西亚人民行动党，是新加坡人民行动党在马来半岛的分支，新加坡退出马来西亚后独立建党，并在 1966 年 3 月 18 日正式注册为政党，党员以城市工人和职员为主，主要支持群体是华人，主张建立一个包容各族群及尊重各种族平等的马来西亚。1968 年 4 月 15 日，"民主联合党"和部分"马来亚劳工党"党员联合组建民政党，党员以华人为主，主张建立一个为全体人民服务，民主、和睦、团结的马来西亚。1969 年大选中同属华人政党的民主行动党和民政党取得了不错的成绩，选后爆发了"5·13"种族冲突事件。

1970 年拉扎克出任总理后，为了扩大执政党的实力，巩固联盟党的执政基础，实行与较强大的反对党联合组成中央和州政府的政策。为了削弱马华公会和印度人国大党在联盟党中的地位，将较大的反对党拉入执政联盟，1974 年 6 月在马来亚联盟党的基础上，巫统、马华公会、印度人国大党、伊斯兰教党、民政党、人民进步党、沙捞越人民联合党、沙巴巫统、沙华公会、沙捞越土著保守党联合组建"国民阵线"，以后又吸收沙捞越国民党、沙巴人民团结党、伊斯兰教阵线和沙巴民族统一机构，1977 年和 1982 年先后开除伊斯兰教党和沙巴民族统一机构。这一时期反对党中影响比较大的有民主行动党、伊斯兰教党、沙巴团结党，其中民主行动党和伊斯兰教党对国民阵线的威胁最大。"5·13"事件后，国民阵线采取比较严格的措施限制反对党的发展，因此这一时期执政党与反对党时有摩擦和碰撞。在执政党的严格控制下，反对党的发展步履维艰，声势逐渐减弱。①

四 国民阵线独大时期（1986～1999 年）

20 世纪 80 年代马哈蒂尔执政后，国民阵线继续扩大其成员，东马的部分政党为了分享执政资源，加快东马地区的开发和建设，也选择加入国民阵线，到 1986 年大选时国民阵线共吸收了 11 个成员党。1988 年，吉隆坡高等法院宣布巫统为非法组织，马哈蒂尔及其支持者迅速注册成立"新巫统"，以拉沙里为首的反对派于 1989 年 5 月注册成立四六精神党，随后主导成立了"人民阵线"对抗国民阵线。

在 1990 年大选中，原国民阵线成员沙巴团结党选择加入人民阵线，由民主行动党、伊斯兰教党、四六精神党和沙巴团结党四个主要反对党组成的人民阵线在大选中挑战以巫统为核心的国民阵线，反对党联盟在这届选举中颇有收获，民主行动党获得 20 个国会议席，沙巴团结党获得 14 席，四六精神党获得 8 席，伊斯兰教党获得 7 席，四六精神党帮助伊斯兰教党获得吉兰丹州政权。反对党并没有结成非常稳固的联盟，国阵仍具有压倒性优势。

90 年代初期，马来西亚政府严厉打击反对党阵营，使其处境日益被动。马哈蒂尔曾拒绝伊斯兰教党领导的吉兰丹州政府参加中央与州政府的联席会议，撤销对该州政府的财政补贴，劝阻外资向该州投资。1991 年逮捕沙巴团结党的多名党员，并争取沙巴州其他政党的议员加入巫统。90 年代前期和中期，马来西亚的经济迅速发展，国阵的执政地位不断得到巩固，在 1995 年的大选中取得了较好的成绩，马来西亚的政局基本保持稳定。

五 向两线制迈进时期（1999～2013 年）

马来西亚的注册政党有 40 多个，由 14 个政党组成的执政党联盟——

---

① 龚晓辉等编著《马来西亚概论》，世界图书出版广东有限公司，2012，第 239 页。

国民阵线联合执政。① 受 1997 年东南亚金融危机和 1998 年"安瓦尔事件"的负面影响，马哈蒂尔的威望有所下降，许多马来人转而支持伊斯兰教党。1998 年马哈蒂尔罢黜副总理安瓦尔，随后的马来西亚公正运动催生了国家公正党。成立于 1999 年 4 月 4 日的国家公正党由安瓦尔的妻子旺·阿兹莎担任主席，其宗旨是联合各政党和非政府组织的力量，对抗执政的巫统和国阵，争取社会公正。在 1999 年大选中，刚成立的国家公正党与伊斯兰教党、民主行动党联合组成"替代阵线"对抗国阵，赢得 193 个国会议席中的 42 个，伊斯兰教党在保住吉兰丹州政权的同时，还夺取了丁加奴州政权。替代阵线的成立标志着马来西亚的政党制度发生重大变化，反对党不再"孤军作战"，他们开始联合起来挑战国阵的执政地位。

1999 年大选后，马哈蒂尔总理领导巫统和国阵加大了对反对党的打击力度，逮捕了多名伊斯兰教极端分子。马哈蒂尔指责伊斯兰教党支持宗教恐怖活动，特别是"9·11"事件后，马哈蒂尔怀疑伊斯兰教党与"基地"组织有联系。② 此外，伊斯兰教党在执政的吉兰丹州和丁加奴州推行伊斯兰教国理念，引起了穆斯林中的温和派和非穆斯林的强烈不满，导致其在民众中的支持率迅速下降。2001 年 5 月，沙巴人民正义党被国阵吸收为成员党。2002 年 1 月，较大的反对党沙巴团结党重新加入国阵，严重削弱了反对党的整体实力。2003 年，旺·阿兹莎改组国家公正党，并与马来西亚人民党共同组建"人民公正党"。在 2004 年大选中，民主行动党因不满伊斯兰教党建立伊斯兰教国的主张，没有加入反对党联盟。国民阵线赢得 219 个国会议席中的 198 席，取得了巨大的成功。反对党在这届选举中遭遇严重挫折，共赢得 21 个国会议席，伊斯兰教党失去在上届选举中赢得的丁加奴州政权。

吸取上届选举主要反对党没有联合起来对抗国阵而惨败的教训，在 2008 年大选中伊斯兰教党与民主行动党、人民公正党组成"人民联盟"

---

① 刘稚：《东南亚概论》，云南大学出版社，2007，第 105 页。

② 龚晓辉等编著《马来西亚概论》，世界图书出版广东有限公司，2012，第 240 页。

挑战国民阵线，人民联盟的得票率高达 46.63%，在国会中取得了较好的成绩。国阵在本届选举中赢得 222 个国会议席中的 140 个，比上届大选少58 席，巫统和马华公会获得的议席明显少于上届。反对党共赢得 82 席，其中人民公正党独得 31 席，成为国会最大反对党，民主行动党和伊斯兰教党分别获得 28 席和 23 席。在地方议会选举中，国阵失去在吉兰丹、吉打、槟城、霹雳、雪兰莪 5 个州的执政权。

2013 年大选被认为是马来西亚历史上竞争最激烈的一次大选，执政联盟国民阵线获得 133 个国会议席，其中巫统获得 88 席，马华公会获得 7 席，印度人国大党获得 4 席，民政党仅获得 1 席，国阵继续在马来西亚执政。反对党联盟人民联盟获得 89 个国会议席，其中民主行动党获得 38 席，人民公正党获得 30 席，伊斯兰教党获得 21 席，民主行动党成为国会最大反对党。与上届大选相比，国阵在本届选举中的成绩继续下滑，未能夺回在上届大选中丢掉的国会 2/3 绝对多数优势。从这两届大选的结果来看，人民联盟的实力在逐步上升，国阵面临的压力越来越大。

这一时期政党发展的新特点是成立了反对党联盟，马来西亚政治体制出现执政联盟与反对党联盟对抗的新局面。虽然替代阵线很快因民主行动党和伊斯兰教党的矛盾而分裂，在马来西亚政坛上只是昙花一现，但是替代阵线的成员党依然是 2008 年成立的人民联盟的成员党，替代阵线的斗争经历为后来反对党走向联合积累了重要经验，在2008 年大选和 2013 年大选中，人民联盟都取得了不错的成绩，马来西亚政治朝着两线制的方向发展。但就在这个时候，由于伊斯兰教党执意推行伊斯兰刑法，2015 年 6 月 16 日人民联盟瓦解，此事也导致伊斯兰教党分裂为开明派和保守派。2015 年 6 月，开明派在伊斯兰教党的党选中落败，于是另组"新希望运动"，并申请成立"进步伊斯兰教党"，却被社团注册局驳回申请。此后，开明派接管了一个小党——"马来西亚工人党"，改名为"国家诚信党"，于 2015 年 9 月 16 日正式成立。9 月 22 日，国家诚信党、人民公正党和民主行动党宣布组成"希望联盟"，取代"人民联盟"。

第二节 族群政治的形成（1957 年以前）

一 马来亚联合邦的独立

1945 年 8 月 15 日，日本宣布投降，盟军随即在马来亚实行军政统治。1946 年 1 月 22 日，英国政府正式公布了马来亚联邦计划，要将马来亚由间接统治的保护国变为直接统治的殖民地，进一步加强对马来亚的控制。因此，这一时期成立的政党大多与摆脱英国殖民统治有关。1946 年 5 月 11 日，全马来亚马来民族大会在新山召开第三次会议，决议成立马来民族统一机构（即"巫统"），推举拿督·翁为主席。巫统成立的主要目的是唤起以马来人为中心的民族主义，联合马来人的力量，共同反抗英国政府提出的马来亚联邦。巫统是马来半岛上首个代表全体马来人权益的政党，因此得到大多数马来人的支持和拥护。1946 年 8 月 2 日，代表马来亚印度人权益的马来亚印度人国大党正式成立。1949 年 2 月 27 日，宣称代表和保障华人权益的马来亚华人公会正式成立。马来亚的三大族群都成立了自己的政党，为马来西亚族群政治的形成奠定了基础。随着亚洲各国民族解放运动的蓬勃发展和马来亚人民民族自治意识的增强，马来亚独立的呼声一浪高过一浪。马来亚各派政治力量重新组合，民族独立运动日趋高涨。

作为马来人政党的巫统，是马来亚最主要的政党，在马来亚政治发展进程中发挥着举足轻重的作用。基于对本国民族构成特殊性的认识，巫统领导人逐渐认识到，如果想长期在本国执政，与非马来族政党合作是个非常不错的选择。拿督·翁企图将巫统改组为多元族群政党，遭到失败后退出巫统，另外组建马来亚独立党。1951 年东姑·拉赫曼就任巫统主席后，实行同华人政党马华公会和印度裔政党印度人国大党合作执政的基本政策，这种想法在 1952 年的吉隆坡议会选举中首次尝试并取得了成功。1952 年巫统和马华公会正式组成联盟，1954 年 12 月印度人国大党加入该联盟，至此马华印联盟党正式成立。在此后的多届大选中，融合了三大种族的马华印联盟党都获胜并联合执政。

经过马来亚人民的不懈努力和斗争，英国殖民政府于 1955 年 7 月举行联合邦立法议会选举，马华印联盟党获得 52 个选举席位中的 51 席，联盟党在这届选举中取得了绝对优势，1955 年 8 月 4 日联盟党作为执政党组成新政府。虽然马来亚联合邦享有自治权，但并不是一个独立的国家。

以东姑·拉赫曼为首的马来亚联合邦政府代表团多次同英国政府谈判马来亚的独立问题，英国政府意识到殖民统治在马来亚难以继续维持。1957 年 1 月 7 日，英国殖民部宣布与东姑·拉赫曼达成两项协议。一项是英国与马来亚国防协议，英国协助马来亚国防及武装部队的事务；另一项是英国与马来亚经济援助协议，英国为马来亚政府对付马来亚共产党和发展经济提供援助。1957 年 8 月 31 日，英国最终同意马来亚联合邦在英联邦内独立，英国女王代表葛罗斯特公爵亨利王子在吉隆坡默卡迪体育场将英国交还统治权的诏书交给东姑·拉赫曼，东姑·拉赫曼随后发表了独立宣言。东姑·拉赫曼是马来亚独立后的首任政府总理。

马来亚联合邦的独立，结束了英国在马来半岛的殖民统治，马来亚的历史发展进入了一个全新的阶段。8 月 4 日，马来亚各邦统治者选举国家元首，威望最高的柔佛苏丹因年事过高无意参选，且没有出席统治者会议，森美兰州统治者东姑·阿卜杜勒·拉赫曼以 8 票当选马来亚联合邦独立后的首任国家元首，雪兰莪州苏丹希沙慕丁·阿兰·沙当选副国家元首。9 月 17 日，马来亚联合邦加入联合国。10 月 12 日，英国和马来亚联合邦签署防卫及相互协助条约，英国协助马来亚的对外国防事务，并协助训练马国军队，允许英国陆军、海军、空军驻守马来亚军事基地；当马来亚和英国在远东的领土，包括北婆罗洲、沙捞越和文莱遭到侵略时，双方负有相互协助的义务。

二 《马来亚联合邦宪法》的颁布

1956 年 3 月 9 日，英国宣布成立一个宪法委员会，负责起草马来亚自治宪法，英国人李德任委员会主席，此外还包括 4 名委员。不久，李德宪法委员会委员访问马来半岛各城市，听取人民关于宪法起草的意见。华人社团提出的意见主要有：在马来亚出生者，皆自动成为公民；所有公民享有政治、经济和教育的平等权；将马来文、华文、泰米尔文和英文作为官方语言。巫统和马华公会组成的联盟党提出：独立后在马来亚出生者自动成为公民；将马来文和英文作为官方语言；保留马来人特权。1957 年 2 月 20 日，李德领导的宪法委员会在伦敦和吉隆坡同时公布了宪法草案报告书。1957 年 6 月 27 日，马来亚各邦统治者在吉隆坡集会，同意接受新宪法。7 月 3 日新宪法以白皮书方式公布，并在 7 月 11 日举行的马来亚联合邦立法委员会上获得通过，7 月 31 日英国国会两院也通过马来亚联合邦独立法。

1957 年 8 月 27 日，《马来亚联合邦宪法》正式颁布，四天后生效。该宪法的主要内容如下。

在联合邦政府结构方面，马来亚联合邦为议会君主制立宪制国家。最高元首为国家政治、军事和宗教的最高领袖，由统治者会议从全国 9 个州的苏丹中根据资历挑选，按内阁意见行事，同时须保障马来人的特殊地位，任期为 5 年且不得连任。国会由参议院（上议院）和众议院（下议院）组成，由众议院多数党领袖组织内阁并出任政府总理。众议院议员共有 100 名，由各个选区选举产生。参议院议员共有 38 名，其中 16 人由最高元首直接任命，其余的 22 人由议会选举产生。国家司法系统由 1 名首席法官以及最高法院、经议会确认的各级法院组成。最高法院主要负责解释宪法和处理州与州之间的矛盾。各州的首脑是苏丹或州长，行政长官由州务大臣或首席部长担任，每两届大选的间隔不能超过 5 年。

在公民权方面，不在联合邦出生，但在 8 月 31 日独立日前居住于联合邦者，应具有取得公民权之资格；所有联合邦公民可取得英联邦的公民权；英联邦的公民在取得马来亚联合邦的公民权后，须放弃原先的国籍并宣誓效忠马来亚联合邦。

在马来人的特权方面，规定由最高元首来评估，而非由国会评估。伊斯兰教是官方宗教，不是国家宗教。马来亚联合邦是个世俗的国家，人民有信仰宗教的自由。不同意在国会中使用华语和印度语。[①]

1963 年马来西亚组建后，1957 年通过的《马来亚联合邦宪法》中代议选举的基本原则没有改变。1957 年宪法奠定了独立后马来西亚政治发展的基础，执政党与在野党在历届大选中的角逐，构成了马来西亚政治发展的主线。

第三节　联盟时代的政治（1957～1969 年）

一　独立初期的政治发展

从 1957 年马来亚联合邦独立到 1969 年大选，政府主要在探索本国三大族群——马来人、华人、印度裔联合民主执政的方法。在马华印三党联合执政期间，联盟党具有绝对优势，其他任何一个政党的影响力都无法与联盟党相比。与此同时，联盟党近乎绝对的政治权力滋生了许多腐败现象。

1959 年，马来亚联合邦举行独立后的首届全国大选，马华印联盟党拿下了 104 个国会议席中的 74 席，仍然占据绝对优势，但是和 1955 年横扫各党的成绩相比有明显的下滑，国会得票率更是从 80% 下降到 51.8%。伊斯兰教党在本届选举中取得了明显的进步，获得 13 个国会议席，国会得票率为 21.3%，成为国会最大的反对党，还取得了在吉兰丹州和丁加奴州的执政权。在其他反对党中，马来亚人民社会主义阵线（简称"社阵"）获得 8 个国会议席，人民进步党获得 4 席。

1964 年，马来西亚举行第 2 届全国大选，马华印联盟党赢得 104 个国会议席中的 89 席，国会得票率为 58.5%，相比上届选举有了一定回升。伊斯兰教党获得 9 个国会议席，得票率是 14.6%，社阵的得票率是 16.1%，超过了伊斯兰教党，但是只获得了 2 个国会议席，和伊斯兰教党相比有明显差距，因此伊斯兰教党仍然是最具实力的反对党。此外，人民进步党获得 2 个国会议席。

---

① 陈鸿瑜：《马来西亚史》，台北：兰台出版社，2012，第 288 页。

二 马来西亚联邦的组建以及新加坡的退出

1957 年马来亚联合邦从英联邦独立后，英国继续统治着新加坡、文莱、沙巴和沙捞越 4 个地区，因此英国的殖民统治还没有完全结束。未独立的 4 个地区和马来亚联合邦具有相似的历史背景和族群结构，因此它们有与马来亚合并的基础与客观条件。马来亚联合邦的独立，标志着马来亚人民重新掌握了决定本地区命运的权利，为马来亚联合邦与新加坡、沙巴、沙捞越合并创造了有利条件。1961 年 5 月 27 日，东姑·拉赫曼总理在新加坡外国记者协会的宴会上首次提出了马来亚联合邦与新加坡、文莱、沙巴和沙捞越联合组建"马来西亚联邦"的想法。但是，拉赫曼的这种设想并没有得到其他各方的积极回应。

1948 年新加坡与马来亚联合邦分离后，单独成为英国的殖民地，受英国政府的直接管辖，最高执政者——总督由英王委任。1953 年，英国政府任命由乔治·雷德尔主持的委员会制定新的宪法草案。1955 年举行选举，产生了由劳工阵线领导人戴维·马歇尔担任首席部长的政府。1956 年，马歇尔和英国政府就新加坡自治进行谈判，双方在安全问题上分歧较大，谈判失败后马歇尔提出辞职。1957 年，马歇尔的继任者林有福终于和英国政府达成了协议，新加坡接受了一部同意新加坡自治的宪法。根据这部宪法的规定，1959 年 5 月举行首届普选，杰出政治家李光耀领导的新加坡人民行动党赢得 51 个议会议席中的 13 席，成立了以李光耀为总理的新一届政府。虽然新加坡获得了自治权，但仍属于英国殖民地和英联邦的成员。

新加坡宣布自治后，刚执政的李光耀就意识到了新加坡在政治稳定和经济发展方面遇到的困难，他领导的人民行动党还深受左派势力的挑战，为了联合更强大的力量巩固政权，李光耀开始思考拉赫曼关于组建马来西亚联邦的提议，认为这项提议是可行的。人民行动党内部就新加坡是否加入马来西亚联邦存在分歧，在议会辩论中支持李光耀的人占了大多数，在 1961 年 9 月关于这个问题进行的公民投票中，71% 的选民支持新加坡加入马来西亚联邦。

沙巴和沙捞越最初属于文莱苏丹国，1840年英国人詹姆斯·布鲁克参与镇压沙捞越人民反对文莱苏丹的起义后，沙捞越脱离文莱的统治自立为国。1888年，沙捞越和文莱苏丹先后成为英国的保护国。二战期间，日本占领了文莱、沙巴和沙捞越地区，二战后英国恢复了在这些地区的殖民统治。20世纪50年代，这三个地区虽然都是英国的殖民地，但也逐渐开始向民选自治政体过渡。拉赫曼总理提出组建马来西亚联邦的设想时，由于这三个地区的政治和经济发展明显落后于西马地区，因此对于是否加入马来西亚犹豫不决。1961年7月，婆罗洲政治领导人召开第一次会议，史称"亚庇会议"，文莱、沙巴、沙捞越三个地区的领导人宣布不能接受组建马来西亚联邦的计划。在后来召开的马来亚－婆罗洲小组会议上，婆罗洲领导人同意组建"马来西亚团结协商委员会"，全面审查马来西亚联邦计划，文莱只派出观察员参加。①

1961年8月，马来亚联合邦总理拉赫曼与新加坡人民行动党领袖李光耀举行会谈，并达成原则协议，为后来马来亚政府与英国的谈判打下了基础。谈判各方组织了英马委员会，专门调查婆罗洲人民的意见。该委员会在沙巴和沙捞越调查两个月后，同意婆罗洲与马来亚合并，但提出在合并前要有7年的过渡期，马来亚对于过渡期持不同意见。1962年7月31日，拉赫曼与英国政府协商后决定，1963年8月31日英国将新加坡、北婆罗洲和沙捞越的权力移交给新成立的马来西亚联邦，鉴于东马和西马在社会经济发展过程中的不平衡，拉赫曼同意英国政府成立一个双边政治委员会，在宪法上保障婆罗洲三个地区的特殊利益。根据各方达成的协定，新加坡、沙巴和沙捞越均以州的名义并入马来亚联合邦，组成新的马来西亚联邦。英国以前与马来亚联合邦签订的防务互助协定扩大到新组建的马来西亚，英国政府有权继续使用在新加坡的军事基地。

阿扎哈里领导的文莱人民党的政治目标是后来独立的文莱、沙巴和沙捞越三个州组成一个联邦，他还向印度尼西亚寻求支持。1962年12月7日，文莱发生叛乱，阿扎哈里自封为"北加里曼丹国"总理，英国军队

---

① 马燕冰、张学刚、骆永昆编著《马来西亚》，社会科学文献出版社，2011，第120页。

随后镇压了这场叛乱。由于文莱苏丹享受不到马来半岛其他苏丹的政治地位，也不愿意与其他各州分享石油收入。1963 年 6 月，各方代表到伦敦谈判文莱问题，这次谈判没有达成各方都能够接受的协议，由于种种原因文莱最后没有加入马来西亚联邦。

马来西亚联邦成立后，印尼和菲律宾公开表示反对。由于印尼在加里曼丹的达雅克人和沙捞越的达雅克人都生活在婆罗洲上，且在族属划分上属于同一种族，印尼认为沙捞越应该属于他们国家的版图。此外，苏加诺还认为英国主张成立马来西亚有包围印尼的色彩，因此苏加诺强烈反对马来西亚的成立。菲律宾总统马卡帕加尔则认为，沙巴是菲律宾的领土，也反对马来西亚的成立。1963 年 6 月，马来亚、菲律宾、印尼三国外长举行会谈，同年 7 月又在马尼拉举行三国首脑会议，还是无法解决分歧。1963 年 8 月，印尼官方宣布断绝与马来亚的一切经济关系，并与马来亚对抗。不久，拉赫曼、苏加诺和马卡帕加尔举行三方会谈，一致同意邀请一个联合国小组来调查婆罗洲人民对于成立马来西亚的态度，一个月后联合国小组提交了支持成立马来西亚的调查报告，拉赫曼决定马上成立马来西亚联邦。

1963 年 9 月 16 日，经过各方政治势力的谈判和妥协，马来西亚联邦正式成立，包括马来半岛的 11 个州、新加坡、沙巴和沙捞越。拉赫曼因在马来西亚成立过程中做出的巨大贡献，被尊称为马来西亚的"国父"。9 月 17 日，拉赫曼总理宣布与印尼和菲律宾断绝外交关系，1966 年苏哈托上台后，印尼与马来西亚的关系才实现正常化，同年菲律宾总统马科斯也努力改善与马来西亚的关系，随后双方同意恢复两国的外交关系。

马来西亚联邦成立后，由于各种族在政治、经济、教育等方面存在巨大差异，新加坡与马来西亚联邦的矛盾不断激化。李光耀领导的人民行动党以华人为主，而且属于激进的社会主义政党，不仅与拉赫曼领导的马来人分歧很大，即使与马华公会的华人也有隔阂和纠纷。此外，拉赫曼政府无法满足李光耀过多的政治诉求，对新加坡加入马来西亚后国内政局的不稳定深感痛苦，这违背了他希望新加坡的加入有助于马来西亚政治稳定的初衷，拉赫曼在经过深思熟虑后要求新加坡退出马来西亚联邦。1965 年 8 月，新加坡宣布脱离马来西亚，建立新加坡共和国。

三　1969 年大选以及 "5·13" 事件

1969 年 5 月 10 日，马来西亚举行第 3 届全国大选，各政党竞争激烈，联盟党指责伊斯兰教党与泰国南部的马来亚共产党有联系，并且批评伊斯兰教党 1959 年执掌吉兰丹州政权后对该州经济发展毫无建树。联盟党还批评民主行动党是一个华人政党，从新加坡获取人民行动党提供的资金。伊斯兰教党和民主行动党指责联盟党得到美国中央情报局的资金援助，随后东姑·拉赫曼到伊斯兰教堂对着《古兰经》发誓表示绝无此事。

在这届选举中，民主行动党和民政党、人民进步党结成竞选联合阵线，共同对抗执政的联盟党。虽然民主行动党标榜是多元族群的政党，但主要党员是华人，其政纲是 1967 年 7 月 29 日在吉隆坡附近的文良港发表的 "文良港原则宣言"，反对种族歧视，主张将马来西亚建成一个多元族群、多元语言和多元宗教并存的社会，联盟党批评民主行动党是一个反马来人特权及反马来人的族群政党。民政党是 1968 年由知识分子和政客组成的政党，政客主要包括从联合民主党和马来亚劳工党转过去的党员。民政党是一个主张跨族群的政党，虽然赞成宪法中有关马来文的地位，但主张应该合法使用所有语言。人民进步党反对马来人特权，主张多元语言并存。

大选结果揭晓后，联盟党获得 144 个国会议席中的 74 席，国会得票率是 48.4%，赢得的国会议席和国会得票率均为举行选举以来的最差结果。民主行动党和民政党取得了辉煌战绩，成了这届选举的主角，分别获得 13 个和 8 个国会议席，得票率分别为 13.7% 和 8.6%。伊斯兰教党强调马来人的利益和特权，试图将自己塑造成马来人的代表，获得了 12 个国会议席，国会得票率是 23.8%，可谓在这届选举中取得了突破性的成绩。尽管民主行动党和民政党在本届选举中大放异彩，但伊斯兰教党仍然是最有影响力的在野党。沙巴民族统一机构（简称 "沙统"）获得 13 个国会议席，沙捞越国民党获得 9 席，沙捞越人民联合党获得 5 席，人民进步党获得 4 席。

这届选举不仅是民主行动党和民政党的胜利，更是马来西亚独立以来反对党的胜利，对马来西亚的政局有深远的影响。1969 年 5 月 11 ~ 12 日，支持民主行动党和民政党的华人在吉隆坡举行庆祝游行活动，在经过巴陆马来人住区时，游行民众的情绪逐渐高涨。13 日，一些激进的巫统党员认为华人的行为过于嚣张，于是雪兰莪州务大臣拿督·哈伦在吉隆坡的官邸商讨对策，集结近千名巫统党员和巫统青年团团员，当天下午反对党游行队伍行进到拿督·哈伦在吉隆坡的官邸叫嚣，与愤怒的马来人发生严重的暴力冲突，3 名华人当场被打死。冲突很快从吉隆坡蔓延到其他地区，混乱局面持续了半个月。这场冲突最终被军警所镇压，但造成了极其严重的生命和财产损失，共有 196 人在这次冲突中死亡，367 人受伤，37 人失踪，9143 人被警方拘捕及被法庭起诉，许多华人的店铺和住宅遭到纵火和抢劫。①"5·13"事件发生当晚，总理东姑·拉赫曼立即宣布雪兰莪州进入紧急状态。5 月 14 日，最高元首宣布马来西亚全国进入紧急状态，暂时停止国会民主。15 日，拉赫曼在巫统激进强硬派的压力下，咨请最高元首成立以敦·拉扎克为主任的全国行动理事会，负责国家政务决策机构，实际上拉扎克接管了全国权力。马来西亚独立以来，曾发生数起马来人和华人的种族冲突事件，如 1965 年初在吉隆坡、1967 年 11 月和 1969 年 4 月在彭亨等地爆发的小规模冲突，这些冲突都因影响较小而未受到重视。但"5·13"种族冲突事件由于影响巨大，成为马来西亚国家发展史上一个重要的事件。

第四节　威权时代的政治（1970 ~ 1998 年）

一　"5·13"事件后的马来西亚政局

1969 年是马来西亚政治发展史上一个非常重要的转折点，标志着马来西亚由一个相对温和的民主政体转向一种威权政体。马华印联盟党的领

---

① 马燕冰、张学刚、骆永昆编著《马来西亚》，社会科学文献出版社，2011，第 125 页。

导人平息这场骚乱后，拉扎克颁布了《紧急法令》，大肆抓捕参与这场政治骚乱的人，可以不经过法律审判直接将参与这场动乱的嫌疑人关进监狱，逮捕了许多反对党的领导人。

1970 年 8 月 31 日，最高元首公布国家原则，重申伊斯兰教是马来西亚的官方宗教，要求人们效忠元首，维护国家宪法，不谈论敏感话题。"5·13"事件后，逐渐出现对于拉赫曼政府的质疑声，国民对政府的信任度逐渐降低，并导致 1970 年 9 月 21 日拉赫曼下台，拉扎克于当天接任总理一职，并于 1971 年正式当选为巫统和联盟党主席。为避免"5·13"事件的悲剧重演，1971 年 2 月 19 日拉扎克宣布结束全国行动理事会在非常时期的统治，重新恢复民选议会。在不久召开的国会上通过了宪法修正案，禁止在国会内外公开讨论可能招致种族冲突或不信任政府的问题，否则被认定为非法煽动罪。此外还规定，禁止质询 1957 年宪法中有关国语、马来人特殊地位、马来统治者地位、主权和公民权等的条文，取消国会议员在议会内的言论不受司法约束的权力，赋予最高元首直接谕令大专院校给马来人和土著居民一定比例的名额的权力。这些宪法修正案的通过和实施进一步扩大了马来人的特权，对公民的言行也做出了相对严格的要求，《国内安全法》和《警察法令》等明确规定不许人们谈论关于民主政治的话题，因此这一时期马来西亚民主政治的发展相对沉寂，实际上政府开始了威权政体的尝试。

虽然"5·13"事件的导火索是 1969 年全国大选后华人政党的庆祝游行，但其根源是长期以来马来人和华人两大族群在经济政治发展上的不平衡。为了提高马来人的生活水平和社会地位，从 70 年代开始马来西亚政府开始推行为期 20 年（1971～1990 年）的"新经济政策"，主要目标是扶持马来人，消除贫困，重组社会，将马来人的股权占有率从 1970 年的 2.4% 提高到 1990 年的 30%。政府通过行政干预手段推行"新经济政策"，深刻影响着马来西亚社会经济的发展与变化。

二 "国民阵线"的成立以及 1974 年大选

马华印联盟党在 1969 年大选中的受挫，暴露了执政联盟结构的脆弱，为了巩固联盟党的执政基础，联盟党探索了一条与较大反对党联合组织州政府和中央政府的道路。1970 年，联盟党与沙捞越人民联合党联合组成沙捞越州政府；1972 年，联盟党与人民进步党联合组成霹雳州政府；1972 年，联盟党与民政党联合组成槟榔屿州政府；1973 年，联盟党与伊斯兰教党联合组成州和中央政府。联盟党与上述几个反对党联合组建州和中央政府的尝试，为"国民阵线"的成立奠定了基础。

马华印联盟党开始考虑未来的竞选策略，根据拉扎克的提议，1974 年 6 月 1 日，联盟党和一些反对党组建的"国民阵线"正式注册，取代之前的马华印联盟党。国阵成员主要由两部分组成：以前属于联盟党成员的巫统、马华公会、印度人国大党；以前属于反对党的伊斯兰教党、民政党、人民进步党、沙捞越人民联合党、沙巴巫统、沙华公会、沙捞越土著保守党。

国阵的政治主张是消除贫困，在种族和谐、团结的基础上建立一个和平、廉洁、公平与繁荣的马来西亚。国阵的各成员党平时仍然独立存在，只在大选前联合竞选。国阵的最高执行机构是国民阵线最高理事会，由各成员党主席组成，定期研究国内外形势，据此制定相应的政策，负责处理成员党之间以及成员党与国阵之间的关系。国阵的领导层成员主要有主席和秘书长，长期以来分别由巫统主席和巫统署理主席担任。

国民阵线成立后，执政党阵容庞大且实力雄厚，巩固了执政党的地位，大大提高了执政党对于全国政局的控制能力，最大限度地削弱了反对党的力量，马来西亚进入了一个以巫统为核心的多党联合执政的新时期，在一定程度上确保了国家政局的基本稳定。在国阵的成员党中，巫统占首要地位，国阵的成立进一步巩固了巫统在马来西亚执政联盟的核心地位，巫统在国阵中一党独大的局面由此形成。相对于联盟党时期，马华公会和印度人国大党的地位有所下降，马华公会从联盟党时期的第二大党变为多党联盟中的大党之一。

1974 年，马来西亚举行第 4 届全国大选，国民阵线组建后首次参选便取得了辉煌成绩，赢得 154 个国会议席中的 135 席，总得票率为 60%，其中巫统获得 61 席，伊斯兰教党获得 13 席。反对党方面，民主行动党获得9席，沙捞越国民党也获得9席，民主行动党继续保持国会主要反对党的地位。

三 吉兰丹州危机与1978年大选

虽然伊斯兰教党在1974年加入以巫统为首的国阵，但伊斯兰教党与巫统的政治分歧并未因此而消除，两党关系因巫统企图分裂伊斯兰教党而变得越来越紧张。1974年大选后，伊斯兰教党继续拥有在吉兰丹州的执政权，拉扎克总理支持伊斯兰教党的拿督·穆罕默德·纳西尔（Datuk Mohamad Nasir）出任吉兰丹州务大臣。由于纳西尔与时任伊斯兰教党主席阿斯里属于不同的派系，纳西尔在执政期间实行倾向于巫统的政策，并揭发阿斯里在担任吉兰丹州务大臣时滥用权力和账目不清楚，无情打击阿斯里派系，两人的矛盾变得不可调和。1977年，阿斯里纠集其支持者在吉兰丹州议会通过不信任动议强迫纳西尔下台，并将其开除出伊斯兰教党。后来，这两位伊斯兰教党领导人之间的政治斗争逐渐演变成两人支持者之间的政治暴乱，联邦警察进入吉兰丹州，并宣布戒严。在关于"解散州议会并实行紧急状态法的议案"中，伊斯兰教党国会议员投了反对票，国阵威胁将开除伊斯兰教党。1977年12月，伊斯兰教党宣布退出国阵，重新作为反对党存在。

吉兰丹州危机是伊斯兰教党发展史上的转折点，给伊斯兰教党未来的政治带来了极大的负面影响。这次危机造成了伊斯兰教党内部的分裂，纳西尔在被伊斯兰教党开除后，在巫统的支持下带领自己曾在伊斯兰教党的支持者成立了马来西亚"伊斯兰教阵线"，伊斯兰教党的实力严重削弱，开始走向衰落，在接下来几届选举中的成绩都很差，还失去了曾经获得的在吉兰丹州的执政权。吉兰丹州危机标志着同属马来族的两大政党联盟的结束，伊斯兰教党长期以来在马来人心目中树立的维护马来人利益的形象也受到损害。此外，巫统为了拖垮伊斯兰教党，甚至彻底消除伊斯兰教党的威胁，决定与刚成立的伊斯兰教阵线暂时结成联盟，共同对付伊斯兰教党。伊斯兰教党面临的形势极其严峻，直到1999年大选时才重新崛起，取代民主行动党成为国会最大反对党。

1978 年，马来西亚举行第 5 届全国大选，国阵赢得 154 个国会议席中的 130 席，其中巫统获得 69 席。反对党方面，民主行动党获得 16 席，吉兰丹州危机后伊斯兰教党退出国阵，这届选举也以反对党身份竞选，只获得 5 个国会议席，民主行动党成为国会最大反对党。

四 马哈蒂尔当权

1976 年 1 月 15 日，副总理敦·侯赛因·奥恩接替病故的敦·拉扎克出任马来西亚第三任总理。1981 年 2 月 7 日，敦·奥恩到英国进行心脏绕道手术，5 月 15 日宣布因健康原因不再担任巫统党主席和总理的职务。在 6 月 26 日召开的巫统大会上，马哈蒂尔在没有竞争对手的情况下，当选巫统新任党主席和政府总理。马来西亚进入马哈蒂尔时代。

马哈蒂尔，全名马哈蒂尔·宾·穆罕默德，1925 年 12 月 20 日生于马来西亚吉打州首府亚罗士打，1946 年加入马来民族统一机构（巫统），开始了他漫长的政治生涯。1981 年起马哈蒂尔担任马来西亚总理长达 22 年，对马来西亚的政治稳定和经济发展做出了杰出贡献。马哈蒂尔在国际上也有良好的口碑，是一位杰出的政治家。他倡导温和的伊斯兰教和儒家文化，主张把马来西亚建成一个多元种族和多元宗教和谐、伊斯兰教与现代化并存的世俗国家。

马哈蒂尔上台之后，马来西亚的政治逐渐由民主转向了威权，同时由于巫统的内部斗争，马来西亚的政治充满了变数，各方都开始利用各种政治斗争手段来实现自己的利益。这一斗争让更多的非马来人拥有参与其中的机会，也正是他们的参与意愿使得巫统内部产生了分裂。[①]

1982 年 4 月 23 日，马来西亚举行第 6 届全国大选，国阵获得 154 个国会议席中的 132 席，较上届减少 2 席，其中巫统获得 70 席。反对党获得 22 席，其中民主行动党获得 9 席，伊斯兰教党获得 5 席。80 年代初期，马来西亚的经济发展十分缓慢甚至停滞不前，1985 年还出现独立以来从未出现过的负增长。企业倒闭和工人失业的现象非常普遍，金融市场

---

① 龚晓辉等编著《马来西亚概论》，世界图书出版广东有限公司，2012，第 210 页。

混乱，社会动荡不安。

马哈蒂尔执政期间作风强势，时常与副总理慕沙·希塔姆发生争执。1986年2月7日，慕沙·希塔姆因与马哈蒂尔之间不可调和的矛盾而提出辞职。马哈蒂尔立即主持召开巫统最高会议，要求慕沙·希塔姆撤销辞职意向，并派人前往伦敦劝说，3月14日慕沙·希塔姆仍宣布辞去副总理职务，但表示继续担任巫统副主席。

1986年8月3日，马来西亚举行第7届全国大选，国阵获得177个国会议席中的148席，其中巫统获得83席。国阵在大选前攻击伊斯兰教党和激进伊斯兰主义的措施奏效，伊斯兰教党派出98人参选，却只获得1个国会议席，这是独立后伊斯兰教党的最差成绩。民主行动党获得24席，在反对党中可谓一枝独秀。国阵中的华人政党马华公会获得17席，少于民主行动党，主要原因是马华公会在保障华人权益方面的政策没有完全落实。

马哈蒂尔上台后加强了对媒体的控制，限制媒体报道自由。1984年颁布的出版及印刷法规定，马来西亚对新闻媒体采取事后审查制，如果政府认为报道内容有偏差，将以吊销执照的方式加以处罚。此外，还规定新闻媒体的执照每年换发一次。1987年12月5日，国会通过1984年新闻出版法的修正案，授权内政部长禁止或限制被认为有可能造成公共舆论惊慌的出版物的出版或进口，内政部亦可基于道德、安全、公共秩序、国家利益以及与外国的关系，限制出版物。若编者、印刷者、出版者恶意出版错误消息，可判处3年以下有期徒刑或罚款2万林吉特或二者并罚。马来西亚和新加坡的出版物，须每年申请出版准许证，无论是申请新准许证还是废止旧准许证，内政部都有最后决定权，不得以任何理由向任何法庭上诉。12月7日，国会又通过广播法，授权新闻部长控制和监督电台以及电视广播内容，吊销违反广播法的私人公司的执照。印刷新闻与出版法规定，新闻和出版机构须每年申请准证，若刊发"恶意消息"，将遭到停刊或限制发行的处罚。

马来西亚宪法规定，为了安全和公共秩序而依法限制言论和学术自由。例如，叛乱法限制谈论敏感的种族和宗教问题。2002年5月，伊斯兰教党党报《门争报》主编因刊载 1999 年安瓦尔审判案被罚款 5000 林吉特。6 月，反对党领袖林吉祥及其党员因散发文件批评马哈蒂尔宣称马来西亚是一个伊斯兰教国家而遭到逮捕。2002 年，政府要求所有公务员、大学教师和学生签署一项忠效国家元首和政府的宣誓书。在马来西亚，大学教师发表反政府言论有可能遭到解雇。①

虽然宪法规定人民有集会结社的权利，但政府经常严加限制。社团法规定，唯有登记且经许可的 7 人以上的团体才算合法。2002 年国会通过违反选举法修正案，规定人民在选举前、选举中和选举后提及种族或宗教等敏感问题，可被判处免除其选举的角色或 5 年内禁止参加选举，违反该法者最高可判处 5 年以下有期徒刑和 5 万林吉特罚款。

五 巫统的分裂与新巫统的成立

1987 年 4 月，巫统举行选举，马哈蒂尔与东姑·拉沙里竞选党主席职位，马哈蒂尔获得 761 票，拉沙里获得 718 票，马哈蒂尔以微弱多数获胜继续担任党主席。为了削弱党内反对派势力，马哈蒂尔在连任巫统主席后采取果断措施，清除各级巫统组织中担任要职的反对派人物，担任贸易及工业部长的拉沙里也被迫辞职。反对派以部分巫统支部没有注册为由向法院提出上诉，要求宣布这次选举结果无效，巫统的分裂公开化。巫统的部分基层组织没有注册就直接参加选举触犯了社团注册法令，1988 年 2 月 4 日最高法院宣判巫统为非法组织，1987 年 1 月 24 日召开的第 38 届巫统大会及其选举也被宣布无效。最主要的执政党被宣布为非法组织，这是马来西亚独立以来遭遇的最严重的政治危机。

以马哈蒂尔为首的主流派申请注册"新巫统"获得批准，1988 年 2 月 15 日"新马来民族统一机构"（简称"新巫统"）正式成立。马哈蒂尔相继任职新巫统主席、国阵主席和政府总理，他以果断的措施应对这场政治危机，政局逐渐稳定下来。1989 年 5 月，以拉沙里为首的反对派获准成立"四六精神党"，原先的巫统分裂为新巫统和四六精神

---

① 陈鸿瑜：《马来西亚史》，台北：兰台出版社，2012，第 446 页。

党两个政党。四六精神党宣称以 1946 年巫统成立时党纲的基本精神、斗争宗旨、组织与活动原则等为准绳，故名。四六精神党成立后成了新巫统的主要竞争对手之一，但并没有实质性地威胁到新巫统的执政地位。1996 年，从巫统分裂出去的四六精神党重返新巫统后新巫统恢复了"巫统"的名称。①

六　削弱最高元首和州统治者的权力

1963 年通过的宪法赋予马来西亚国家元首相当大的权力，马哈蒂尔上台后不顾 1969 年修宪后不得谈论限制统治者地位的规定，试图限制国家元首的权力，使国家元首不具有实权，只具有象征性的权力，并按照内阁的建议履行职务。

1983 年 8 月，马哈蒂尔总理向国会提出以下五项修宪动议：①将国会议席从 154 席增加到 176 席；②规定国会议员在被定罪或上诉失败的 14 天后自动丧失议员资格，若请求宽赦，其资格则于请求被拒绝后宣告丧失；③废除所有民事案件向英国枢密院上诉的途径，并将目前的联邦法院改名为"最高法院"，为马来西亚的最高上诉法院；④由总理负责颁发紧急命令，向国家元首提出征询意见；⑤规定任何法案提呈给国家元首 15 日后，将被视为法案已获得批准，这项法案于 15 日自动成为法律，也适用于各州议会所通过的法案。②

这一修宪动议有削弱国家元首权力的意图，因此国家元首和统治者会议都拒绝批准。最后双方都做出一些让步，修宪案仍然保留了国家元首的一些权力。1984 年 1 月，国会召开的特别会议通过了新的修宪案，恢复了由国家元首颁布紧急状态令的规定，同时恢复了州统治者拥有拒签州议会通过法案的权力。

1991 年，马哈蒂尔公开批评州统治者将个人利益置于国家利益之上，指责州统治者从事商业活动和干涉政府合约。1992 年 2 月，马哈蒂尔提

---

①　刘稚：《东南亚概论》，云南大学出版社，2007，第 105 页。
②　陈鸿瑜：《马来西亚史》，台北：兰台出版社，2012，第 422 页。

呈一份"宪法原则公告"给各州统治者,虽然这份公告没有法律约束力,但限制各州统治者权力的意图很明显。1992 年 11 月,一位曲棍球教练因惹怒柔佛苏丹而遭其殴打,苏丹拥有皇室免诉权而不受法律约束。1993年初,马来西亚政府提出修宪案,剥夺州统治者的刑事免诉权。后来政府做出了一些让步,规定在未获检察长的特别同意下,不得将州统治者移送法院。1993 年 3 月,国会以压倒性多数通过修宪案,取消各州统治者的法律豁免权等特权。3 月 10 日成立特别法庭,由联邦法院首席法官担任主席,另由 2 名高等法院的首席法官和统治者会议任命的 2 名现任或曾任法官组成的四名法官协助,负责审理所有州统治者包括国家元首的刑事案件和民事案件。但是,马来西亚各州统治者只接受本国公民的起诉,不接受外国人的起诉,其解释是联邦宪法并没有授权外国人起诉州统治者。1994 年 5 月国会再度修宪,进一步限制国家元首的权力,取消国家元首请求国会重审法案的权力,另外还规定世袭统治者必须根据政府的建议履行职务。

七 马来亚共产党的解体

马来亚共产党成立于 1930 年 4 月,是马来西亚历史上最早成立的政党。日本占领马来亚后,马来亚共产党组建了马来亚人民抗日军,旨在抵抗日本侵略者。日本占领者坚决打击马共的发展,为此还提出了"马来亚人的马来亚",引导马来亚人民协助其打击马来亚共产党。日本的这一策略收到了一定效果,部分马来人组成的武装力量帮助日本打击马来亚共产党。英国在二战后重返马来亚,为了防止共产主义思想的蔓延,英国殖民者宣布马来亚共产党为非法组织,大肆抓捕共产党人,马来亚共产党被迫转入地下活动。马来亚共产党试图发动一场革命,以成立"马来亚人民共和国",但这一革命失败了。[①]

1960 年,马来亚共产党的主力部队共约 3000 人撤至马来亚和泰国边

---

① 常永胜:《马来西亚社会文化与投资环境》,世界图书出版广东有限公司,2012,第37 页。

境泰方一侧的亚拉、陶公、宋卡、北大年四个府的丛林中，以求休养生息。这里各种政治力量交织，民族矛盾错综复杂，马来亚共产党巧妙地迂回于这些矛盾之间，在夹缝中求生存。他们尽量避免与马、泰两国地方军政的正面冲突，还协助泰国政府打击国土分裂集团，并在当地开展群众工作，这就使当时颇得泰国边境地区民心的马来亚共产党得以在泰国的领土上生存 20 多年。

1982 年泰国陆军第四军制订出征剿马共的"泰南安宁第 11 号计划"，消灭马共是其计划的第二阶段。泰军攻陷了马共 3 个团的团部，占领了 17 个连、营级营地及生产基地。不久，一些马共高层领导人纷纷响应泰国官方提出的 3 项政策，放弃了武装斗争。1989 年 12 月 2 日，泰国政府、马来西亚政府和马来亚共产党三方在泰国南部的合艾市签署了两项关于在泰、马边境地区和马来西亚境内停止一切武装活动和实现和平的共同协议，政府最终通过签署合艾协定的方式瓦解了马来亚共产党。1990 年 10 月，马来西亚政府又与北加里曼丹共产党的最后一批武装人员签订协议，结束武装斗争，实现国内和平。

此后，巫统和国阵进一步巩固了执政地位，稳定的政治局面带动了 90 年代马来西亚经济的腾飞。

八 80 年代末 90 年代初马来西亚的发展

经过 1985 年的经济衰退和 1988 年巫统被宣布为非法组织的政治危机之后，马来西亚的政治和经济都进入了顺利发展时期。90 年代初期政局稳定，经济持续高速增长，巫统和国民阵线的执政地位更加巩固。

政治方面，新巫统建立健全党内组织机构，大力发展新党员，不断巩固执政地位。新巫统每年召开一次全国代表大会，每三年改选一次中央机构。新巫统由中央最高理事会、州联络委员会、区部（按国会选区划分）和支部四级组成。最高理事会由 25 人组成，下设政治局、经济局、财政局、教育局、文化和社会福利局、宗教局、劳工和公会事务局。此外，还设立纪律委员会、新闻与选举联络委员会。以马哈蒂尔为首的新巫统在经历了 80 年代末的政治危机后，变得更加团结，大力发展新党员以壮大自

身力量，执行较为宽松务实的政治、经济、社会政策，社会矛盾缓和。到
1991 年 10 月，新巫统已有大约 170 万名党员，分布在全国 9000 多个基层
组织中。①

经济方面，坚决执行政府的各项经济政策，随着国际经济形势的好
转，大量外资企业到马来西亚投资。1987 年之后马来西亚的经济开始复
苏并迅速发展，90 年代初的年经济增长率超过 8%，1990 年的经济增长
率高达 9.8%。马来西亚政府先后制订了一系列中长期经济发展计划，主
要有第六个马来西亚五年计划（1991～1995 年）、第二个马来西亚远景计
划纲要（1991～2000 年）和 "2020 宏愿"（1991～2020 年），鼓励全国
人民努力奋斗，到 2020 年力争把马来西亚建设成一个先进的工业化国家。

外交方面，马来西亚在国际事务中反对霸权主义和强权政治，维护本
国和亚太地区其他发展中国家的利益，倡导建立公正合理的国际政治经济
新秩序，得到许多发展中国家的赞同，在国际上的威望不断提高。

1988 年 10 月 28 日，新巫统召开全国代表大会，决定在 1990 年 12 月
前不举行换届选举，以保持中央领导层的稳定性。1990 年 12 月 1 日，新
巫统举行首次中央机构改选，马哈蒂尔和法尔·巴巴分别蝉联主席和署理
主席。1990 年，马来西亚举行第 8 届全国大选，原国民阵线成员党沙巴
团结党选择加入 "人民阵线"，由民主行动党、伊斯兰教党、四六精神党
和沙巴团结党四个主要反对党组成的 "人民阵线" 在大选中挑战以巫统
为核心的国民阵线。国阵获得 180 个国会议席中的 127 席，其中新巫统获
得 71 席。反对党方面，民主行动党获得 20 席，沙巴团结党获得 14 席，
从巫统分裂出来的四六精神党获得 8 席，伊斯兰教党获得 7 席。虽然巫统
和国阵的表现都不如上届大选，巫统减少了 12 席，国阵减少了 13 席，反
对党获得的国会议席由 29 席增加到 53 席，四六精神党还帮助伊斯兰教党
获得了吉兰丹州的执政权，沙巴州也由反对党执政，但总体上来说，国阵
的优势依然很明显，任何一个反对党都无法撼动国阵的执政地位。1990
年大选后，国阵在一些政策上进行了调整，比如对华文学校实行开放政

---

① 马燕冰、张学刚、骆永昆编著《马来西亚》，社会科学文献出版社，2011，第 133 页。

策。此外，90 年代上半期马来西亚在经济方面取得了令人瞩目的成就，外交方面也有了很大的改善，国阵的执政地位更加巩固。

1993 年，新巫统再次举行中央机构换届选举，马哈蒂尔再次蝉联主席，财政部长、曾担任巫统副主席的安瓦尔·易卜拉欣以绝对优势当选署理主席，并出任副总理，成为马哈蒂尔的接班人。在这届新巫统大会上，一大批年轻党员进入领导层，为将来权力的顺利交接和过渡做好了准备。1995 年 4 月，马来西亚举行第 9 届全国大选，国民阵线取得压倒性胜利，获得 192 个国会议席中的 161 席，其中新巫统获得 88 席，同时获得 394 个州议会议席中的 338 席，取得了除吉兰丹州之外的 12 个州的执政权。反对党方面，民主行动党获得 8 席，沙巴团结党获得 8 席，四六精神党获得 6 席，伊斯兰教党获得 7 席，主要反对党获得的议席比较平衡，这在马来西亚历史上是非常罕见的。

1996 年 5 月巫统欢庆建党 50 周年之际，四六精神党决定集体回归巫统，这标志着 80 年代末巫统分裂后重新统一，巫统的统一有助于马来西亚政局的稳定和社会安宁。1996 年 10 月，新巫统举行第三次中央机构改选，马哈蒂尔和安瓦尔分别连任主席和署理主席。在这次新巫统换届选举中，马哈蒂尔发表了抨击金钱政治的演说，明令所有候选者禁止竞选拉票活动，违反者即失去竞选资格，这项措施对保持新巫统的稳定和加强新巫统的建设有积极作用。马哈蒂尔走向他从政生涯的巅峰，被人们称为马来西亚的"工业化之父"，安瓦尔被认为是马哈蒂尔最适合的接班人。

第五节　两线制的形成（1999 年至今）

一　东南亚金融危机与"安瓦尔事件"

（一）东南亚金融危机

90 年代前期，马来西亚的经济连续几年保持高速度增长，然而 1997 年 7 月东南亚金融危机的爆发，打断了马来西亚经济良好发展的势头。林吉特汇率和股市价格大幅度下跌，随之而来的是物价暴涨、企业倒闭、工人失业。这是马来西亚独立以来遭遇的最严重的经济打击，马来西亚的政局也因此发生深刻变化。

马来西亚政府在金融危机爆发初期采取多项措施遏制货币汇率和股价下跌，采纳国际货币基金组织提出的紧缩经济政策，但这些政策都无法稳定金融市场和振兴宏观经济。1998年，经济严重衰退的局面仍然没有得到扭转，货币汇率和股票价格继续下跌，内需和投资急剧缩减，1998年第一季度马来西亚的经济衰退2.8%，第二季度和第三季度更是分别衰退6.8%和9%，各个经济部门都出现衰退。经济不景气带来了一系列社会问题，国民收入减少，贫困率上升，林吉特的贬值还影响到国民接受留学教育的能力。

（二）"安瓦尔事件"

1998年9月初发生的"安瓦尔事件"是继东南亚金融危机后对马来西亚政局影响最深远的事件，不仅震撼了马来西亚朝野，也引起了东盟甚至国际社会的极大关注。"安瓦尔事件"在国内引发的骚动和政改运动，曾使马来西亚陷入严重的政治危机之中，马来西亚与一些国家的关系也变得紧张起来。

1998年9月2日下午，马来西亚副总理兼财政部长安瓦尔仍像往常一样主持财政部的内阁汇报会议，下午4点左右离开会议室。当天晚上8点，马新社和电台突然同时宣布了总理署的简短声明，称安瓦尔已被革除马来西亚副总理和财政部长的职位。马来西亚政府在未对革职原因做任何解释的情况下，革除了副总理兼财政部长安瓦尔的一切行政职务。次日深夜，马来西亚主要执政党巫统宣布撤销安瓦尔署理主席的职务，并开除其党籍。①

9月3日，媒体公开报道"安瓦尔事件"的相关内容，指责安瓦尔曾涉及同性恋、企图引诱他人妻子、与各族妇女有不正当关系、接受6000万林吉特的贿赂等。此外，警方还透露安瓦尔曾利用职权阻挠和干预司法调查，警方拟将此案的调查报告提交律政司署，革职不久的安瓦尔面临随

① 廖小健：《世纪之交马来西亚》，世界知识出版社，2002，第103~104页。

时随地被逮捕的危险。随后,与安瓦尔关系较密切的 6 人(好友万能企业攻关执行董事拿督·那拉、前机要秘书莫哈末·兹敏、义弟苏玛、《伊斯兰教季刊》前编辑慕纳华等)先后被捕。9 月 20 日下午,安瓦尔分别在吉隆坡国家伊斯兰教堂和群众集会上发表两轮演讲,他的支持者和警方发生严重冲突,场面非常混乱。当天晚上 10 点多,警方以涉嫌扰乱公共秩序、非法集会和制造骚动等罪名将安瓦尔逮捕,检控方起诉安瓦尔犯有 10 项刑事罪,具体为 5 项舞弊罪和 5 项非自然性行为罪,这在信仰伊斯兰教的马来西亚是一项不可原谅的严重罪行。后来检控方修改指控罪,将舞弊罪改为 4 项滥权舞弊罪。

11 月 11 日,有关安瓦尔的指控罪在吉隆坡最高法院开庭审理,这次审判历时 77 天,法官先后召集 40 多名证人在法院供证,1999 年 4 月 14 日法院才做出最终判决,判定安瓦尔 4 项滥权舞弊罪名成立,入狱 6 年,刑期从当天起算。按照法院的判决,安瓦尔直到 2005 年 4 月 14 日才能结束服刑,并且按照马来西亚的法律规定,安瓦尔在出狱后 5 年内不准担任国家公职。1996 年 6 月 7 日开始审判安瓦尔的非自然性行为罪,经过 100 多天的审讯和 31 名证人的指证,2000 年 8 月 8 日法院认定指控罪成立,须坐牢 9 年。该项罪名连同此前滥权舞弊罪判决的 6 年,安瓦尔共须服刑 15 年。2001 年 4 月法院开审安瓦尔另外 4 项非自然性行为罪和 1 项滥权舞弊罪,但 5 月 12 日主控官高级副检察司阿沙哈要求撤销对安瓦尔的 5 项控状。不久,法官奥克斯丁·保罗正式宣布撤销安瓦尔未被审讯的 5 项控状。至此,有关安瓦尔指控罪的审讯全部结束,安瓦尔须在监狱服完前两次判决生效的刑期。

对安瓦尔案的审判,因审判时间之长、传召证人之多、案件的复杂程度和影响力之大,成为马来西亚司法史上最复杂的刑事案件之一,因此被媒体称为"世纪大审判"。在"安瓦尔事件"审判期间,几乎每天都有公众人士和一些国际人权组织的工作人员来法庭聆听审讯。安瓦尔被捕后,又传出他被强行注射艾滋病针的传闻,后来在审判时左眼瘀血发黑,据他自己说在被捕的当晚被警察殴打,后来安瓦尔的辩护律师还指出安瓦尔的尿液中含有可能导致慢性死亡的砒霜,这起事件引起轩然大波,安瓦尔的人身安全也成为人们和媒体关注的焦点。[1]

关于安瓦尔突然被革职和开除出党的原因，众说纷纭，学术界主要有三种解释。[2]

1. 道德品行问题

"安瓦尔事件"发生之初，马来西亚政府和巫统都没有正面回应事件发生的原因，只是媒体披露与性丑闻和贪污贿赂有关。直到 9 月 8 日，马来西亚总理兼巫统主席马哈蒂尔才首次回应"安瓦尔事件"，他明确指出对安瓦尔革职是由于安瓦尔的个人道德品行问题。早在 1997 年，有关诋毁安瓦尔的匿名信已经散播到全国各地。1998 年 6 月，卡立查菲里撰写了《安瓦尔不能当总理的 50 个理由》，该书在重复匿名信相关内容的同时，还将安瓦尔与谋杀、外国间谍和推翻总理的阴谋联系在一起。马来西亚警方在对《安瓦尔不能当总理的 50 个理由》一书进行调查后，也认为安瓦尔存在同性恋和性丑闻等问题。此外，警方还发现安瓦尔的好友万能企业攻关执行董事拿督·那拉经常随从安瓦尔出国访问，并且拥有安瓦尔的详细资料，这可能为犯罪分子所利用，严重危害到国家安全。警方还发现了安瓦尔受贿 6000 万林吉特和另有私生子等问题的线索。

据一些媒体透露，在安瓦尔被革职和开除出党之前，马哈蒂尔总理已经开始对安瓦尔牵涉性丑闻问题展开调查，有 7 名证人分别供证安瓦尔存在非法性行为，马哈蒂尔认为安瓦尔的道德问题很严重，不适合继续担任副总理和财政部长，曾经三次要求安瓦尔辞职。

2. 经济政策分歧

安瓦尔被革职和开除出党发生在 1997 年东南亚金融危机爆发后，这与马来西亚当时严峻的经济形势有密切关系。马哈蒂尔总理和安瓦尔副总理在经济政策方面存在严重分歧，这也是"安瓦尔事件"爆发的重要原因之一。

---

[1]　廖小健：《世纪之交马来西亚》，世界知识出版社，2002，第 106 页。

[2]　关于"安瓦尔事件"爆发的原因，主要参考暨南大学东南亚研究所廖小健教授的研究成果，参见廖小健《世纪之交马来西亚》，世界知识出版社，2002，第 107～112 页。

东南亚金融危机爆发后，关于经济停滞不前的原因以及如何恢复和发展经济方面，马哈蒂尔和安瓦尔逐渐产生分歧。马哈蒂尔认为货币投机是金融危机爆发的主要原因，安瓦尔却认为金融危机并非完全是由货币投机造成的，而是马来西亚的经济出了问题。在应对金融危机的具体措施方面，安瓦尔采纳国际货币基金组织的提议，主张通过紧缩经济措施来恢复经济。但马哈蒂尔总理倾向于实行经济扩张政策，并逐步加强国家对经济的行政干预。

马哈蒂尔和安瓦尔在经济复苏政策方面的分歧越来越大，1998 年 6 月马哈蒂尔任命敦·达因为总理署特别任务部长。敦·达因在 80 年代中期曾经担任马来西亚财政部长，成功带领马来西亚扭转经济衰退的颓势，他主张通过大幅度降低税收来刺激国内外的投资，东南亚金融危机爆发后，他认为应该通过降低利率和举借外债恢复和发展经济。马哈蒂尔任命前财政部长，无疑是对安瓦尔经济策略的不满。安瓦尔的经济主张被摒弃的同时，权力也被逐渐削弱。

东南亚金融危机爆发后，马来西亚拒绝接受国际货币基金组织的援助，马来西亚资金的异常缺乏，成为推行经济扩张计划的最大障碍。1998 年 7 月，马来西亚政府批准通过到外国发售政府债券筹措资金，但在该筹资团出发前，穆迪和标准普尔两家信用评估机构将马来西亚的债券信用等级降低了三级，向外筹集资金的计划落空。面对严峻的经济形势，马哈蒂尔主张通过采取激进的经济措施筹集资金，进而稳定经济。

1997 年东南亚金融危机爆发前，马来西亚的经济保持着 7.6% 的高增长率，1998 年第一季度经济下降 2.8%，第二季度经济下降 6.8%。面对经济形势的急剧恶化，采取新措施恢复经济已是刻不容缓。安瓦尔的权力和经济主张影响了马来西亚政府新政策的推行。在要求安瓦尔辞职未果后，马来西亚政府在 1998 年 9 月 2 日罢黜安瓦尔，并宣布固定汇率、降低存贷款利率和准备金率等。

3. 政治原因

1997 年东南亚金融危机爆发后，受金融危机影响的不少国家政局动荡，印度尼西亚还发生了深刻的社会革命，执政 32 年之久的苏哈托政权垮台，震动了全世界，也给与印尼属于同一族系的马来人敲响了警钟。社会上要求追究经济责任和进行社会改革的呼声很高，被限制参加政治活动的大学生提出修改教育法令、允许大学生参加政治活动；巫统青年团和民主行动党先后指出马来西亚国营企业私营化中的裙带问题，将矛头直接指向马哈蒂尔总理；部分青年团体与印度尼西亚的团体有联系甚至有引进印尼革命的势头。马来西亚的政局面临着诸多危机和挑战。

马来西亚政府原定于1999年全国大选后进行党政领导交班，但1999年马来西亚的经济并没有出现复苏的迹象，马哈蒂尔总理担心这时退位有逃避经济责任的嫌疑，继任者可能会把经济衰退的责任归咎于自己。此外，安瓦尔还被怀疑"曾与大学生商讨重振政治计划课题"，是"外国代理人"等，马哈蒂尔总理最终决定将安瓦尔革职并逮捕。

安瓦尔被革职和开除出党的消息传出后，在马来西亚和国际社会都引起了极大的关注，"安瓦尔事件"一时成了各国媒体追踪报道的热点新闻，许多国家和国际人权组织的代表要求旁听对安瓦尔的审判，国际社会非常关注对安瓦尔的判决，在法院的判决结果公布后，菲律宾总统埃斯特拉达和新西兰外长等一些国际政要也为安瓦尔"鸣不平"。

二 "替代阵线"的成立及1999年大选

（一）反对党建立联合阵线的探索和失败

马来西亚是一个议会制君主立宪制国家，由全国大选的多数党组阁执政。1957～1973年由以巫统为首的马华印联盟党执政，1974年以后由以巫统为首的国民阵线执政，以巫统为首的政党联盟长期执政是独立后马来西亚政治发展的重要特征。虽然马来西亚的政党较多，政党活动也比较活跃，但各自为政的反对党根本无法撼动联盟党或国阵的执政地位，独立后联盟党或国阵赢得了历届大选。因此，反对党要有效地挑战执政党甚至上台执政，就必须建立反对党联盟，集中力量联合对抗联盟党或国阵。

反对党建立联盟的探索和尝试很漫长，早在1957年2月，马来亚劳工党就与伊斯兰教党、人民党、人民进步党、霹雳国民协会、马来同盟等反对党商讨建立反对党联盟的联合阵线，后因政治主张上的分歧，其他政党纷纷退出，只剩下劳工党和人民党组建了社会主义阵线，社阵在1959年大选中获得了8个国会议席，在反对党中仅次于伊斯兰教党的13席，成为国会的主要反对党之一。

1964年大选前，国民议会党、国民党、社阵、民主联合党和新加坡人民行动党再次筹建反对党联合阵线，因政见分歧和席位分配方面的矛盾无法达成协议，最终只有国民议会党加入了由劳工党和人民党组成的社阵。社阵在1964年大选中只获得了2个国会议席，大选后不久，迫于国内政治形势的变化，社阵宣布解散，反对党建立联合阵线的尝试宣告失败。

1974年国民阵线成立时，伊斯兰教党、民政党和沙捞越人民联合党等有影响力的反对党选择加入国阵，执政联盟的总体实力进一步提升，反对党力量严重削弱。1986年大选期间，伊斯兰教党与国家主义党、社民党、工人党、人社党等反对党组成松散脆弱的阵线，反对党阵线在这届选举中没有取得预期的效果，伊斯兰教党只获得了1个国会议席，没有加入反对党阵线的民主行动党独得24席，成为国会最大反对党。

1987年党选后巫统分裂，马哈蒂尔注册成立"新巫统"，拉沙里另外组建四六精神党。1990年大选期间，由四六精神党与伊斯兰教党、伊斯兰教阵线、哈民党联合组成"伊斯兰教人民团结阵线"，再由四六精神党与民主行动党、人民党、印度人前进党、马来西亚统一党等组成"人民运动阵线"，这两个阵线联合对抗国阵，四六精神党是这两个阵线的核心政党。在这届选举中国阵获得127个国会议席，仍然具有绝对优势。反对党方面，民主行动党获得20个国会议席，伊斯兰教党获得7席，四六精神党获得6席。

1992年，"人民阵线"正式向政府注册，成员党有四六精神党、民主行动党、印度人前进党、人民党、马来西亚统一党、哈民党和马来西亚印裔伊斯兰教徒党。在这个反对党联盟中有两个阵线，即"伊斯兰教人民团结阵线"和"人民运动阵线"。拉沙里领导成立的人民阵线被寄予厚望，被认为是马来西亚政治转型的标志，有望改变国阵垄断政权的局面。但人民阵线的成员党之间意识形态差异很大，伊斯兰教党主张建立一个伊斯兰教国，民主行动党则主张建立一个多元种族的世俗国家。此外，四六精神党内部出现分裂，1995 年 1 月 25 日民主行动党宣布退出人民阵线。1996 年 10 月 6 日，拉沙里解散四六精神党，20 多万党员重回巫统。

（二）反对党联盟——"替代阵线"的成立

1999 年大选前，"安瓦尔事件"所引起的群众上街示威游行的现象时有发生，且有愈演愈烈的迹象，参加游行的示威者除了学生、农民、知识分子，甚至还有政府公务员和巫统党员，警察的逮捕和镇压也无法阻止政治骚动的不断发生，甚至还有一些激进的游行队伍设路障、烧垃圾、破坏提款机，马来西亚政局的动荡前所未有。

早在 1998 年 9 月 "安瓦尔事件"爆发之初，反对党公开表示支持安瓦尔，谋求与安瓦尔及其支持者联盟。在安瓦尔被革职之后，伊斯兰教党主席法兹诺、人民党主席胡申阿里、民主行动党秘书长林吉祥等反对党领袖先后看望并慰问安瓦尔。安瓦尔被捕后，为了最大限度地声援安瓦尔，主要反对党和非政府组织迅速成立了"人民正义运动"和"人民民主阵线"两个联合阵线。1998 年 12 月，安瓦尔的夫人旺·阿兹莎宣布成立"社会公正运动"后，也公开表明要与"人民正义运动"和"人民民主阵线"合作。1999 年 4 月 4 日国家公正党成立时，伊斯兰教党、民主行动党等国内主要反对党都派出代表见证了该党的成立。国家公正党主席旺·阿兹莎再次表示愿意与其他反对党合作，主要反对党加快了联盟的步伐。

伊斯兰教党、民主行动党、国家公正党和印度人民党经过多轮协商和谈判，于 1999 年 6 月最终决定在大选中联盟，共同组成"替代阵线"。替阵倡导政治改革、民主、公正和正义，反对"朋党"、"裙带"和贪污腐败，联合攻击马哈蒂尔总理，并要求其下台。替阵是由主要反对党联合组成的联系较为紧密的反对党联盟，在大选中通过一对一（候选人）的政治策略全面对抗国阵，在华人聚居区由民主行动党对抗马华公会和民政党，在马来人聚居区由伊斯兰教党对抗巫统，在混合选区由公正党对抗国阵其他党派。反对党联盟旨在取代国阵上台执政，马来西亚政治呈现出了向两线制发展的迹象。

（三）1999 年全国大选

国阵除了要面对反对党联盟——替阵的挑战之外，还面临着经济负增长和巫统内部的分裂等问题。到 1999 年，韩国、泰国和印度尼西亚等其他受经济危机影响的国家的经济都开始恢复增长，但马来西亚 1999 年第一季度的经济指标仍然是负增长，主要出口产品价格的下跌以及国内消费需求的萎缩使马来西亚的经济雪上加霜。此外，"安瓦尔事件"使巫统内部元老派与少壮派之间的分歧和矛盾逐渐公开化。大多数巫统党员思想混乱，有一些巫统党员甚至退党加入伊斯兰教党和公正党。总之，国阵在这次选举中将面临诸多挑战。

国阵在 1999 年大选中的目标主要有两个：一是继续保持国会 2/3绝对多数席位；二是夺回伊斯兰教党执政的吉兰丹州政权。替阵在这次选举中的主要目标是否决国阵在国会议席中的 2/3 多数，将马哈蒂尔赶下台，夺取北部几个州的政权乃至夺取全国政权。国阵和替阵为了实现各自的政治目标，在大选前分别提出了自己的竞选策略，并展开了激烈的竞争。

1999 年 11 月 30 日，马来西亚第 10 届全国大选的结果公布，国阵获得 193 个国会议席中的 148 席，反对党联盟替代阵线获得 42 席，其中伊斯兰教党获得 27 席，民主行动党获得 10 席，国家公正党获得 5 席，替代阵线之外的反对党沙巴团结党获得 3 席。在这届选举中，国阵掌握了国会3/4 以上的席位，实现了执政联盟控制国会 2/3 绝对多数席位的预期目标，马哈蒂尔再度以多数党领袖身份蝉联总理。

1999 年大选中，虽然国阵在经历了"安瓦尔事件"和政治、经济危机的负面效应后继续执政，但大选后马来西亚的政局发生了深刻的变化。相比于上届选举，国阵的国会议席减少 13 席，州议席更是减少 60 席。在这届选举中，巫统不仅没有从伊斯兰教党手中夺回吉兰丹州政权，还失去了执政多年的丁加奴州政权。反对党获得的马来人选票超过了 50%，巫统仅仅获得了 47% 的马来人选票。这届选举表明，马来人选民不再一边倒地支持巫统，马来选民倒向伊斯兰教党使巫统在伊斯兰教事务中的领导地位和权威开始动摇。伊斯兰教党成了这届大选最大的赢家，赢得的国会议席比上届整整多了 20 席，获得的州议席也比上届多出了 65 席，不仅取得了在吉兰丹州和丁加奴州的执政权，还成为国会第一大反对党。

三　马哈蒂尔辞职以及巴达维接管政权

1999 年 1 月 8 日，马哈蒂尔改组内阁，阿卜杜拉·巴达维出任副总理兼内政部长，完成了对接班人的安排。在 2002 年 6 月 22 日巫统召开年会之前，马哈蒂尔就向巫统高层领导和他的好友表达过隐退的意愿，不过他们都希望马哈蒂尔能够继续领导马来西亚政府。

2002 年 6 月 22 日，马哈蒂尔在巫统代表大会致闭幕词时，突然宣布辞去巫统和国阵主席职务，主要原因是他认为自己无法将马来人改造成为一个有尊严、受尊重的民族，所以他向马来人道歉，他说："我祈祷在马来族中能够出现一位有能力改变马来人态度的领袖，让马来人塑造成功的文化，取得更大的成就。"他宣布辞职时热泪盈眶，说道："由于他把将近一生的时光奉献给巫统，因此有感而发，当众落泪。离别是一件伤感的事……我伤心因为我四分之三的人生是在党内度过，现在要做出（隐退）决定，是伤心的事。也因为我已老了，会比较情绪化。"[①] 当时会场的 2000 多名巫统代表感到非常震惊，部分巫统领导人还纷纷上前挽留，在巫统高层的说服下，尤其是在贸易工业部部长拉菲达跪求后，他打消了辞职念头。30 分钟后巫统署理主席兼内阁副总理巴达维当众宣布马哈蒂尔接受众人挽留，继续担任党和国家职务。

6 月 25 日，巫统举行最高理事会，在研究确保权力平稳过渡的相关安排后，对外宣布马哈蒂尔预定在 2003 年 10 月 24～25 日"伊斯兰教会议组织"高峰会召开前休假两个月，届时副总理巴达维将接任马来西亚总理、巫统及国阵主席职务。2003 年 11 月初，马哈蒂尔顺利将权力移交

---

① 陈鸿瑜：《马来西亚史》，台北：兰台出版社，2012，第 491 页。

给巴达维，马来西亚政权平稳过渡。马哈蒂尔总理的辞职引起国内外各大媒体的普遍关注。

巴达维延续马哈蒂尔既定的内外政策，同时加强政府机构整顿和廉政建设，强调全民分享政治权力和经济发展成果，受到民众普遍欢迎和支持。[①] 巴达维上台后，提出"现代伊斯兰教"一词，用以解释他执政的宗教理念。现代伊斯兰教追求的是进步的伊斯兰教思想，包含了吸取知识和追求经济发展等原则。

四 2004 年全国大选

2004 年 3 月 21 日，马来西亚提前举行第 11 届全国大选，这是巴达维接替马哈蒂尔就任马来西亚总理后首次带领国阵参加大选。本届大选不仅对巴达维的政治生涯是个考验，对马来西亚政局同样具有重要意义。超过1500 名各政党候选人角逐 219 个国会议席和 505 个州议会议席，获胜的政党将组建政府。国阵在这届大选中大放异彩，共赢得 219 个国会议席中的 199 席以及 505 个州议席中的 452 席，取得历届大选的最好成绩。反对党整体表现欠佳，民主行动党获得 12 个国会议席，伊斯兰教党的表现更是惨淡，仅仅获得了 6 个国会议席，不仅失去了在 1999 年大选中刚获得的丁加奴州政权，就连执政多年的吉兰丹州也只是以微弱优势取胜（伊斯兰教党赢得吉兰丹州 45 个议席中的 24 个，国阵获得了 21 个议席）。

尽管在本届选举中国阵取得了压倒性胜利，但在大选前舆论却普遍认为总体形势对巴达维和执政联盟不利，来自反对党的挑战也不容忽视。之所以会有这样的预测和判断，一方面是由于替代阵线在上届选举中的成绩令人刮目，尤其是伊斯兰教党的崛起；另一方面巫统自身陷入一些负面新闻的困扰。巫统遭遇的负面新闻主要有以下三点。

一是巫统与伊斯兰教党在各州的争夺非常激烈。伊斯兰教党在 1999年 11 月举行的全国大选中，不仅获得在吉兰丹州和丁加奴州的执政权，还取代民主行动党成为国会最大反对党。该党不仅希望能获得更多穆斯林

---

① 刘稚：《东南亚概论》，云南大学出版社，2007，第 105 页。

选民的支持，还力图在本届大选中扩大自己的权力范围。二是"贿选风波"冲击着巴达维和国阵。大选开始前几天，伊斯兰教党的一名候选人指责2名巫统党员试图用10万林吉特（约合2.6万美元）贿赂他，要求他放弃候选人资格，这对巴达维和国阵极为不利。三是巴达维的儿子经营的公司在2003年10月被牵扯进一桩国际核走私交易中，这也有可能成为反对党的谈资。

尽管巫统以及国阵遇到了上述三点麻烦，但凭借着总体上的优势，国阵依然取得大胜，伊斯兰教党在上届大选中的光芒可谓昙花一现，从高处落入低谷。出现这种结果的原因主要有以下几点。

1. 巴达维采取有力措施，赢得了人民对他本人及其政府的信赖和欢迎

巴达维与前总理马哈蒂尔实现政权的顺利交接，保持了社会的稳定及经济的发展。在马来西亚政坛，巴达维奉公守法、清廉正直的形象众所周知。他担任总理后采取严厉措施打击贪污腐败行为，革除司法舞弊。2003年底，马来西亚加入了联合国反贪污公约，随后筹建国家公共道德学院，在警察系统建立忠诚委员会，监督执法和司法领域的违法行为，倡导建立一个廉洁和高效的政府新形象，大力健全高效、透明的政府管理机制。

马哈蒂尔在1998年革职查办安瓦尔，国内外舆论一片哗然，伊斯兰教党坐收渔翁之利，成为国会第一大反对党，巫统和国阵也遭遇严重的执政危机。2004年9月12日，巴达维释放了被羁押6年的前副总理安瓦尔。巴达维上台后，充分利用政府和执政党主导舆论的优势，坚决回击伊斯兰教党，呼吁公民认可并拥护巫统倡导的"文明伊斯兰"。

此外，国阵候选人严阵以待，不给反对党可乘之机。巴达维希望国阵旗下的所有候选人不涉及任何经济问题，所有有机会代表国阵参加本届大选的候选人都要经过巴达维的深入调查和了解。

2. 国阵的竞选宣言颇有针对性

国阵在大选前提出"迈向卓越、辉煌、昌盛的马来西亚"，誓言实行经济发展战略，进一步提高人民的生活水平。在伊斯兰教党执政的吉兰丹州和丁加奴州，国阵承诺将创造更多的就业机会，给贫民提供经济援助

等。这些措施对经济发展停滞不前的两州选民颇具吸引力。

"9·11"事件爆发后，为了反击伊斯兰教党想利用极端宗教思想换取穆斯林支持的策略，2002年10月31日巴达维主持召开"文明伊斯兰思想研讨会"，制定了巫统以文明伊斯兰对抗伊斯兰教党的极端宗教思想的竞选策略。2004年1月30日巫统又推出了"文明伊斯兰与伊斯兰国行政"，以此对抗伊斯兰教党提出的伊斯兰教国纲领。文明伊斯兰理念以发展为核心，重点突出公正、廉洁、和谐的原则，体现了温和的伊斯兰主义形象，这与伊斯兰教党激进的宗教思想形成了非常鲜明的对比。在国际反恐的大背景下，巴达维提出的文明伊斯兰理念得到了大多数穆斯林的认可。

3. 伊斯兰教党的极端政策引起了选民的质疑

1999年大选后伊斯兰教党崛起，成为国会最大的反对党。伊斯兰教党误认为其建立伊斯兰教国的目标获得了广大选民的认可，因此将伊斯兰理念和法律引入其执政的吉兰丹州和丁加奴州。1999年大选以后，伊斯兰教党署理主席哈迪·阿旺担任丁加奴州州务大臣，为了全面推行伊斯兰原则，具体实践伊斯兰教国，哈迪·阿旺在丁加奴州推行一系列伊斯兰化政策，比如颁布禁酒令，男女必须分开理发，购物付款时男女也需分开排队，主张实施伊斯兰教刑事法，向华商抽取特别税等，全力捍卫伊斯兰教。

伊斯兰教党向华商抽取特别税，不仅引起了巫统以及国阵华人政党的强烈反对，还招致了替阵内部其他政党的指责，民主行动党秘书长郭金福曾指出，坚决反对丁加奴州政府向非穆斯林抽取特别税的措施。实施伊斯兰教刑事法是伊斯兰教国的主要标志之一，为了在丁加奴州推行伊斯兰教法，2001年丁加奴州议会通过了六项伊斯兰教法令，一年后州议会又通过了《伊斯兰教刑事法》。伊斯兰教党本来希望通过推行伊斯兰化政策在马来人心中树立起正统、纯正伊斯兰教代言人的形象，却不料极端的伊斯兰教宣传不仅使穆斯林感到困惑，更使非穆斯林感到非常恐惧和不安，伊斯兰教党为这项欠妥的政策付出了沉重的代价，最终导致在2004年的大选中惨败。

4. 有利的外部环境

巴达维担任马来西亚总理后，向外界展示了他"刚柔并济、灵活务实"的外交风格，重视发展与中国的友好关系，并逐步化解马哈蒂尔在位期间与美国的矛盾，成功开创了马来西亚外交的新局面。

随着 21 世纪以来中国经济的腾飞，巴达维深刻认识到华人对马来西亚政治稳定和经济发展的重要性，出于华人与中国联系较为紧密的考虑，巴达维采取比马哈蒂尔时期更灵活、更宽松的华人政策。在2005 年中国传统佳节春节期间，巴达维返回华人聚居的槟城给父老乡亲拜年，给华人留下了良好的印象。巴达维宣布降低华商应缴税额、增加政府补贴、增加给华人学校的拨款、允诺重新审核华文学校改用英语授课问题。巴达维十分重视中马关系，分别在 2003 年 9 月就任总理前和 2005 年 5 月 31 日中马建交 30 周年纪念日期间，两次来华访问中国，并称马来西亚应该学习中国发展的经验。巴达维 2005 年访华是其 2004 年赢得大选后第一次出访非东盟国家，充分表明中国在马来西亚外交战略中的重要性。2005 年 8 月，中国与马来西亚签署了《国防与安全合作备忘录》，标志着双方在政治互信和军事合作方面迈上了新的台阶。

马哈蒂尔总理在位期间，美国与马来西亚的关系颇为微妙。巴达维上台后，开始改善与美国的关系。美国陷入伊拉克战争的泥淖后，虐待战囚的丑闻被媒体曝光，布什总统希望美国在伊拉克战场的军事行动能够得到国际社会尤其是伊斯兰国家的支持，巴达维抓住时机于 2004 年 7 月访问美国，承诺马来西亚将参与伊拉克战后重建，并向伊拉克派遣一支医疗队。虽然巴达维在处理对美关系上做出了一些调整，但坚持不结盟原则和维护伊斯兰世界的核心立场并没有改变。此外，巴达维还表示，伊斯兰教只是伊斯兰国家生活的一部分，并没有鼓吹宗教极端主义。巴达维还以不结盟运动主席国的身份指出，冷战后不结盟运动面临新的挑战，必须根据国际形势的发展在政策上做出一些调整，使不结盟运动在国际事务中发挥更重要的作用。经过巴达维的调整，马来西亚与美国的关系趋于稳定，大大改善了马来西亚在国际上的生存环境。

五 2008 年全国大选

2008 年全球经济增长速度明显放缓，巴达维担心物价上涨会影响选情，所以决定提前举行全国大选。本届选举前，国阵打出"安全、和平、繁荣"的竞选宣言，伊斯兰教党用"福利国"口号取代以前的"伊斯兰教国"口号参加竞选，人民公正党提出"破旧立新，迎接新希望"的口号，民主行动党则喊出"改国运，您决定"口号。2008 年 3 月 8 日，马来西亚提前举行第 12 届全国大选，执政党与在野党角逐 222 个国会议席和 505 个州议会议席。3 月 9 日，大选结果揭晓，国阵虽然继续执政，但伊斯兰教党与民主行动党、人民公正党组成的"人民联盟"的得票率高达 46.63%，在国会中取得了不错的成绩。

国阵和反对党在全国范围内的总得票率分别是 50.38% 和 46.63%，但在马来半岛国阵的得票率却低于反对党（国阵是 49.65%，反对党是 50.23%），国阵在东马两州赢取的席位稳固了其执政党地位。国阵在本届选举中赢得 222 个国会议席中的 140 席，比上届大选少 58 席，在历届选举中首次不到 2/3，其中巫统获得 79 席，比上届减少 30 席，马华公会获得 15 席，比上届减少一半，印度人国大党仅获 3 席。反对党共赢得 82 席，其中人民公正党独得 31 席，成为国会最大反对党，民主行动党和伊斯兰教党分别获得 28 席和 23 席。在地方议会选举中，国阵赢得 505 个州议席的 307 个席位，其中巫统获得 239 席，比上届大选减少近 70 席，马华公会和印度人国大党分别获得 31 席和 7 席，反对党共获得 196 席，国阵失去在吉兰丹、吉打、槟城、霹雳、雪兰莪 5 个州的执政权，国阵的 4 名部长、11 名副部长和 7 名政务次长在本届选举中落败。

虽然国阵在 2008 年全国大选后仍然执政，但这届选举结果创造了国阵执政以来的最差成绩。大选结束后民调机构独立中心的调查显示，人民联盟在这届选举中能够取得如此好的成绩并非源自自身强大或者人民公正党领袖安瓦尔的魅力，而是选民对国阵的不满。马来西亚的三个主要族群——马来人、华人和印度人对国阵的支持率都明显下降。国阵在这届选举中失利的原因主要有以下几点。

1. 巫统内部不团结

2004 年 9 月，巴达维通过司法程序释放了被马哈蒂尔罢黜并判刑的前副总理安瓦尔，引起了马哈蒂尔和巫统内部强硬派的不满。后来政府又果断搁置了马哈蒂尔亲自批准的重大基建项目——涉及 38 亿美元的铁路改造工程，在政治经济资源的分配上触犯了巫统内保守派的既得利益，巫统党内很快分裂为以马哈蒂尔和巴达维为核心的两股力量。2008 年 1 月30 日，马哈蒂尔明确要求巴达维让位于副总理纳吉布。在大选前，马哈蒂尔经常公开批评马来西亚政府的经济政策和货币政策。巫统内部不团结是这届选举中国阵失利的内因。

2. 经济和社会原因

马来西亚政府自 20 世纪 70 年代开始实行"新经济政策"，马来人在经济和教育方面都享有一定的特殊待遇，国阵对这些长期推行的政策并未进行适时调整，华人等其他族群认为自己逐渐被边缘化，因此非马来人要求政府对不同宗教和不同族群一视同仁，确保全体公民都享有宪法赋予的平等权利。1990 年国阵以"新发展政策"取代"新经济政策"，虽然表面上淡化了种族间重新分配财富的色彩，注重经济增长和私营化政策，但还是掩盖不了扶持马来人的基本目标。这些经济政策不仅导致不同族群之间的贫富差距加大，即使马来人内部的贫富鸿沟也非常明显，引起了普通民众的不满和抗议。

此外，马来西亚还面临各种社会问题，比如社会治安状况持续恶化、犯罪率逐年上升。由于国际石油市场油价的不断攀升，国内出现通货膨胀，国民担负不起上升的教育费用、医疗费用和租房住房费用等。

3. 伊斯兰教问题

自 2004 年大选以来，非马来人感到他们的生活被日益伊斯兰化，伊斯兰宗教法庭经常拒绝公民改变伊斯兰教信仰的请求。2007 年，拥有马来西亚教育部长和巫统青年团团长双重身份的拿督·希沙慕丁，在巫统年会上演讲时挥舞着手中的马来剑，警告马来西亚的非政府组织不要挑战伊斯兰教的地位，这一举动饱受争议。种族问题一直是马来西亚人民普遍关注的敏感话题，希沙慕丁的舞剑行为将与马来剑有关的种族文化推向舆论的风口浪尖，非马来人对种族主义的抬头感到非常担忧。

"308大选"后，为了惩治这几年迅速增加的腐败案件，重新赢得人民对政府的信任，巩固巫统和国阵的执政地位，巴达维在2009年3月退位之前主要完成了三项改革。第一，成立遴选法官委员会，该委员会以马来西亚联邦法院首席法官为首，还包括1名联邦法院法官、西马首席法官、东马首席法官、上诉庭主席、4名没有官职但被律师公会公认的权威人士。遴选法官委员会有权提呈法官候选人名单，但总理在接到这份名单后还可要求委员会再推荐两名候选人。第二，成立反贪污委员会、反贪污顾问理事会和反贪污特别委员会，遏制腐败蔓延。反贪污委员会以香港廉政公署和澳大利亚反贪污委员会为蓝本，委员长拥有绝对检控权，由总理推荐并由国家元首委任。反贪污顾问理事会是反贪污委员会的咨询机构，向其提供意见。此外，还成立由国会议员和参议员组成的反贪污特别委员会，主要负责监督前两个机构的运作，旨在提高反贪污委员会的公信力和透明度。第三，成立特别投诉委员会，成员由政府部长委任，主要负责监督反贪污委员会委员们的不良行为，并对反贪污委员会的工作提出建议。①

2008年4月14日，马来西亚原副总理安瓦尔被"解禁"，重新获得参选资格。他积极为重返政坛做准备，人民公正党前主席、安瓦尔的妻子旺·阿兹莎于2008年7月31日专门辞职空出国会议席，为安瓦尔重返国会创造机会。8月26日，安瓦尔参加在槟城巴东埔地区的国会议员补选，获胜后正式成为国会议员和反对党联盟的领导人。安瓦尔之所以能够在这次补选中脱颖而出，主要得益于人民联盟倡导改革和振兴经济的宣传，也与他曾经长期担任巴东埔选区国会议员的特殊身份有一定关系。一些媒体认为，安瓦尔重返国会绝非一件小事，有可能改变未来马来西亚的政治版图。但也有一部分人认为，安瓦尔要带领人民联盟取代国阵上台执政是件非常艰难的事。

---

① 马燕冰、张学刚、骆永昆编著《马来西亚》，社会科学文献出版社，2011，第152~153页。

六　纳吉布当选总理

2009 年 3 月 24～28 日，巫统召开最高理事会并进行换届选举，副总理纳吉布不战而胜当选巫统新一届主席，4 月 3 日宣誓就任马来西亚第 6 任总理。纳吉布上任不久即宣布将推行"一个马来西亚"概念，政府将确保各族群共同分享国家发展成果，政府在继续推行扶持马来人的"新发展政策"时必须以功绩作为基础，应避免出现偏重，让马来原住民从中得益。"一个马来西亚"与民主行动党提出的"马来西亚人的马来西亚"概念不同，"一个马来西亚"即根据马来西亚各民族的要求办事，政府的立场、思维和行动皆以马来西亚民族为大前提。其实，纳吉布是在继续推行维持马来人特权的政策，只是稍微强调重视"功绩"，而"马来西亚人的马来西亚"则强调各种族平等，二者有本质区别。

面对国内政局动荡和全球经济不景气的现状，纳吉布掌舵马来西亚后，在多个领域进行了改革和调整。政治方面，提出建立一个高效、清廉、亲民的政府，主张各种族之间团结、相互尊重和信任；重视民生，扩大公民的讨论空间及平台，让全体公民参与国家事务的管理；完善行政监督机制，预防政府滥权行为；人民享有较大的言论和出版自由。经济方面，设立经济顾问理事会，负责向政府提供咨询，并直接向总理汇报工作；亲自任命谙熟经济领域的官员主政财经部门；向民众征询咨询意见并接受民众监督。外交方面，以"搁置争议，共同开发"为原则处理南海问题，积极改善对华关系，加强双边贸易合作。①

七　2013 年全国大选

2013 年 5 月 5 日，马来西亚举行第 13 届全国大选，执政党与在野党角逐 222 个国会议席和 505 个州议会议席。这届选举被认为是马来西亚历史上竞争最激烈的一届大选，执政联盟国民阵线在本届选举中赢得 133 个

---

① 马燕冰、张学刚、骆永昆编著《马来西亚》，社会科学文献出版社，2011，第 156～159 页。

国会议席，其中巫统获得 88 席，马华公会获得 7 席，印度人国大党获得 4 席，民政党获得 1 席，国阵获得继续在马来西亚执政的资格。反对党联盟"人民联盟"获得 89 个国会议席，其中民主行动党获得 38 席，人民公正党获得 30 席，伊斯兰教党获得 21 席，民主行动党成为国会最大反对党。国阵在本届选举中遭到反对党的强烈挑战，所获得的国会议席数比 2008 年大选还要少，未能夺回在上届选举中丢掉的国会 2/3 绝对多数优势。不过，在 5 日同时举行的州议会选举中，国阵在举行选举的 12 个州中赢得了 9 个州的执政权。

受独立初期族群政治运作的影响以及从以巫统为核心的国阵拥有绝对优势的现实考虑，在马来西亚出现英美式两党民主竞争的政治体制基本是不可能的。因此，组建一个融合多种族的反对党联盟与国阵对抗，是马来西亚通向政治民主化的一条可行道路。1999 年主要反对党组建替代阵线，就是对两线制的一种探索和尝试。虽然替代阵线在 1999 年大选中取得了一些成绩，但总体上来说，替代阵线并没有对国阵带来太大挑战，成立不久就因伊斯兰教党和民主行动党在伊斯兰教国问题上的分歧而解体。2008 年成立的人民联盟的三个成员党全都是替代阵线的成员党，前替代阵线成员党印度人民党没有加入人民联盟。所以，人民联盟的主体成员与替代阵线的主体成员是相同的。替代阵线的失败，使后来成立的人民联盟更加注重团结，即使政治诉求不同也在大选时保持团结。因此，替代阵线是马来西亚政治向两线制发展的开创者，对马来西亚两线制的诞生和发展具有重要意义。

人民联盟虽然未能在此届选举后上台组阁，但取得了引人注目的成绩。从最近两届大选的形势来看，人民联盟的实力不容小觑。

第五章

族群与政治

第一节　族群政治文化教育背景

一　马来人文化及其教育

（一）马来人文化

政治文化是一个民族在特定时期流行的一套政治态度、信仰和感情。[1] 作为一种精神范畴，政治文化影响着政治体系的发展。政治文化在政治体系中具有基础性的地位，它作为一种渗透性要素贯穿其中，对政治权力的行使、政治体系的运作都有非常大的影响，从而对政治功能的发挥起着重要作用。[2] 对于马来西亚来说，它是一个由多元文化族群组成的社会，各个族群和宗教存在的差异，致使不同文化在社会中进行交流、融合的同时，也经历着碰撞、对抗。而马来人是目前马来西亚人口最多的族群，占全国人口的比例超过60%，因此，马来人的政治文化是构成整个马来西亚的政治文化的主体部分，对马来西亚政治文化的发展具有非常大的影响。

在19世纪中叶英国殖民者完全侵占马来半岛后，早期的马来人社会并没有真正产生独具特色的马来人政治文化。因为当时整个马来半岛社会

---

[1] 〔美〕阿尔蒙德、鲍威尔：《比较政治学：体系、过程和政策》，曹沛林等译，上海译文出版社，1987，第29页。

[2] 叶笑云：《"碎片化"社会的政治整合——马来西亚的政治文化探析》，《东南亚研究》2006年第6期。

还处在一个比较原始的阶段，绝大多数马来人还是主要依靠土地遍布在全国的乡村地区，在还没彻底解决生存问题的情况下，几乎没有萌发参与国家政治生活的意识。只有少数苏丹和马来贵族生活在城市，但由于苏丹和贵族是既得利益群体，英国的殖民统治并没有直接威胁到他们在整个马来半岛的地位和特权，这使得苏丹和贵族从思想上也不愿意去改变，整个马来亚在英国殖民政府的统治下缓慢向前发展。另外，由于英国殖民者只是把马来亚当作为大英帝国提供原料的产地和商品倾销地，并不是真正想推动马来亚社会和经济的进步，为了更好地统治马来亚各个族群，英国殖民者在马来亚实行"分而治之"的政策，这种政策的结果导致整个马来人族群的政治地位相对高于华人、印度人族群，也使得华人在经济领域占据了优势。尽管分而治之更加便利了英国殖民政府的管理，但也直接割裂了马来人族群和其他族群的交流与融合，这种各自独立的种族关系为马来西亚成立后的政治生活和族群冲突埋下了隐患。

19世纪末20世纪初，世界各地的殖民地、半殖民地开始掀起反对殖民主义、帝国主义压迫剥削，争取民族解放，维护民族独立的革命运动。受世界"民族民主运动"思潮的影响，一些受过良好教育的马来人本土知识分子、宗教改革者和传统官僚也开始思考马来亚的民族解放与民族独立问题，逐步萌发民族意识。由于种族的隔离与缺乏交流，尽管马来人已经意识到民族民主对于未来马来亚的重要性，但当时的马来人族群缺少一个可以凝聚整个马来社会的团体，也没有考虑与马来亚的华人、印度人族群团结起来，为争取国家的独立而联合，而仅仅局限于马来人族群本身，这也是马来人政治文化萌发过程局限的一面。为了凝聚整个马来人族群的力量，马来人中的有识之士开始尝试建立社会团体组织来维护本族群的权益，同时也受1926年爆发的"印度尼西亚民族大起义"影响，在同年成立的"马来人协会"就是以维护马来人的团结和利益为目标的，但是这种团结并不是为国家的独立而奋斗，仅仅是为团结马来人社会对抗外来移民，抵制外来移民在当地社会的影响，从而达到维护马来人利益的目的。同时"马来人协会"也效忠英国殖民政府和马来苏丹，这种既想团结马来人社会的各种力量，又效忠当局的行为，其实也暴露出马来人政治文化在早期发展过程中的软弱性，其最终目的不是推翻英国的殖民统治，争取民族独立，推动马来亚社会向前发展，只是要求殖民政府给予马来人更多的特权而已。

日本在 1942 年占领马来亚后，军政府对马来人和华人实行了两种完全不同的政策，对马来人则继续实施英国殖民政府的亲马政策，侧重于怀柔和拉拢。[①] 华人则由于祖籍国正在举国上下共抗外敌，所以军政府对其则是延续对华政策，侧重于压制和掠夺。军政府的亲马政策，使得马来人能够到各级政府部门中任职，成为社会的管理者，被利用的马来人的政治地位也相比英国殖民时期得到了提高，由此也直接导致了马来人族群与华人、印度人族群的关系由战前的相互隔离到正面对抗的转变，族群矛盾逐渐扩大，这种矛盾与族群间的不信任，一直延续到现在。同时，马来人成为社会的管理者这一因素，进一步激发了马来人的政治意识，强化了马来人才是马来亚的主人的思想。总体上，马来人在日本的统治下，伴随着社会地位的提高和特权的增加，民族意识也逐步觉醒，只不过马来人这个阶段政治文化的发展带有一定的依赖和附庸因素。随着二战的结束，日本在马来亚统治的崩溃，以及马来亚独立序幕的揭开，马来人也试图把自身的族群利益和理念上升到整个国家的高度，以此来强调其在马来社会中的主体地位。

二战结束后，世界殖民地、半殖民地独立运动高涨，大批亚非国家获得独立，帝国主义的殖民体系开始瓦解。而英国殖民政府还企图继续在马来亚进行殖民统治，因此在 1945 年提出了马来亚联邦计划，其核心是废除马来苏丹的统治地位以及开放公民权给外来移民。这彻底激发了马来人的民族情绪，英国逆世界潮流而行，继续维持殖民统治遭到马来人的反对。另外，废除马来苏丹的统治地位，对马来人来说意味着精神支柱的衰落；给予外来移民族群平等的公民权，而马来人的特权意识已经开始生根，马来人认为这会使他们在马来亚的政治地位受到挑战，因此强烈反对联邦计划。联邦计划使马来人在原先社会团体组织的基础上开始通过建立

---

① 廖小健：《日军统治对马来亚民族关系的影响》，《世界民族》2001 年第 1 期。

政党来团结整个马来社会的力量，从而维护本族群的集体利益，并试图在政治上争取到马来亚的领导地位。号称以维护马来人利益为宗旨的巫统在1946年便应运而生。马来人在巫统的领导下取得马来民族运动的成功，迫使英国殖民当局做出让步，最终，以维护马来人特权为基础的联合邦计划被接受。在巫统的领导下，马来人的利益得以维护，借此巫统赢得了马来人的信赖与广泛的支持，建立了良好的群众基础。由于占马来亚选民多数的是巫统领导下的马来人，在实行议会选举制度的马来亚，对于巫统的执政地位和执政权力的保障，马来人的重要性就十分凸显了。"巫统就是马来人，马来人就是巫统"，① 从此成为马来西亚独立后数十年政治发展中几乎不可动摇的定律。

驱除殖民统治的共同愿望，使巫统、马华公会和印度人国大党走到了一起，在1952年的吉隆坡市议会选举中，巫统和马华公会合作，开启了政党合作的序幕。此后，三大族群政党开始尝试进行合作，并建立了"马华印联盟党"体系。经过不断的政治斗争，以巫统为首的马华印三党联盟发展为马来亚民族主义的主体力量，成为华马印三大族群总体利益的代表，并且提出争取独立的主张，赢得了马来亚社会大多数选民的支持，最终击败其他政党，获得大选的胜利。1957年，马来亚联合邦在马来人、华人和印度人三大族群的共同努力下终于脱离英国的统治而独立。联盟党领导了马来亚的民族解放运动，迫使英国政府撤出了马来亚。而巫统在执政联盟中地位的逐渐加强，为其维护马来人的利益和实现马来人的意志提供了条件。巫统在整个国家机器运转中，不仅占有主导地位，而且还牢牢掌握了马来亚的政治领导权。1957年联合邦宪法终于实践了"马来人的马来亚"理念，在这部宪法中，马来人的特权被明文规定，强调维护马来人的利益。马来文化民族主义致力于把自己的文化上升到意识形态的高度，以马来族群的文化作为整合马来西亚社会的基础，反过来，作为意识形态的马来亚文化则为马来人统治的合法性奠定了基础。这就强化了其他

---

① 马来西亚策略资讯研究中心政治分析组：《巫统的困境：第十届大选分析》，策略资讯研究中心，2000，第21页。

少数民族对自身权益的认知，以及各少数民族的自我认同意识，增强了彼此之间的竞争和敌对心理，弱化了非马来人族群对马来亚国家的认同。在这种情况下，族群之间的矛盾被强化，反而没有产生适合整个马来亚社会的国家文化。

好景不长，1969年的"5·13"族群冲突事件彻底激化了马来人与华人两大种族之间的矛盾和冲突，两个族群之间的权力斗争非常激烈。这场族群冲突凸显了马来西亚各族群的忧虑和担心；非马来人族群忧虑其地位不对等，而马来人则担心其特殊的政治地位和特权受到威胁。联盟党体系的失败，对马来人而言，表明政党合作已无力确保他们的政治主宰地位，因此必须另谋出路。在这种政治局势下，1974年的国民阵线就应运而生了，多党联合的国民阵线取代马华印联盟党体系，除巫统外的其他政党被进一步削弱。国阵的发展是自下而上的，最初在各州选举中开始出现，后来逐步扩大到中央政府层面，"5·13"族群冲突事件之后，联盟党合作名存实亡，巫统为了继续掌握马来西亚的领导权，扩大联盟政党成员，从而达到巩固自身的目的。国阵体系一直延续至今。

在马来西亚独立后，马来民族主义者把马来文化作为国民团结的基础，希望借此来整合多族群的马来西亚社会。随着马来西亚现代化的深入和市场经济的逐步开放，各族群之间有了进一步的了解和沟通。马来文化在与其他文化自然的互动中，已经开始相互调适和融合。但是，当文化与政治纠缠在一起的时候，马来文化依靠权力的支持与帮助，有意无意地压制其他文化的发展空间，遭到了华人文化、印度文化的抵制和反抗。总之，马来西亚政府必须承认政治文化呈现出多元发展态势的现实，保持马来人特权理念是不利于马来人政治文化的长远发展的，应实行有利于民族团结的政策，以及营造包容开放的文化环境，使国家资源在各族群平等共享，让各民族文化自然融合，取其精华、去其糟粕，逐步形成极具包容性的马来西亚文化。

（二）教育

1. 殖民时期的教育

在近代，马来亚的国民教育水平非常低，大多数马来人没有受教育的机会，只占很小比例的人可以按照传统的教育方式接受教育，或者只能接受初等的马来学校教育，而且这些教育只是为了解决日常生活的需求。英国殖民时期，为了更好地对马来亚殖民地进行管理，更长时间地奴役马来亚民族，殖民者开始在海峡殖民地引进以马来语教育体系为主导的马来学校。但殖民当局的目的并不是为马来亚未来的发展培养人才，而只是更好地继续维持其殖民统治，所以当局采取了其惯用的民族分化手段，在马来半岛根据各个族群的情况实行"分而治之"的政策。大多数马来人只能接受初级教育，延续马来语言和文化，由于殖民教育的局限性，后来马来社会在争取民族解放和国家独立的前期奋斗中，人民民族意识只在极少部分群体中萌发，反英斗争缺乏广泛的群众基础。但是，为了拉拢马来亚的贵族，获得贵族对其统治的支持，殖民政府为这些利益既得者提供英国公立学校式的教育，这为马来人争取马来亚独立提供了人才条件。

到 19 世纪 70 年代末期，随着全球商品市场的建立，世界各地的联系日益加强，殖民政府也着手对教育进行改革，开始把大多数初等学校改成马来世俗学校，并提供各种资助，马来世俗学校开设 4~5 年的基础课程，主要开设拉丁化的马来语以及和马来社会文化相关的课程，试图在改革教育的同时，进一步加强对殖民地人民的控制。然而，深受伊斯兰教宗教氛围熏陶的马来人并未接受马来世俗学校，他们认为世俗学校与伊斯兰教义相冲突，拒绝接受世俗学校教育。面对这种情况，为了吸引更多的马来学生接受教育，英国殖民者调整了学校的培养体系，将伊斯兰教与《古兰经》的学习纳入学生日常课程体系。与此同时，由于马来社会女子并未真正享受到受教育的权利，为了解决这一问题，殖民政府开始建立世俗女子学校，到 19 世纪末，整个马来半岛共建立起 11 所世俗化的女子学校。由于殖民政府前期的教育主要是初级教育，并不是为马来社会未来的发展考虑，因此，在教育政策逐渐改革的过程中，师资力量的问题开始凸显，为了弥补师资力量，英国殖民当局通过建立师范学院培养教师，马来西亚著名的苏丹伊德里师范学院（MPSI）就是在这一时期建立的。

随着世俗马来学校逐渐被马来人接受，英国殖民者又在日常教学体系中增加了园艺、编织、缝纫等实用性课程。英国殖民者在马来学校推行世俗教育的目标是消除文盲，把马来人培养成各个行业的劳动者，因此英国殖民者仅为马来人提供初等教育，而非培养拥有聪明智慧、对英国殖民统治有威胁的高级人才。马来小学毕业的学生，如果想继续学习，只能进入英国人开办的英语学校，受英文教育的马来人，其国家认同、民族独立的思想被削弱，在这种教育体系下，马来社会缺乏一种昂扬的民族精神。

2. 独立后的教育

独立后，巫统主导的马来政府开始发挥作用，由于马来人在整个社会中，尤其是在经济上处于弱势地位，文化上也没有明显的优势，因此，为了扭转马来人在马来亚社会中的不利局面，巫统领导马来政府开始不断进行教育马来化，不断增加对教育特别是对马来人教育的投入，这使得马来人成为最大的受惠者。不但马来语在整个教育体系中的重要性越来越明显，而且各级马来文学校不断增加，这就保证了马来人接受教育的机会，使整个马来人族群的教育水平不断提高，马来人的特权优势得以彻底实践。当然，这也压缩了独立前华文教育和英文教育的生存空间，尤其是在1957年颁布《教育法令》后，马来政府开始系统化地建立起马来语的教育制度和体系，通过一系列法律条文提高马来语教育的地位，在马来人掌握政权的政府的大力扶持下，马来语教育在马来亚迅速发展。

从1957年至今的50多年时间里，马来语国民小学、中学遍布全国，教育资源丰富，使马来文中小学校遍布马来人聚居地区，马来人虽然居住在落后的农村，但在教育普及方面却与其他族群不相上下，各年龄层入学的比例和其他族群基本持平，到现在为止，适龄的马来人子弟，基本可以接受母语中小学教育。政府政策扶持下的教育迅速发展起来，人们受教育水平和层次的提高强化了马来人的主人翁意识，其参政意识也迅速提高。此外，还有人口的优势，这是以巫统为首的马来人政党在历届选举中能够获胜的一个重要原因。

随着全球化时代的来临，教育在世界各地开始普及，在政府政策扶持下的马来语教育蓬勃发展，使得接受高等教育成为马来人的普遍需求。在独立以前，马来亚并没有建立足够的高等院校，而独立以后，在政府支持下初级教育迅速发展，因此，增加高等院校成为马来亚政府的重要任务之一。1970 年西马马来人获得大学学位的仅有 2300 人，比华人的 6300 人少了整整 4000 人，甚至比印度人的 2500 人还少，加上其他高等学府毕业生一起，马来人也只有 1 万人，占总毕业生的 28%，而华人则有 17000 多人，占 48%。[①] 但是经过十年的发展，在马来西亚政府的支持下，到 1980 年，马来人毕业生占比达到 44%，高等学校马来人毕业生总人数也从 1970 年的 1 万人，增加到 3.91 万人，是原来的 3 倍多。马来人毕业生中获得大学学位的比例，也从 1970 年的 19% 提高至 38%。尽管与其他族群相比还存在一定差距，但马来人接受高等教育的数量在迅速增加，质量也在迅速提高，这为马来西亚的发展奠定了坚实的人才基础，输送到各个行业的高等人才，推动了马来西亚社会的前进。同时，这些受惠者也在某种程度上成为政府的坚定支持者。

表 5 - 1　1970 年和 1980 年西马族别高等学府毕业生统计

单位：千人，%

族群	1970 年						1980 年					
	大学学位		其他文凭		共计		大学学位		其他文凭		共计	
	人数	比例	人数	比例	人数	比例	人数	比例	人数	比例	人数	比例
马来人	2.3	19	7.6	33	10	28	21.9	38	17.2	54	39.1	44
华　人	6.3	50	10.8	47	17	48	24.2	42	10.8	34	35	39
印度人	2.5	20	3.1	14	5.6	16	7.5	13	2.5	8	9.9	11
其　他	1.4	12	1.4	6	2.8	8	3.5	6	1.4	4	4.9	6
共　计	12.5	100	22.9	100	35.4	100	57	100	31.9	100	88.9	100

资料来源："1970/1980 Population and Housing Census of Malaysia"，转引自（马）林水檺、骆静山编《马来西亚华人史》，马来西亚留台校友会联合总会，1984，第 470 页。

在教育政策偏向马来人的情况下，马来人在高等院校受教育的比例，从 1970 年的 53.7%，提高到 1975 年的 71.3%，1980 年的 73.3%，1985

① 廖小健：《战后马来西亚族群关系研究》，博士学位论文，暨南大学，2007，第 110 页。

年的 75.5%，大大超越其人口比例。[①] 另据马来西亚国民大学创办人再那·阿比丁教授的资料，1969 年之前，马来学生的入学比例只有 40%，到 1978 年，即 1969 年"5·13"事件将近 10 年之后，马来学生进入大学的比例提高到 68%。随着马来亚大学、马来西亚国民大学及马来西亚理工大学等著名大学的相继成立，马来西亚高等教育相对落后的局面得到了改变。按照 1971 年公布的《伊斯迈尔报告书》内容，马来西亚大学入学实行"固打制"，即在大学入学名额中"55% 保留给土著，45% 保留给非土著"，实际执行却是保留给土著的高于 70%，保留给非土著的低于 30%。在这种不合理的入学制度规定下，马来西亚全国在 20 岁左右接受高中以上教育的族别人口比例中，马来人的比例 1991 年是 10.3%，2000 年提高到 17.3%，不仅高于同期全国平均比例的 8.9% 和 16.0%，也高于华人和印度人的比例，1991 年和 2000 年接受高中以上教育的人口比例，华人分别是 9.0% 和 16.5%，印度人分别是 7.6% 和 13.0%。[②]

在政府的推动下，经过几十年的发展，马来人的教育体系建立并逐步完善，马来人的入学率、受教育的人数、受教育的层次都在快速提高。但马来人在教育方面的不自信，使这种心态延续到整个国家的教育中，在这种不公平的教育制度下，过分保护马来人和土著族群受教育的政策，使得其他族群的教育体系受到影响，压缩了其他族群教育体系的空间，而马来人族群却从中受益颇多，带来的直接结果是马来文化的强势地位在马来西亚进一步得到巩固，同时削弱了马来西亚的民族凝聚力，致使种族分裂的状况依然延续，这种分裂直接影响了民主政体的稳定性。当然，侧重马来人教育为马来西亚的国家建设输送了各类人才，也为马来人政治的发展培养了接班人，马来人政党继续得到支持，其执政地位也得到加强。但这种一家独大的局面，加深了族群间的隔阂，族群彼此间的不信任依然存在，这不利于马来西亚这个由多元文化组成的

[①] 《马来西亚华文教育 185 年简史（1819~2004）》，马来西亚董教总网站，2006 年 11 月 2 日，http://www.djz.edu.my/。

[②] "Edueation and Social Charaeteristies of the Population，Population and Housing Census 2000"，马来西亚统计局网站，2006 年 9 月 19 日，http://www.statistics.gov.my/。

社会的发展，也不利于各个族群文化的延续和文明的传承，致使原本具备多样性、丰富性的马来西亚文化黯然失色。

二 华人文化及其教育

(一) 华人文化

作为第二大族群的华人，在马来西亚总人口中所占的比重在 25% 左右，受现代化影响，这一人口比例成逐年下降趋势。近代华人早在 200 多年前就漂洋过海来到马来半岛谋生，英国侵占马来半岛后，为了开发当地，将马来半岛作为原料产地和商品倾销地，殖民当局开始鼓励大规模输入契约华工到马来亚各地开采锡矿和种植甘密、胡椒等作物，华人为当地的开发与发展付出了艰苦劳作和生命代价。华人不像马来人那样，信仰伊斯兰教，团结本族群成员，也没有在当地形成共同的佛教信仰以保持民族传统，协调族群成员间关系，但深受中国传统儒家思想影响的华人，以亲情、乡情为纽带，逐步在当地形成华人族群。

19 世纪末 20 世纪初，由于中国国内政局动荡，经济困顿，加之殖民地因经济发展需要劳力等因素，广东、福建等沿海一带的中国人大批涌向海外。随着当地华人的融合与交流，为了在异地能更好地立足、生存和发展，华人开始以中国传统的方式建立本族群成员的联系。华人之间人际联结的重要方式就是以血缘、地缘和业缘等为根据，构建若干社会团体，以此形成华人社会得以维系、沟通的一根根神经、一张张网络。[①] 这种看似很薄弱的华人族群社会组织，与其说是中国文化特质的一种表现，不如说是一种生存的方式和为求发展而采取的措施，而且实际上在华人互帮互助方面的功能非常强大。因为通过团体组织的联系就能大体上使整个华人社会形成一个有机的网络，无论是在沟通信息方面还是在汇集群体力量方面，都具有非常大的优势，不仅有利于解决本族群内的各种困难，也是早期族群文化在当地萌发的雏形。自古以来，中国传统文化中就包含着强烈

---

① 黄光成：《多元文化下的马来西亚华人社会》，《东南亚》1995 年第 1 期。

的血缘性和地缘性的观念，很早以前就出现过宗亲会、同乡会等类社团组织。① 但是，这些社团组织也有消极的一面，因为以亲情、乡情等元素为纽带，极大地削弱了华人对马来亚的认可度，反而加深了华人对祖籍国的情感，使他们只是把马来亚当作挣钱致富的中间地，或者改善生活现状的奋斗地而已，最终还是要落叶归根，回到祖籍国。正是因为华人抱着这种想法，华人关心祖籍国国内的发展，远胜于马来亚。

同时，导致早期华人族群否定对马来亚居住国认同的另一原因是殖民当局在海峡殖民地实行"分而治之"的政策。这个政策尽管便于殖民政府的管理，更好地控制当地人民，但它企图湮灭马来亚人民的反抗精神，同时导致华人族群与马来亚当地土著种族的联系被割裂。各个族群分别归殖民政府管理，彼此之间缺乏交流与融合，没能产生共同的民族心理素质、共同的民族文化等，不具备马来亚民族的条件，各族群成员自然也不会产生对居住国的认同，而是把自己视为祖籍国公民。"分而治之"政策下的马来亚缺乏诞生符合整个马来亚民族文化的土壤，也就导致各个族群对本种族的文化与国家认同，远远高于对居住国马来亚的认可。殖民者的这一政策为后来马来西亚的族群冲突埋下祸根。

外国侨民的身份和意识使得战前的华人与其祖籍国一直保持着较紧密的联系。② 在 20 世纪初，中国国内革命斗争风起云涌，正处在新旧时代交替时期，远在马来亚的华人热切关注祖国的荣辱兴衰，不仅为国内革命提供物质支持，积极支持国内同胞的革命斗争，甚至回国投身国内革命，争取国家的完全独立和民族解放。正是这种心系祖国的情感，使得当地华人始终在思想上没有将马来亚认同为自己的新祖国，他们始终认为自己是华人，认同自己的祖籍国，在马来亚也只是暂时寓居。这也导致马来人族群把华人族群等非本土种族视为外来者，尤其是马来人民族主义的欲望被放大，正是因为华人的认同感问题，加大了战后华人争取平等公民权的难度。

---

① 黄光成：《多元文化下的马来西亚华人社会》，《东南亚》1995 年第 1 期。

② 罗圣荣：《马来西亚华印社会比较研究》，《南洋问题研究》2012 年第 1 期。

　　二战爆发后，日本发动对中国的侵略，进一步激发了广大海外华人的爱国热情。马来亚华侨不仅同所有的海外华侨一样投身于抗日救国运动，而且当日军的铁蹄践踏马来亚和新加坡时，又成为抗击日本侵略军的主要力量。[①] 马来亚华人与各民族并肩作战，共同抵御外敌，最终赢得了对日作战的胜利，维护了国家的领土完整。马来亚独立以后，客居当地的华人族群以为自己为马来亚所做出的贡献和牺牲能够获得认可，与马来人享受同等的权利，但事与愿违。1948 年，马来亚联合邦成立初期，马来亚华人面临选择公民权问题，但当时大多数华人仍旧继续认同祖籍国，试图把祖籍国看作自己在当地的保护者。华人族群的这种思想与当时马来亚国家致力于建设一个"国民团结"的社会相背离，因为马来亚政府采取了许多政策诸如新经济政策、国家教育政策、国家文化政策等来整合社会，以求形成一个相互交融的马来西亚民族。

　　在 1955 年印尼万隆会议上，中国就和印尼签订了《关于双重国籍问题的条约》，取消华侨的双重国籍身份，东南亚华人必须选择一种国籍，而且这种政策也适用于其他国家。[②] 在这种情况下，马来亚华人族群的民族意识开始觉醒。尤其是 1957 年《马来亚联合邦宪法》明确规定，马来人享有政治、经济、文化等特权，而其他非马来人则处于弱势地位。政府所采取的侧重扶持马来人的政策严重损害了非马来人的利益，不但没有加强马、华两族之间的文化融合，反而更凸显了两种文化间的差异，进一步刺激了马来亚华人的民族意识，他们意识到只能靠自己团结起来，去争取自身的合法权益。文化问题在政治管制下变得敏感而脆弱，在一种自我保护的心态下，族群的边界更加分明，文化的趋同进一步分解，而差异也愈加明显。由于马来西亚是联盟执政，其成立之初联盟政党共同执政模式的推行，使族群政党成为日后马来西亚政坛的主流，从而在利益分配上形成族群政党维护"族群利益"的格局，即马来人的利益必须由马来人政党

---

① 梁英明：《马来西亚种族政治下的华人与印度人社会》，《华人华侨历史研究》1992 年第 1 期。

② 刘新生：《周恩来魅力挥洒万隆》，《党史纵横》2005 年第 3 期。

加以保护，华人的利益则由以马华公会为代表的华人政党加以争取。马来亚成立之初，马来人除了在政治上处于主导地位外，在经济、文化上相对落后，而华人由于在马来西亚总人口中占有相当大的比例，聚居程度比较高，在经济上已经拥有较强的力量，这就决定了华人无论是在人口方面还是在经济、文化方面，都是一个强势族群。华人与马来人在经济领域的不对等导致两大族群之间的矛盾和隔阂日益增加，一方面，经济上处于优势地位的华人希望改变在政治上的弱势局面，试图尝试参与国家政治生活，利用合法途径争取华人族群在当地的合法权益；另一方面，马来人与华人在经济上的落差致使其心理上产生了不平衡甚至是嫉妒。1969年的"5·13"事件就是马来人和华人政治经济发展不平衡的产物。正是华人在经济、文化方面的优势，让马来人族群感到自身的生存空间被压缩，特权地位受到威胁，才使得马来当权者迫切需要通过各种政策在社会各个方面都极力提升马来人的地位。政府实施的经济和文化不平等政策使处于强势地位的马来文化实际上把华人文化排挤到边缘化的境地，压缩了华人文化的生存空间，尽管可以继续生存，但平等价值无法得到认可，这也导致华人文化在国家政策运作的过程中始终不是主流。

冷战结束后，全球化浪潮席卷全球，马来西亚在加入全球化队伍之后，也面对各种冲击，并在社会与文化方面产生巨变。随着全球化进程的加快，外资的涌入刺激了马来西亚经济的增长，经济发展带来社会的转型，这使得政府在政策与施政方面也做出了调整，其政治表现是较为开明并具有包容性。这一时期的华人文化也因而得以享有一定程度的自由发展。1991年2月28日，马来西亚总理马哈蒂尔发表了2020年宏愿设想，以此作为30年后国家要达到的发展目标。[1] 马来西亚政府强调整个国家的利益，试图建立一个种族团结、和谐、公正的马来西亚，华人社会对这一愿望表示欢迎。因为就马来西亚的政治局势来看，如果各族群政党抑制种族、文化、宗教的两极分化，加强种族、文化、宗教间的协调和社会凝聚力，通过联合执政的方式有可能建立超越种族隔阂的社会，进而有可能

---

[1]　骆莉：《马来西亚多元文化社会中的华人文化》，《东南亚纵横》2002年第7期。

实现真正的国民统一。而如果仅仅主张自己所代表的族群利益，就不能实现真正的公正、正义和平等。

当文化与政治纠缠在一起的时候，马来文化依靠权力的支持与帮助，有意无意地压制了其他文化的发展空间，遭到了华人文化不折不挠的抵制和反抗。① 文化原本应该成为马来西亚族群之间交流的纽带，实际上反而成为一种障碍，各族群对差异的自觉是造成这种对峙的原因，也就导致族群问题在短时间内难以解决。但是，随着经济的发展、社会的进步和文化的传播，各族群逐步形成文化之间的自然交往与相互融合。在一个多民族、多元文化的国度里，各民族文化的和平共处是建立在相互尊重与相互理解的基础上的，应该是各族群在日常生活不可避免的交往中自然交融而成。当文化的融合与一致不再是为了保护优势族群的利益时，在一种相互尊重、相互理解、相互宽容、平等对话的机制下，马来西亚才能真正享有各族群文化自由发展的多元文化社会。②

（二）教育

1. 独立前的华文教育

华文教育作为保存和弘扬中华文化、维系后裔民族的一种重要精神纽带，素来受到移居海外的华侨华人的重视，具有相当悠久的历史。③ 在英国殖民时期，由于华人只是把马来亚当作侨居地，再者马来亚当时也不是独立的国家，因此，华人社会深受祖籍国的影响，潜意识里都认为最终是要回到祖籍国去的。由于对当时的马来亚没有国家认同，华人族群的教育体系自然也不会考虑马来文化，华文教育所使用的教材、课程基本都是效仿中国的教育体系。起初，对于移民族群在马来半岛建立自己的教育体系，英国殖民者采取放任的默认态度，1815 年英国传教士马礼逊在马六甲建立了最早的华文学校——英华书院。当时的华文学校是以会馆、宗祠

---

① 齐顺利：《马来西亚民族建构和马来文化强势地位的形成》，《河南师范大学学报》（哲学社会科学版）2008 年第 4 期。
② 骆莉：《马来西亚多元文化社会中的华人文化》，《东南亚纵横》2002 年第 7 期。
③ 张本钰：《马来西亚华文教育现状及发展前景》，《福建论坛》（人文社会科学版）2007年专刊。

或神庙为基础设立的私塾，主要教授《三字经》、《百家姓》和"四书"等中国传统文化的经典古籍，同时教授书法等传统文化。19世纪末20世纪初，中国民族危机的加深，使文化教育领域发生了重大变化，不仅引进西方的自然科学和应用科学，而且关注西方人文社会科学知识，尝试通过教育改变中国积贫积弱的局面。受中国国内新式教育的影响，马来亚华人也开始设立新式学堂取代私塾。马来亚地区最早的新式学堂是1904年在槟城设立的孔圣会中学华校。当时马来亚的新式学堂也几乎是按照中国的教育体系建立，所教授的课程和国内大同小异。尽管华校自主经营，但基于同文同宗的情感，时常得到当时中国政府的大力支持，帮助华校解决书籍和师资问题，这些措施都潜移默化地增加了当地华人对祖籍国的感情，进一步加深了他们对祖国的认同感。

随着1919年中国五四运动的爆发，反殖民主义和民主进步思潮也开始在马来半岛的华校中传播，为了继续维持其殖民统治，英国殖民政府加强了对华校的管制。尤其是受亚洲民族解放运动以及印尼民族大起义的影响，1924～1928年间，英国殖民政府先后关闭315所华校，并宣布书籍中含有反对英国人的表述是非法的，尽管华文教育受到影响，但仍在艰难而缓慢地向前发展。二战爆发后，长期受中华文化熏陶的马来亚华人，也积极投身中国革命与马来亚抗日斗争，争取国家独立与民族解放，华文教育在其中起着不可忽视的作用。二战结束后，在华人社会的大力支持下，华校重新获得许可，继续从中国引进教科书、课程和教师，到1957年马来亚独立前，华校招收学生50万人左右，华文教育迎来了短暂的繁荣期。20世纪50年代以来，在整个马来亚国家中，人口占多数的马来人的经济、教育水平与华人相比，都处于劣势。因此，在巫统主导下的马来亚政府陆续出台一系列教育法令限制华文教育：1951年《巴恩报告书》试图取消华文教育；1952年《教育法令》宣布以英语和马来语作为媒介语言的国民学校取代华文学校；1954年《教育白皮书》规定华文学校必须为政府开设英文班，试图使华校自动变为英文学校。[①] 这些法令和制度的颁

---

① 周聿峨：《马来西亚华文教育的保留与发展》，《东南亚》2000年第2期。

布，极大地阻碍了华文教育的发展，严重损害了华人受教育的权利，试图改变马来人在教育中的劣势。尽管马来亚政府不断压缩华文教育空间，但华人社会依旧在困难中团结起来，继续坚持维护华文教育的发展。

2. 独立后的华文教育

马来西亚作为海外华人在东南亚的主要聚居国之一，是华侨、华文教育起源最早也最为发达的地区，其华文教育最为繁盛，华文教学的水平是东南亚乃至整个华人世界数一数二的。独立后的马来亚并没有对华文教育给予相应的政策支持，反而在教育制度上不承认华文教育，企图把华校改变成马来文学校或英文学校。1956 年《拉萨报告书》提出将"一种语言，一种源流"的政策作为国家的最终目标，即以马来语作为学校的主要教学媒介语；1961 年《教育法令》授权教育部长在时机成熟时，将华文学校改成马来文小学，同时也迫使华文中学改制成为英文中学，到最后再改为马来文中学。① 不仅独立后马来亚政府的反华文教育政策引起华人社会的强烈反对，独立前的反对政策也严重损害了华人的权益。为了挽救处于危急关头的华文教育，延续中华文化在马来亚华人中的传承，维系民族的情感，1951 年 12 月 25 日成立了马来西亚华校教师会总会（简称教总），1954 年 8 月 22 日成立了马来西亚华校董事联合会总会（简称董总）。自成立以来，教总和董总共同协作与奋斗，抗衡种族中心主义，反对不利于华文教育的法令、政策和措施，以维护和发展华文教育，争取民族权益和平等地位。② 董教总③凝聚了华人的力量，捍卫了华文教育权益，为民族语言教育的生存与发展做出了巨大的贡献。从 20 世纪 60 年代起，针对政府对华文教育的限制和不公平待遇，"董教总"在争取华文的地位、保障华文教育顺利进行方面不断向政府提出建议和要求。④ 尽管华文教育在政

---

① 马燕冰、张学刚、骆永昆编著《马来西亚》，社会科学文献出版社，2011，第 370 页。
② 唐慧、龚晓辉：《马来西亚文化概论》，世界图书出版广东有限公司，2015，第 211 页。
③ 董教总是董总（马来西亚华校董事联合会总会）和教总（马来西亚华校教师会总会）的合称，由于两者在维护华教权益方面所做的巨大贡献，因此常被放在一起称呼，它们是维护马来西亚华文教育的坚强堡垒。
④ 马燕冰、张学刚、骆永昆编著《马来西亚》，社会科学文献出版社，2011，第 376 页。

府层面没有获得应有的公平对待，但是在华人社会中，反而获得高度的认可，华人家庭重视教育的观念，在某种程度上支持了华文教育的发展，因为他们希望子女能接受中华文化的熏陶与学习，理解中华文化的内涵，维系对民族的情感。在这种文化的影响下，华人勤俭持家的精神得以实践，也从侧面反映出华人为何长期在经济上能保持优势，因为中华文化的精神，早已与华人的血液融为一体，潜移默化地影响着马来西亚华人族群。

1970年，马来西亚改变教育目标，在推行现行教育制度的同时，建立以马来语为唯一教学媒介语的国民教育体系，保障马来人的特殊地位。[①] 70年代初，马来西亚提出建设"国家文化"的概念后，华人社会一片哗然，他们一方面对保存与发展本民族文化的权利被侵蚀感到愤怒，另一方面为作为马来西亚公民而不能平等享有国家资源感到无奈。[②] 华文教育受到来自政府的限制，失去了其赖以生存的条件，但在华人社团组织的倾力支持下，华文教育没有消失，继续保持其生机。20世纪80年代，政府为改变华文学校的性质采取了许多措施，企图使作为国语的马来语成为其他源流学校的媒介语，设立单一源流学校，维持并提升马来人的特权，但是"董教总"争取华文教育的生存权和发展权，反对政府的不合理行为，这些计划最终不了了之。

随着冷战的结束，世界经济形势发生了很大变化，经济全球化、区域一体化向纵深方向发展，这都促使马来西亚政府开始调整各种政策，以适应全球化的新形势，推动经济的复苏和发展。[③] 20世纪90年代以来，尤其是进入21世纪后，马来西亚政府的各项政策尤其是对华人的政策发生了很大的变化：华文学校得到了政府的不少拨款；被许多人认为是政府开始公平分配教育资源的"绩效制"取代了"固打制"；建设"国家文化"

---

① 马燕冰、张学刚、骆永昆编著《马来西亚》，社会科学文献出版社，2011，第370页。

② 周聿峨、胡春艳：《浅析马来西亚"国家文化"下的"华人文化"——兼论"多元文化"的建设》，《世界民族》2008年第2期。

③ 胡春艳、周聿峨：《冷战后马来西亚华文教育发展状况探析》，《东南亚纵横》2009年第12期。

的呼声逐渐平息，取而代之的是对"多元文化"的建设等。① 马来西亚政府对华文教育的政策不断趋于宽松，但我们也要看到其实质并没有发生根本的改变，因为马来西亚政府的政策并未发生实质性的改变，仍以维护马来人特权为宗旨，以最终建立单一化国家为最终目标。总之，在"董教总"的有力领导、广大华人的鼎力支持以及不断宽松的国内外环境下，马来西亚华文教育取得了显著的成绩，建立了一套完整的华文教育体系，即以华文小学、华文独立中学及华文高等教育学府为主要组成部分，马来西亚成为海外华文教育最为发达的国家。

正是由于他们的努力，马来西亚华文教育体系日益完善，现有1290所华文小学（学生64万人）、60所华文独立中学（学生6万人）和3所华社民办学院（南方学院、韩江学院、新纪元学院，学生4000人），学生总数超过70万人。② 正如当时的教育部长拿督·希沙慕丁所强调的，政府致力于提升国民学校，不会钳制和阻挠其他源流学校的发展，但马来语作为国语的地位是巫青团绝不妥协的原则。③ 从某种程度上说，华文教育是中华文化在马来西亚华人民族情感上的纽带。在华人争取华文教育的整个过程中，不仅可以看到华文教育取得的成就，而且也促使华人在争取自身合法权益的同时，与马来人族群的关系正在发生变化。在新的时期，华文教育发展的困境仍然存在，但马华族群应看到马来西亚国内的政治经济发展趋势，华文教育不仅要保持其民族性，也应积极适应马国的国情，融入本土社会，为整个马来西亚民族服务，从而促进各族群间的和睦团结与经济社会的发展。

三 印度人文化及其教育

（一）印度人文化

马来西亚是东南亚地区印度人最多的国家，印度人也是马来西亚的第

---

① 周聿峨、胡春艳：《浅析马来西亚"国家文化"下的"华人文化"——兼论"多元文化"的建设》，《世界民族》2008年第2期。

② 杨子岩：《海外华校怎样"留根"？》，《人民日报》（海外版）2009年10月27日。

③ 〔马〕《星洲日报》2008年9月4日。

三大民族，其人数仅次于马来人和华人，约占全国总人口的 7.6%。首先，随着第二次工业革命的发展和资本主义世界市场的初步形成，印度民族工商业遭受打击，很多印度人处在失业状态；其次，土地兼并与人口不断增多，导致劳动力过剩，只能另谋生路；最后，英属印度殖民体系的确立，以及英国在马来亚势力的进一步扩张，是印度人大规模移民马来亚的前提。19 世纪下半叶，印度人开始有组织、大规模地涌入马来亚，印度人移民在马来亚的人口调查中开始具有重要的意义，他们翻开了马来亚历史上新的一页。① 我们在习惯上所称的马来西亚印度人社会，并非单一的族群，它是以宗教为团体、以语言为区分、以种姓为阶层的多层次的复式社会结构。② 马来西亚印度人并非单一的族裔集团，"印度人"这个称呼是独立后马来西亚政府出于政治目的和行政管理的需要，对早先来自印度次大陆的各个民族的总称。③ 目前马来西亚印度人中人数最多的是来自印度南部的泰米尔人，约占马来西亚印度人总数的 82.7%，接下来依次是来自印度北部的锡克人（7.7%）、马拉雅兰人（4.7%）、泰卢固人（3.4%），来自斯里兰卡的泰米尔人（2.7%）、巴基斯坦和孟加拉人（1.1%）以及其他一些印度人（0.4%）等。④ 若按宗教来划分，印度教占 81.2%，天主教占 8.4%，伊斯兰教占 6.7%，锡克教占 3.1%，佛教占 0.5%，还有 0.1% 的人属于信仰其他宗教或者无宗教信仰者。⑤ 泰米尔人几乎都是印度教虔诚的追随者，这使得泰米尔人不但在数量上，而且在宗教信仰上都具有明显优势。

---

① 罗圣荣：《马来西亚印度人及其历史变迁研究》，博士学位论文，云南大学，2009，第 21 页。

② 罗圣荣：《马来西亚华印社会比较研究》，《南洋问题研究》2012 年第 1 期。

③ 罗圣荣：《马来西亚印度人的处境——兼谈马来西亚的不平等民族政策》，《世界民族》2009 年第 2 期。

④ S. B. Sivananthan, "Community Centers for the Empowerment of Indian Women in Malaysia", *ERA Consumer Ma-laysia*, http：//www. fnfmalaysia. org/article/cc_ center_ survey_ report_ 1st_ phase. pdf.

⑤ S. B. Sivananthan, "Community Centers for the Empowerment of Indian Women in Malaysia", *ERA Consumer Ma-laysia*, http：//www. fnfmalaysia. org/article/cc_ center_ survey_ report_ 1st_ phase. pdf.

自 1786 年弗莱士从吉打苏丹手中租借控制槟榔屿开始，英国人逐渐扩大其在马来半岛内陆地区的影响，采取蚕食的手段逐步将马来半岛置于其控制之下，并最终在 1914 年将整个马来亚纳入英国的殖民体系内。[①]马来半岛在英国的统治之下也被迅速纳入当时的资本主义世界，成为其分工体系下的一个边陲成员。[②] 随着马来半岛殖民统治的进一步巩固，为了实现把马来亚作为英国工业原料产地和商品倾销地的目的，英国殖民政府开始鼓励西方资本对马来亚进行商业开发。到 20 世纪初期，欧洲人在马来亚的橡胶种植园不需要大量劳动力，英国殖民者认为印度劳工比华工更"温顺而易于管治"，有利于地区局势的稳定，于是通过英国在印度殖民地的机构，有组织地征募大批印度人苦力到马来亚，充当欧洲人的橡胶种植园以及各项市政工程的劳工。印度人劳工是英国殖民者开发马来亚资源的廉价劳动力，这使得印度人受到残酷的剥削和非人的礼遇，命运十分悲惨。这些印度人来到马来亚后，被雇主安排群居在种植园内。由于人地两生，几乎不可能离开种植园，更不可能找到其他工作，在这种情况下，马来亚的印度人把印度大陆的宗教文化移植到当地，以寻求精神的慰藉。

众所周知，印度大陆自古以来宗教色彩浓厚，印度人对信仰的宗教有着狂热的执着，移居海外的印度人，尽可能地在异国他乡履行自己的宗教信仰。马来亚殖民政府对宗教的不干涉政策以及种植园主为吸引劳工也适当在种植园中为劳工创造宗教的氛围，在很大程度上促进了印度文化的移植。[③] 战前的马来亚印度人宗教可以说几乎就是印度本土宗教的翻版。在马来亚，不仅有拥有大量信徒的印度教，其他如伊斯兰教、锡克教、耆那教等种类繁多的宗教都随着印度人的涌入而移植到马来亚这片新的土地上。[④] 早期从

① 罗圣荣：《马来西亚印度人及其历史变迁研究》，博士学位论文，云南大学，2009，第25 页。

② 王国璋：《马来西亚的族群政党政治（1955～1995）》，唐山出版社，1997，第 24 页。

③ 罗圣荣：《马来西亚印度人及其历史变迁研究》，博士学位论文，云南大学，2009，第77 页。

④ Arasartnam, Sinnappah, "Malaysia Indians: The Formation of Incipient Society", in K. S. Sandhu and A. Mani, eds., *Indian communities in Southeast Asia*, Times Academic Press and Institute of Southeast Asian Studies, 1993, p. 205.

印度大陆移植而来的宗教，严格遵循本土固有的宗教传统，种姓的陋习在马来亚并没有因水土不服而消亡，在马来亚的印度人当中，种姓的观念丝毫没有被抛弃。如那些不可接触的贱民，依旧像在印度那样不允许进入那些地位更高的种姓经常出入的寺庙。保持种姓纯洁性的一个重要的原因在于许多人认为迟早都要回到印度，回到原来的种姓等级森严的社会现实中去。由于语言、宗教和民族的不同，印度人穆斯林与印度教教徒之间的纠纷时有发生，以致有些印度人穆斯林宁愿把自己看作马来人而非印度人。[①] 本民族内的宗教冲突一直延续到独立后的马来西亚。

19 世纪末 20 世纪初，亚洲民族解放运动蓬勃发展，马来亚印度人也受到这场运动的积极影响，在政治上开始觉醒。尤其是 1905～1908 年发生的印度人民反英斗争，极大地激起了马来亚印度人的民族意识，积极动员印度人起来抗争，争取本族群的利益。在马来亚，早期印度人民族主义的兴起是在印度移民中英文教育出身的行政管理人员和专业人士的领导与推动下实现的，关注的主要是印度工人的待遇和社会地位问题。[②] 成立于 1904 年的怡保印度人协会（Ipoh Indian Association）逐渐成为推动印度人凝聚力和加强政治觉悟的重要组织。20 世纪 20 年代，"种植园亚洲职员协会"（Estate Asiatic Staff Association）建立，其成员主要是书记员、政府工作人员和技术人员，有人认为它是马来亚印度人最早的民族主义组织。[③] 在这些印度人协会的影响下，马来亚印度人的政治意识有所提高。总的来说，印度人协会的建立与发展，是有助于推动马来亚印度人政治进程的，也有利于本族群成员间的团结合作。

随着各种印度人组织在马来亚各地的广泛建立，印度人之间团结合作的迹象更加明显。1927 年第一届"全马来亚印度人会议"（All-Malayan

---

① Arasartnam, Sinnappah, "Malaysia Indians: The Formation of Incipient Society", in K. S. Sandhu and A. Mani, eds., *Indian communities in Southeast Asia*, Times Academic Press and Institute of Southeast Asian Studies, 1993, p. 206.

② 石沧金：《二战前英属马来亚印度劳工的政治生活简析》，《南洋问题研究》2009 年第 4 期。

③ 陈晓律等：《马来西亚——多元文化中的民主与权威》，四川人民出版社，2000，第 94～95 页。

Indian Conference）在吉隆坡召开。① 此后又在新加坡、怡保、安顺召开过。在每次会议上，会讨论两个基本问题：一方面，要求通过提高工资和提供更好的条件，以及通过提供土地促进安全感和永久居住，改善印度劳工生活；另一方面，要求给那些认同马来亚为自己家园的所有印度人以平等权利和永久地位。② 尽管各类组织对促进印度人族群的政治觉悟起到了非常大的作用，但印度人社会内部各民族的矛盾使得印度人社团难以实现真正的团结统一，也不可能凝聚起整个印度人社会的力量。再者，殖民政府则竭尽可能分化印度人精英人士，偏袒其中的保守者、温和者，分化印度人力量，以达到继续维持其殖民统治的目的。

1937 年，接受马来亚印度人中央协会的邀请，印度国大党主席尼赫鲁访问马来亚，他批评当地印度人中产阶级对自身族群的冷漠，号召马来亚印度人团结起来，组织工会，维护自己的权益。③ 尼赫鲁的访问，极大地促进了印度人社会的团结，使马来亚印度人的民族意识达到新的高度，当然，也增添了马来亚印度人对祖籍国印度的眷恋，尽管远在海外，但他们非常关心祖籍国的命运，也从某种程度上削弱了印度人社会对马来亚的国家认同。同时，受到当时印度国内民族主义运动的影响，以及针对印度人在马来亚边缘化、在政治上处于弱势地位的状况，马来亚印度人民族运动具有了反对英国殖民统治的性质。

为了改变马来亚印度人被剥削和压迫的现状，争取公平的待遇，提高印度人族群在马来亚的地位，印度人通过举行大罢工来抗争。英国殖民政府为了维护其统治，对印度人民族运动进行了严厉镇压，大罢工以失败告终。但这次事件进一步刺激了马来亚印度人的民族主义情绪，更使他们相信只有强大的祖籍国印度才能保护他们，争取印度独立自由的民族主义情绪高涨。日据时期，亲眼看到英国人在马来亚的殖民统治被日军很快摧毁，使马来亚印度人开始寄希望于日本人，期望能够在其支持和帮助下，

---

① George Netto, *Indians in Malaya: Historical Facts and Figures*, p. 60.

② Michael Stenson, "Class, Race and Colonialism in West Malaysia: the Indian Case", p. 58.

③ 石沧金：《二战前英属马来亚印度劳工的政治生活简析》，《南洋问题研究》2009 年第 4 期。

推翻英国人在祖国印度的殖民统治，赢得祖国的独立解放。[①] 日本占领马来亚后延续英国人的"分而治之"的政策，对华人进行打压，对马来人、印度人则采取拉拢和利用的手段。日本人试图与马来亚乃至东南亚地区的印度人进行合作，这样做有其自身的政治和军事目的：激起印度国内和英属印度军队内部的反英情绪，保卫缅甸和"大东亚共荣圈"西部边界。[②] 这样不仅可以加强对马来亚的统治，而且还有可能打败印度的英军，从而充分利用马来亚印度人为其侵略战争服务。在日本人的默许和支持下，马来亚印度人的独立运动开始兴起，成立于 1942 年的印度独立同盟成为印度人争取民族独立的领导机构，但是由于马来亚印度人与日军的关系，原本正义的民族独立运动逐渐沦为日军的附属，其正义性有待考量。1944 年后期，随着盟军的加紧反攻和日军从日战区的败退，局势日渐明朗化了，马来亚印度人解放祖国印度的希望破灭了，他们开始面对马来亚的现实，面对生存的挣扎，面对马来亚特有的政治。[③]

二战结束以后，随着整个亚太地区政治环境的改变，东南亚国家先后独立，劳工移民的源头被禁止，而即将独立的马来亚也对外来移民实施严格的管理，这使得马来亚的印度人群体也逐渐由侨民社会向政治上认同的当地族群社会转变，开始接受马来亚是其祖国。但是印度人由于宗教信仰的差异，很多时候宗教认同超越了族群认同，而种姓制度在马来亚印度人社会的延续，也成为马来西亚不同种姓的印度人之间不可逾越的鸿沟，其结果是直接阻碍了马来亚印度人的团结。再者，由于马来人通过宪法赋予的特权在政治上具有不可撼动的地位，华人则在经济上保持其他族群无可比拟的优势地位。受制于以马来化为主导的同化政策，马来西亚印度人在政治和经济地位上无法和其他两大族群相提并论，而且这种弱势地位蔓延

---

① 石沧金：《二战时期马来亚华人与印度人政治活动的比较分析》，《南洋问题研究》2011年第 4 期。

② Joyce Chapman Lebra, *The Indian National Army and Japan*, Singaproe：Institute of Southeast Asian Studies, 2008, p. 67.

③ 石沧金：《二战前英属马来亚印度劳工的政治生活简析》，《南洋问题研究》2009 年第 4 期。

至印度人的社会生活领域。总体上，马来亚印度人在政治、经济和社会生活领域被边缘化的情况在进一步加深。

独立以后，严重的社会分化造成印度人缺乏一种政治上同心协力和族群团结的传统，为了改变这种分散化的现状，马来西亚印度人意识到自己在政治上不可能单独发挥重大作用，因而曾寄希望于建立多族群政党。作为马来西亚印度人政治代言人的印度人国大党自成立之日起，就面临先天不足的缺陷。成立于 1946 年的国大党从一开始就缺乏广泛的群众基础，因为它只代表了马来亚印度人上层社会的利益，所以始终没有获得占马来亚印度人大多数的种植园工人的支持，并且该党内部错综复杂的派系斗争也严重削弱了它在马来西亚政治上的影响力。尽管国大党是马来西亚印度人的最大政党，也一直标榜自己是印度人利益的维护者，但实际上它往往力不从心。在维护印度人族群利益方面，国大党的作用几乎可以忽略不计。因而在起草 1957 年的马来亚宪法和为争取独立而谈判的过程中，国大党扮演的角色微不足道。此外，派系斗争成为印度人国大党最大的弊病，为了权力，国大党内部经常为一些琐事相互倾轧而使该党在马来西亚政坛声名狼藉，由于党内矛盾不断、意见不一，马印族群始终难以形成合力。

1969 年发生的"5·13"事件使印度人的族群利益受到损害，之前较为融洽的马印族群关系不再延续，印度人更多地通过自身的努力与马来人在各个领域展开竞争与合作，以维护印度人的各项权益。1971 年马来西亚政府出台的扶持马来人的"新经济政策"很少惠及非马来人，而作为第三大族群的印度人社会，几乎落后于国家的发展步骤，似乎完全漠视了印度人的出境问题，更忽视了印度人经济发展的需要，使整个印度人社会被排除在国家的发展以外，这对印度人族群的冲击非常大，也使得印度人在经济领域的前景最为暗淡。在政府支持下，马来人的经济状况发生了明显的变化，马来人在经济领域中的地位已渐渐得到改善，其结果是拉大了马、华、印三大族群在经济上的差距，马来西亚印度人族群在国家政治经济生活中扮演的角色越来越弱化，作为弱势群体的现状没有得到根本改善。

1971 年马来西亚在"国家文化大会"上提出"国家文化"的概念，试图以伊斯兰教精神塑造马来西亚的国家文化。在国家文化"三原则"的指导下，政府采取各种措施、手段限制其他宗教的发展和传播，致力于建立伊斯兰文化、马来文化的统治地位。但马来西亚印度人是以印度教为主要信仰的族群，宗教文化对印度人社会的影响非常大，马来西亚伊斯兰化运动使印度人的宗教文化受到明显的压制。伊斯兰复兴运动激起了马来社会的狂热，也产生了对非伊斯兰宗教的敌视情绪，不断发生破坏印度人寺庙的事件。根据"兴都权利行动委员会"① 的估计，2006 年马来西亚平均每三个星期就有一座印度教寺庙被损毁。印度人的宗教信仰不仅没有得到应有的尊重，反而还成为族群斗争的牺牲品。此外，印度人内部各个种族在宗教信仰上的差异，使得马来西亚印度人社会本就不是一个均质的社会实体。政府实施扶持马来人的政策，使印度人经常可以看到对其不利的现象，导致一些印度人非穆斯林教徒皈依伊斯兰教，其意图是基于宗教信仰上的认同取得与马来人同等的利益，后来越来越多的印度人皈依伊斯兰教。放弃原本的信仰而皈依伊斯兰教的现象不断增多，印度人社会在宗教信仰上的分化不断加深，并由此延续到印度人社会中，使整个社会的凝聚力削弱。

尽管马来西亚印度人已经由侨民身份转变为公民身份，但由于受印度人族群内部的离散分化，国家经济发展计划不公平、歧视性政策等影响，马来西亚印度人在政治、经济和社会生活方面的作用进一步削弱，导致其文化发展和经济实力都很薄弱。这种被边缘化的处境让印度人族群非常尴尬，各方面缺乏话语主动权，以至于在争取自身族群权益方面显得苍白无力。

（二）教育

1. 独立前的教育

马来西亚的印裔人数不多，然而，印裔在当地的政经文教方面仍有一

---

① "兴都权利行动委员会"（Hindu Rights Action Force，简称 Hindraf），由马来西亚 30 个印度人非政府组织组成，成立的宗旨是捍卫马来西亚印度人的权益和保护其传统文化免遭侵蚀。

定的地位和影响，在历史上也和当地华人有着相似的渊源。① 印度人移民早期，主要是以劳工的形式输出，英国殖民政府自然也不会重视对他们的教育。一方面，从政治的角度而言，"过度"的教育会产生一个过于庞大的精英阶层，而这个阶层又会推动殖民地民族主义运动的兴起，有几个世纪殖民经验的英国殖民者对这一点无疑是有切肤之痛的。② 另一方面，对移民兴办教育要花费大量的资金，这与殖民者的初衷明显相违背，殖民者无论如何也不愿承担这笔额外的费用。③ 而且，印度人来马来亚工作都是抱着暂居的心态，计划着未来总是要回到祖国去的，所以印度人自身也不会重视教育的问题。在这种情况下，马来亚印度人教育分为以泰米尔语为教学媒介的劳工教育和以英语为媒介的精英教育。

虽然早期殖民政府对移民的教育态度是采取不干涉的政策，但为鼓励更多的印度人移民马来亚，殖民政府也不得不做出一些姿态，兴办一些泰米尔文学校。④ 同时，为了吸引劳工留下来为种植园服务，早期的泰米尔文学校在教会、种植园或殖民政府的资助下艰难发展。但由于教师水平低、工资少，学生是半工半读的，再加上教学设备不足，这些学校的教育质量极差。⑤ 尽管后来马来亚印度人中央协会呼吁马来亚印度人社会能够像华人那样慷慨解囊资助印度劳工的教育事业，但宗教的差异、种姓制度的限制，导致马来亚印度人上下层之间缺乏有效的互动，印度富人与泰米尔劳工之间的关系比较疏远，因此收效甚微。再者，殖民政府的政策在很

---

① 〔马〕洪丽芬：《马来西亚印度人社群研究——以印度人社群语言状况为例》，《南洋问题研究》2011 年第 4 期。

② 大规模推广统一的单一语言教育会促进各个种族之间的融合——这已经为美国的经验所证实。但这正是英国殖民者小心加以防范的。作为"分而治之"策略的一部分，英国殖民者积极维持各种族社区的本地语教育，以便在文化与心理上在各种族社区周围竖起一道篱笆。参见陈晓律等《马来西亚：多元文化中的民主与权威》，四川人民出版社，2000，第 65 页。

③ R. Santhiram，"Education of Minorities：The Case of Indians in Malaysia"，Kuala Lurnpur：Child Information，Learning and Development Centre，1999，Malaysia，p. 35.

④ 罗圣荣：《马来西亚印度人及其历史变迁研究》，博士学位论文，云南大学，2009，第 75 页。

⑤ 〔美〕C. L. 沙马：《马来西亚的民族、民族关系和教育》，《民族译丛》1986 年第 3 期。

大程度上限制了劳工往其他社会阶层的流动，殖民地教育很难改变他们既定的命运。马来亚印度人的非劳工阶层接受的是英语教育，虽然殖民政府不想让过多的人接受英语教育以免产生过于庞大的精英阶层，但出于发展殖民地经济、培养基层社会管理者的最基本需要，仍然需要支持印度人族群中的上层分子接受英国殖民者精心安排的奴化式的英语教育。

印度人不同阶层所受的教育完全不一样，致使印度人对本族群内部的认知产生差距，两种教育所产生的价值观割裂了印度人族群的联系。泰米尔文教育的教材源自印度本土，造成战前的印度劳工在认同上始终不能割断同祖籍地的紧密联系，很难产生对马来亚的归属感；而英语教育的奴化思想产生的则是对大英帝国的无限忠诚，其结果是劳工社会与非劳工社会在心理上始终保持一定的距离，非劳工阶层甚至不愿与一同来自印度的劳工同胞相提并论。① 但英文教育和泰米尔文教育所使用的统一语言文字反而促进了马拉雅兰人、泰卢固人等不同语言种族间的联系和交流，增进了彼此间的认同感和归属感，从而也促进了印度人族群社会内部的互动和融合。

2. 独立后的教育

二战结束以后，随着马来亚独立的呼声越来越高，马来人在国家政治中处于主导地位。为了弥补马来人在教育方面相对于华人、印度人的劣势，马来亚政府开始极力扶持以马来语为主的教育体系，甚至出台政策限制其他非马来语教育的发展，这就使以泰米尔语为主的印度人教育体系面临生存与发展的关键问题。因为不能得到政府的认可，其教育的合法性问题不能得到有效解决，意味着马来亚印度人学子升学通道被堵塞，人才不能得到持续性供给，直接造成印度人人才的断层，对于后期马来西亚印度人在国家政治中的弱势地位也有持续性的影响。一方面，面对政府的压制，生存空间逐渐被取代；另一方面，印度人自身教育也面临许多问题。首先，失去政府支持的教育将面临缺少经费来源的问

---

① 罗圣荣：《马来西亚印度人及其历史变迁研究》，博士学位论文，云南大学，2009，第76页。

题，马来亚政府给予接受马来语教育的学生各类直接支持，但对接受以泰米尔语教育为主的印度人则几乎没有财政资助，不公平的教育政策使得印度人教育的发展举步维艰。再者，印度人由于在经济上也处于弱势地位，为了自身的生存和发展问题，不像华人族群那么热心于教育，经费问题是泰米尔语教育发展的最主要制约因素。其次，由于印度人教育原本发展的基础很薄弱，殖民政府时期的教育也不是为印度人族群的未来发展培养人才，独立后在整个印度人族群中真正精通母语的人非常少，这也限制了印度人教育的发展。反之，政府因为培训了过多的马来人老师，而将这些不懂泰米尔语的老师安排到印度人学校，影响了印度人学校的正常教学秩序，以致有些科目只能用马来语来教授。此外，基础设施问题也限制了印度人教育的发展，独立以前的泰米尔语教育主要在种植园里开展，基础设施简单又落后，即便是部分接受政府拨款的学校也没有完善的基础设施，教学设备不足，造成一些印度人学校处于一种名存实亡的状态。由于学校硬件设施情况不容乐观，部分泰米尔人对泰米尔文学校失去信心，进而导致该教育机构面临生源不足的情况，长此以往，泰米尔文学校只有被逐渐关闭的结局。

马来亚政府在独立前夕发表的《1956 年教育委员会报告书》，曾明确提出政府教育政策的"最终目标"是建立以马来文为主要教学媒介语的教育制度，为了实现马来语教育一家独大的目标，马来亚政府在政策和资金上为马来语教育提供了大力支持，同时也压缩了非马来语教育的空间，这为以后限制非马来人的母语学习埋下了伏笔。独立以后马来亚政府在1961 年出台的《教育法令》更是强化了马来语教育，试图取消泰米尔文学校，改制为英文学校，最后再改为马来文学校。在这种情况下，泰米尔文小学的数量在 1957 年一度高达 888 所，但马来亚独立后，由于上述原因，很多学校被迫关闭，如 1963 年学校数量下降至 720 所，而 2008 年时只剩下 523 所。[①] 这对泰米尔文学校发展的阻碍作用是巨大的，也正因为

---

① K. Arumugam, "2002. Tamil Schools: The Cinderella of Malaysia Education", http://www. Malaysiamet/aliran/monthly/2002/5f. html Tamil Nesan, 16th June 2008, p. 15.

面临诸多问题，一些印度人逐步转向其他语种的学校学习，进一步削弱了印度人教育的生源和地位，缺少共同的文化纽带，也就意味着印度人族群的内部凝聚力在分散，族群认同在逐渐弱化，在马来西亚社会的政治影响力也进一步衰退。泰米尔文教育除了面临种种"外患"和外在的法令限制，还面临更严重的"内忧"，即越来越多的印度人基于经济前途，选择放弃母语，接受更有市场的英文及国文教育。[1] 受政府各类规章制度的限制，越来越多的学生在参加政府考试时放弃考泰米尔文，而选择其他在高等学府受重视的科目，因为对这些学生而言，泰米尔文缺乏社会经济价值，没有发展前景。

进入 21 世纪以后，马来西亚政府提出"2020 年发展愿景"，试图提出一种全新的、能被各个族群所接受的共同价值观。因此，对泰米尔文教育的限制在马来西亚有所放松，但其仍然不断受到马来西亚政府的限制与规范。

第二节　族群的政治参与

一　马来人的政治参与

马来人作为马来西亚的原住民，在全国人口中占大多数，是三大族群中人口最多的族群。在独立以前的英国殖民政府时期，英殖民当局出于社会运转的需要，同时也为拉拢马来人，在殖民政府的各级单位中，少部分马来人被殖民政府雇佣来承担社会的基层管理工作，因此，独立以前的马来人几乎没有参与到殖民政府管理当中去。马来人，与其说是一个种族或血统概念，还不如说是一个文化和法律概念，马来人这一概念和定义，最早见于 1913 年的马来人保留地法案，并一直延续至今。[2]

---

[1] 罗圣荣：《马来西亚印度人及其历史变迁研究》，博士学位论文，云南大学，2009，第118 页。

[2] 廖小健：《影响马来西亚马华两族关系的文化与政治因素》，《华侨华人历史研究》2007年第 4 期。

对于当地马来人来讲，"大地之子"的概念在马来人头脑里表现得根深蒂固，这种观念以及英国殖民者"分而治之"的政策，促使马来民族主义领导人在领导独立的过程中逐渐形成了"马来人的马来亚"观念（1963年以后转变为"马来人的马来西亚"），即以维护马来人的利益为优先原则。① 由于马来人中的部分利益既得者或贵族接受过精英教育，他们逐渐意识到应该团结起来参与到国家政治生活中去，从而最终争取实现马来亚的国家独立。土著人知识分子逐渐崛起，马来民族主义者开始建立社会团体，最终马来人协会获得了马来社会的支持。马来人协会最早于1926年在新加坡成立，随后马来亚各地相继成立马来人协会。马来人协会主要由马来行政官僚和贵族组成，主要目标是在面对外来优势族群时促进马来人的团结和进步，同时对英国殖民政府和马来统治者效忠。② 马来人社会在正式建立政党前，社团是其政治参与的主要力量，同时也有马来青年协会（Malays Youth League）、马来亚马来国民等左翼政党团体。

把各州马来人团结在一起，激发马来人民族主义情绪是二战后英国人重返马来亚并推出的马来亚联邦计划。这份计划的核心是要废除马来苏丹的统治地位，以及保留部分统治权力。另外，英国政府还计划承认所有认同马来亚为自己祖国的人都拥有公民权，以此让那些获得公民权的人士对马来亚产生归属感。但是在当时的马来亚社会，马来人特权思想已经生根发芽，马来亚联合邦计划倘若实施则会极大地削弱马来人在政治上的特权地位，因此马来亚联合邦计划引起马来人的强烈反对。在这两个问题上，马来人之所以坚决抵制有三方面原因。首先，在世界殖民体系纷纷瓦解之际，英国违背世界潮流继续维持和强化殖民统治，使马来人不能接受。其次，由于非马来人特别是华人在经济上较马来人占有绝对优势，而英政府

---

① 叶笑云：《"碎片化"社会的政治整合——马来西亚的政治文化探析》，《东南亚研究》2006年第6期。
② 齐顺利：《马来西亚民族建构和马来文化强势地位的形成》，《河南师范大学》（哲学社会科学版）2008年第4期。

的政策中给予了非马来人与马来人同等的政治权利，这引起了马来人的不安。① 再次，他们认为马来苏丹政权是马来人主导下的马来亚国家主权的象征，苏丹政权的丧失也就意味着马来人主权地位的丧失，马来人从族群心态上不能接受，同时也使得马来人在与华人的竞争中限于困境，而与其他族群享受平等地位将会失去马来人的优势地位，使落后的马来社会进一步停滞不前。

　　在这种情况下，以马来人协会为中坚力量的马来民族统一机构（简称巫统）于1946年成立。巫统联合马来统治者，声称以捍卫马来人主权和特权为己任，要求英国政府放弃马来亚联邦计划。凭借其严密的组织性，巫统逐渐成为马来人社会的中坚力量。维护马来人利益的强硬政策充分地显示了巫统的族群性质和所代表的族群利益，同时也赢得了马来人的信赖和广泛支持，建立了良好的群众基础。在英国与巫统和马来统治者进行多次协商后，最后决定以马来亚联合邦协定来代替马来亚联邦计划。在新的协定中，马来人通过对马来人主权的重申、公民权的定义界定、公民权资格范围的限定以及对未来移民的控制，② 充分表达了"马来人的马来亚"的理念，马来人的特权地位再次得到承认，而非马来人族群原本应该拥有的公民权却没有得到认可。巫统与马来人融为一体，这意味着马来人是巫统的社会基础，是巫统在马来亚政坛占据主要地位的重要保证，在实行议会选举制度的马来西亚，占马来亚选民多数的马来人选民，对巫统的执政地位和执政权力的重要性就不言自明了。

　　每个政党都宣称以争取和维护本阶级、阶层或集团的利益和意志为宗旨，号召本族群成员积极参与政治、经济、文化等领域的竞争，以争取本族群的利益和地位。因此，非马来人与马来人之间的竞争非常突出，独立后这种竞争渗透到了所有领域，在政治领域则表现为通过各自的政党参与

---

① 方盛举：《马来西亚政党政治浅析》，《思想战线》1998年第9期。

② Muhammad Kamil Awang, *The Sultan and the Constitution*, Kuala Lumpur, *Dewan Bahasa dan Pustaka*, 1998, pp. 75 – 82.

政治、角逐政治主导权。① 在独立以前的马来亚社会，缺少政治权力的巫统光靠自身的力量是难以解决本族群的生存和发展问题的，更谈不上维护和实现这些利益和意志。而驱除殖民统治的共同愿望使巫统、马华公会和印度人国大党走到了一起，三大族群政党开始尝试进行合作，并建立了"马华印联盟党"这样一种政党合作组织。在联盟党内部，实力最强、支持者最多的巫统理所当然地成为盟主，拥有明显的政治优势。联盟党领导了马来亚的民族解放运动，迫使英国政府撤出了马来亚。而巫统在执政联盟中地位的逐渐加强，为其维护马来人的利益和实现马来人的意志提供了条件，因此执政的巫统首先致力于加强马来民族的政治地位。1957 年《马来亚联合邦宪法》通过马来语为国语、伊斯兰教为国教等对马来人有利的政策，马来人一系列政治上的特权都得到确认，从法律上认可马来人在政治统治上的主导地位，所以马来亚也是一个以"马来人为主的国家"。此外，1959 年，马来人执政党巫统在联盟内部选举席位分配的斗争中取胜，并确立了一个基本原则，即巫统在政党联盟大选席位的分配上应占 2/3，这是议会通过修改宪法而规定的法定多数。② 从此，巫统不需要华人政党的支持也可以根据其自身需要修改宪法，在《1962 年选举法修正案》中，规定以侧重地域大小划分选区的原则，取代以相近选民数为基础划分选区的原则，许多马来人选区的人数可以比华人选区少。③ 马来人选区则因为人口分布的地域因素占据了全国选区的大多数。此后，无论在什么情况下，马来人的选区都可以确保巫统等马来人政党在议会选举中获得议席的多数，从而确立了马来人在中央政府中的主导地位。从 20 世纪 50 年代中后期到 60 年代末，马来亚经历了成立、新加坡的加入和脱离等一系列重大政治变动，但马来人始终在政治上牢牢地掌握着马来西亚的统治权。

1969 年大选的结果，特别是华人政党和印度人政党的选举结果，以

---

① 叶笑云：《"碎片化"社会的政治整合——马来西亚的政治文化探析》，《东南亚研究》2006 年第 6 期。

② 李一平：《试论马来西亚华人与马来人的民族关系》，《世界历史》2003 年第 5 期。

③ 李一平：《试论马来西亚华人与马来人的民族关系》，《世界历史》2003 年第 5 期。

及选后发生的"5·13"事件，使马来人认为他们的特权地位受到严重威胁，要求改变现状。为巩固政治上的主导权，拉扎克开始对联盟党的组织形式进行大规模改造，即"联合缔造运动"。由多个政党组成的国民阵线取代巫统、马华公会和印度人国大党的联盟体系，试图通过这种改造运动废除英国式的民主体制，而重新建构一套权威政治体制。从1970年7月成功与沙捞越人民联合党结盟开始，联盟党逐渐收编多个反对党，1974年6月1日正式成立国民阵线，其成员除原来的联盟三党外，还包括沙捞越人民联合党、民政党、人民进步党、伊斯兰教党及一些地方性政党，从而形成了一个由11个成员党组成的新的政党联盟。国阵在表面上只是政党数目的简单扩大，但在这种简单扩大的背后却产生了深刻的政治权力结构的变动。首先，它把所有的马来人政党联合起来，消除了马来人反对党，实现了马来人政治力量的团结，使之形成一个权力核心。这个核心一旦形成，就加强了巫统在政党联盟中的老大地位，其他非马来人政党的地位自然一落千丈，只能沦为这个核心外围的卫星党。其次，无论是全国性政党还是地方性政党，拉扎克都尽可能把它们吸收到国阵中来，这样增加了国阵的利益代表性，削弱了反对党力量，使一党独大的政党制度在马来西亚不但继续存在下去，而且在政治生活中更具生命力。同时，也降低了马华公会、印度人国大党在国阵中的代表性，使其变为多党联盟中的大党之一，巧妙地削弱了非马来人政党的政治权力。最后，随着巫统国家行政权力的扩张，其内部出现了激烈的权力斗争，以拉扎克为首的强硬派战胜了以拉赫曼为首的民主派取得了领导地位，拉扎克在1979年9月出任巫统主席、政府总理。[①] 当时，巫统党内的一些激进人物，要求建立以马来人为主的内阁，甚至有人倡议实行一党专政，废除国会民主，实行以党治国。也有部分马来人学者认为，当时拉扎克完全可以成立100%的马来政府。[②] 尽管拉扎克没有建立完全的马来人政府，但也不再像拉赫曼时代那

① 方盛举：《马来西亚政党政治浅析》，《思想战线》1998年第9期。
② 〔马〕叶瑞生：《马来西亚政治领导学术研讨会采访记》，〔马〕《资料与研究》1996年第23期。

样注重族群协商的协合式民主体制。他提出"以党治国"的政治理念，在就任政府总理时毫不含糊地明确宣称："这个政府是基于巫统组成的，我把此权力赋予巫统，让巫统决定其形式——政府必须依随巫统的要求和愿望——它所执行的政策必须由巫统来决定。"① 这大大地强化了以巫统为首的马来人政党的政治权力，从此，他们有了对政权的绝对的、合法的支配权，巫统一党独大的局面由此形成。尽管有些加入进来的政党（如伊斯兰教党）在后来由于种种原因退出了国阵，1987 年巫统内部发生过一次分裂，形成了以新巫统为核心的国阵，但巫统始终以它独特的组织形式和运作方式保持了政治活力，在马来西亚的政治发展进程中扮演着极其重要的角色。

从此之后，巫统秉承这一政治理念，坚持党领导国家。这一政治现实，为巫统实施比过去更强有力的措施，维护马来人的各种权益提供了更为有利的机制，充分显示马来人利益和意志的新经济政策、国家教育政策和国家文化政策随之推出，这些政策至今对马来人族群的发展有重要影响。至于其他族群政党，实际上在政治运作过程中已经被排斥在外，马华公会和印度人国大党两大族群政党实际上也被更强大的政治势力所控制与操纵，其自主性与独立性极为有限。处于马来西亚政治中心的这个更大的政治势力就是巫统。由此可见，随着马来西亚族群政治的发展，巫统的政治权力不断加强，马来人从占有政治优势走向政治主导。马来人政党巫统政治权力的不断膨胀，使它可以最大限度地在各个领域推行马来人优先政策，以实现马来人的利益，体现马来人的意志。

二　华人的政治参与

马来西亚独立前，尤其是二战前，华人和印度人迁入时间还比较短，主要关心的仍然是母国的命运；在加入马来西亚国籍后，他们才开始真正地参与当地政治。② 但受母国国内政治、革命运动的影响，马来西亚华人

---

① 〔马〕谢志坚：《巫统政治风暴：历史片断回顾》，中央纸业有限公司，1999，第 50 页。
② 石沧金：《马来西亚印度人的政治参与简析》，《世界民族》2009 年第 2 期。

在政治参与上也更积极、更成熟。受马克思主义思想的影响，为实现民族的独立和解放，马来亚华人于1930年4月30日成立马来亚共产党。同时，孙中山等革命先烈早年在东南亚积极宣传革命思想，号召广大华侨团结起来拯救危难中的中国，其革命活动也得到马来亚华人的积极支持。中国国民党成立以后，也在马来亚的华人中积极发展组织，在国民政府和驻东南亚各国使馆的帮助下，救亡团体"南侨总会"（全称"南洋华侨筹赈祖国难民总会"）得以成立（社团是早期华人与马来亚政治活动的一种方式）。二战期间，马来亚华人的政治活动更多地受到祖籍国政府和政党活动的影响，积极争取民族解放，与日本法西斯抗争，为马来亚摆脱日本殖民统治尽到了责任与义务。

华人为马来西亚的独立做出了贡献，也为马独立后政治的健康发展不懈努力，组织了多个政党，包括执政党和反对党。[①] 马独立后华人主要通过选举、政党和社团参与三种方式行使公民权。[②] 马来亚独立以后，实行的是多党竞争的议会民主制度，这就意味着拥有马来亚公民权的任何人，都有权利去参加政治选举。这使得华人有机会把握和利用自己手中拥有的投票权，选出他们喜爱并支持的政党及候选人，并通过这些政党和候选人的政治作为，来影响政府政策的制定、修改和推行，为华人谋取更多的政治权益。[③]

在独立后马来亚政治的发展过程中，华人选民的作用是与华人人口众多、华人选民占总选民比例较高、积极参与选举并且踊跃投票分不开的。1957年，马来亚华人有233.38万人，占总人口的37.17%。到1959年，已登记的华人选民超过了选民总数的1/3，1964年华人选民更是高达38%。尽管马来人在大选中拥有绝对优势，但是华人选票对于马来亚的政治所产生的影响是不容忽视的。从独立后的历史来看，华人社会在遭遇较大压制时，一般会产生较强的反抗力量，反之，如果政府有关政策趋于放

---

① 张应龙：《中国的马来西亚华人研究：回顾与前瞻》，《马来西亚华人研究学刊》1997年第1期。

② 曹云华、许梅：《东南亚华人的政治参与》，中国华侨出版社，2004，第99~148页。

③ 许梅：《独立后马来西亚华人的政治选择与政治参与》，《东南亚研究》2004年第1期。

松缓和时，华人社会的反应就不那么强烈了。① 1957～1969 年，马华公会一直被视作华人在政府中的唯一代表，但后来由于马华公会在维护和争取华人相关权益等问题的立场上显得有些摇摆不定，并对巫统做出了多方面的让步，华人对执政党的地位和作用产生怀疑，失望之余他们开始寄希望于反对党。② 因此，在 1969 年后的六届大选中，70% 以上的华人选民都将选票投给了民主行动党。华人选民这样做的目的，一方面是对政府政策表示不满的一种宣泄，同时，给华人执政党以警示和督促；另一方面则是希望通过反对党的声音来表述华人的政治需求，并借此机会直接给政府施加压力，迫使政府正视华人的现实处境并加以改善。③ 正是因为华人可以决定选票的流向，所以在马来西亚历届大选中，执政党和反对党都积极争取华人的支持，重视华人的政治诉求。

在 1969 年的大选中，华人选民中大多数支持反对党，使马华公会靠亲巫统的马来人选民支持才得以获选。华人反对党则获得了 74% 的华人选票（占总投票额的 26%），赢得国会 25 个议席。在马哈蒂尔时代的第一个十年（80 年代），华人政治基本形成抗议的姿态，而第二个十年（90 年代）则形成顺从的姿态。④ 在 1999 年大选中，国阵正是有赖于华裔选票的大力支持，才拥有了 2/3 的国会优势，华人选票对国民阵线的最终取胜更是起到了举足轻重的作用。可以说，1999 年大选是巫统面临的最严峻的一次挑战，这是在"安瓦尔事件"导致巫统分裂，亚洲金融危机导致马来西亚经济衰退，马来人传统选票严重流失的形势下，国民阵线所经历的最为艰难的一次政治选举，由于华人选民对执政党的鼎力支持，国民阵线才转危为安，最终保住了执政党的地位。⑤ 华人选票的政治作用不断提升，使得无论是执政党还是反对党都必须重视华人的政治需求和呼声。

① 〔马〕何国忠：《百年回眸：马华社会与政治》，华社研究中心，2005，第 16 页。

② 许梅：《独立后马来西亚华人的政治选择与政治参与》，《东南亚研究》2004 年第 1 期。

③ 许梅：《独立后马来西亚华人的政治选择与政治参与》，《东南亚研究》2004 年第 1 期。

④ 陈建山：《马来西亚华人与印度人的文化认同和政治参与》，《国际参考研究》2013 年第 7 期。

⑤ 许梅：《独立后马来西亚华人的政治选择与政治参与》，《东南亚研究》2004 年第 1 期。

在马来西亚 2013 年的选举中，华人的影响力更是举足轻重，80% 的华人支持反对党。在竞选的 51 个国会议席和 103 个州议席中，民主行动党分别获得其中的 38 个和 95 个，一跃成为马来西亚的第二大政党。马来西亚华人积极参与投票，用手中的选票来影响国家政治的发展，增加本族群在国家政治中的地位，从而维护本族群的利益，推动马来西亚政治进程的发展。

政党是代表一定阶级、阶层或集团的根本利益，由其中一部分最积极的分子组成，有共同的政治主张，采取共同的行动，为夺取和巩固政权而联合起来的有组织、有纪律的组织，参与国家政治发展、选举是其最主要的政治活动。[①] 长期以来，作为代表马来西亚华人政治利益的华人政党，一直是马来西亚政坛的一支重要力量。他们不仅为争取和维护华人的合法权益进行不懈的奋斗，同时也为华人直接参政、议政提供了广阔的政治平台，推动了马来西亚政治历程的发展。马来西亚华人政党出现较早，早在 1930 年就成立过马来亚共产党。二战后，马来西亚的政治发展进入了新的时代，政党政治开始兴起，华人政党的政治活动非常活跃，并呈现出多元化的发展趋势。在马来西亚华人政党中，最具代表性的无疑是执政党马华公会，在马华印三党联盟执政时期，马华公会以执政党身份参与政府组建。进入联盟执政时期后，从马华公会中又分离出两个华人小党，即马来亚党和民主联合党。马来西亚成立后，新加坡人民行动党和沙捞越人民联合党也加入马来西亚华人政党的行列。新马分离以后，新加坡人民行动党退出马来西亚，但是它在马来西亚的支部，经过重新改组注册后成立了民主行动党。后来，分化后的劳工党与民联党联合，成立了民政党。1974年马华公会加入国民阵线，以执政党的身份在马来西亚政坛中占据了重要地位，对缓和华人社会与政府的冲突，维护民族和谐，尤其是保持政局稳定起到了十分重要的作用。[②] 此外，民主行动党是华人社会的另一重要政党，充当了代言人的角色。特别是当马华公会为了维护其自身的政治利益

---

① 孙关宏等：《政治学概论》，复旦大学出版社，2008，第 155 页。
② 梅玫、许开轶：《当代马来西亚华人的政治参与》，《长江论坛》2014 年第 2 期。

和地位而损害华人族群的利益，向巫统妥协时，民主行动党在争取华人与马来人的政治权益平等以及其他有利于华人社会的问题上，发挥了非常重要的作用。华人政党政治活动的顺利开展，在提升华人政治地位和增强华人的政治影响力方面，都发挥了积极的作用，奠定了华人政治参与的组织基础。

早期的华人社团主要是出于互相帮助和团结发展的需要，在殖民政府时期，由于没有政党，华人社团有时也需要发挥政治功能，起到上传民意、下达政策的作用。对于马来西亚华人社会而言，社团与华人政治的发展有着千丝万缕的联系，不论是对祖籍国政治的关注，还是对于独立后马来西亚华人政治的参与，都扮演了极其重要的角色。二战结束后，马华社会的国家认同和政治意识发生了根本性转变，社团的政治功能获得更大发挥。代表华人社团向政府反映民意，通过呈递意见书和备忘录等方式，提出各种诉求和政治主张，目的是争取并维护华人在政治、经济和文化上的平等地位。① 马来西亚独立后，华人除了通过政党来争取本族群的合法权益外，华人社团是其另一股可以借助的重要民间力量，因为社团来源于华人社会，更能把握民意。由于马来西亚独特的种族政治，华人的政治地位逐渐被边缘化，当华人社会的合法利益受到损害的时候，社团常常承担了原本华人政党应该做的事，直接向政府提出政治诉求，甚至举行抗议活动，向政府施加压力，在维护华人权益方面起到了很大的作用，甚至对政府某些政策的制定与实施也能产生一定的影响。目前，马来西亚共有5000多个华人社团组织，影响力较大的主要有：1947年成立的马来西亚中华工商联合会（简称中总）、董教总以及1991年成立的马来西亚中华大会堂总会（简称华总）。1969年以后，马来人的特权地位进一步巩固，华人处于不利地位，为了争取平等的权利和地位，社团积极向政府提出各种政治诉求，希望华人能获得公平、公正的待遇。例如，为了争取保存与发展本民族的文化的权利，实现作为马来西亚公民的华人平等享受国家资源的待遇，1983年3月30日，由雪兰莪中华大会堂、马来西亚华校教师会总

---

① 许梅：《独立后马来西亚华人的政治选择与政治参与》，《东南亚研究》2004年第1期。

会、马来西亚华校董事会联合会总会等十几家在全国有代表性的华人社团向马来西亚政府文化部、青年部和体育部正式提呈《国家文化备忘录》。这表明马来西亚华人社团为争取华人文化获得平等权利进行了不懈努力。

三　印度人的政治参与

早期马来亚印度人的政治参与主要是以社团的形式进行的。在印度人社会中，比较有影响力的社团主要是以社会基层管理者为主要成员的种植园亚洲人协会，以及以商人、专业人士为主，受印度政府支持的马来亚中央协会。这些组织的主要目的是维护马来亚印度人的合法权益，并没有完全形成政治参与的意识。1937年尼赫鲁访问马来亚对印度人的政治参与具有重要影响，他号召印度人团结起来，维护本族群的权益，此后印度人的各种社团组织如雨后春笋般兴起，印度人开始展现自身的力量。但是受印度人心系祖籍国的情感因素以及英国殖民者"分而治之"政策的影响，印度人无法参与到马来亚政治发展的进程中去，导致对马来亚的国家认同并未深入人心，也就直接影响了他们参与政治的热情与积极性。再加上祖籍国印度为英国政府所统治，侨居地也是在英国的管辖之内，印度人对英国怀恨在心，一直希望可以推翻英国的殖民统治，争取印度的国家独立与民族解放。所以，马来亚的印度人认为他们的最终目的不是成为英国人统治下的公民，而是成为埋葬英国殖民统治的终结者。

二战爆发后，日军占领马来亚，印度人幻想这是一个难得的机会，试图通过日本发动的侵略战争从中寻找机会，以赢得印度民族的独立和自由。在此背景下，马来亚印度人建立了以支持印度独立为目标的"印度人独立同盟"社团。印度人独立同盟后来成为领导东南亚地区印度人支持印度独立运动的中心，它不断开展征募人员、募集资金的活动。[①] 在日军的扶持下，以社团为主的政治活动提高了印度人的政治参与度，也进一步刺激了马来亚印度人的觉醒。1946年8月2日，在尼赫鲁的倡议和推

---

① The High Level Committee on Indian Diaspora, The Report, 2001, p. 252.

动下，印度人国大党在吉隆坡成立，其目标有两个：保护和促进印度人社群的各种利益；防止印度人在马来亚走向独立的进程中出现族群内部的不和谐与误解。① 自成立起，它主要代表的是马来亚印度人族群上层社会的利益，而内部的派系斗争更是削弱了其政治影响力。② 所以印度人国大党并未获得占人口大多数的各种植园劳工的支持，自然在印度人社会中也没有形成比较大的影响。

1948 年马来亚联合邦取代马来亚联邦制定宪法时，有 5 名印度人代表加入立法委员会。印度人国大党的人没有当选，由于整个印度人族群的社会地位比较低，印度人代表在制宪过程中所发挥的作用非常有限，并未争取到印度人应有的公正待遇，政治上的弱势地位依然没有改变。在马来人主导的马来亚，一些印度人也开始意识到在政治上不能单独发挥出较大作用，因而希望建立超越种族的政党。1951 年劳工党在槟榔屿成立，其成员主要是印度人和华人。1952 年 6 月，他们联合组建了一个松散的全国性政党，即"泛马来亚劳工党"，1954 年改名"马来亚劳工党"。劳工党的主要成员是华人和印度人中的知识分子，所提出的口号主要是反对马来人特权政策、反对种族歧视等，在 1955 年大选中没有赢得一个议席。整体来看，劳工党影响很小，"5·13"事件后，劳工党被撤销注册。

印度人国大党加入联盟体系中，却没有发挥其作用，1957 年马来亚摆脱英国的殖民统治，走上独立之路。在起草 1957 年独立宪法和相关重要谈判中，印度人国大党几乎未发挥任何作用，③ 这也间接说明印度人在整个马来亚社会中是处在依附和次要的境况中。印度人国大党的成员基础决定了它在维护印度人自身族群利益问题上的局限性。例如，按照马来西亚国籍法规定，在马来亚独立前最后 12 年连续居住 8 年以上并能使用马

---

① R. K. Vasil, *Ethnic Politics in Malaysia*, New Delhi: Radiant Publishers, 1980, p. 81.
② 梁英明：《马来西亚种族政治下的华人与印度人社会》，《华侨华人历史研究》1992 年第 1 期。
③ 陈建山：《马来西亚华人与印度人的文化认同和政治参与》，《国际研究参考》2013 年第 7 期。

来语者才能获得马来西亚国籍，结果，有近 15 万印度人不能获得马来西亚国籍。① 没有国籍也就意味着没有公民权，更谈不上平等权利与就业发展的机会。1968 年 8 月马来西亚通过《就业登记法》，规定不具备公民权的人不能领取工作许可证，这对没有获得国籍的印度人来说，无疑是一个沉重的打击。1969 年的"5·13"事件进一步打击了印度人国大党，使它在联盟党中的地位再次被削弱，巫统的地位更加巩固。为了争取印度人的平等政治待遇，获得选民的支持，印度人国大党多次与马来西亚政府谈判，最终都是不了了之，这也直接导致国大党在印度人社会中的影响力反而不如印度人工会，国大党的作用显得可有可无。政治上被边缘化的结果是在 1969 年后的马来西亚内阁中，印度人国大党的席位只剩下 1 席。例如，从内阁官职的分配来看，1964 年6 月的内阁，在含正副总理在内的 22 名内阁部会首长当中，印度人占 2席，即工程、邮务与电信部部长和劳工部部长；1973 年 4 月的组阁中，在 26 席部会首长里印度人亦有 2 个席位——国家团结部部长和劳工与人力资源部部长；而当 1975 年 8 月 6 日内阁降为 23 席之后，印度人仅剩通信部部长 1 席；从 1975 年开始，尽管内阁不断扩充其部会数量，印度人却仅获得 1 个部长席位，且仅担任工程部部长（1984 年、1997年、2008 年）、通信部部长（1975 年）或能源部部长（1992 年）之职；特别是在 2004 年空前庞大的"超级内阁"，即含正副总理在内的34 个部会首长当中，印度人仍然只获得工程部部长 1 席。②

1990 年，以四六精神党（1989 年从原巫统中分裂而来）为首的反对党联盟终于建立起来，它包括"印度人前进阵线"（1990 年成立，目前有38 万名党员，大部分来自印度人社会下层）、"马来西亚穆斯林印度人国大党"（1977 年成立）等印度人政党。③ 尽管反对党联盟在 1990 年大选中取得比较大的胜利，但是没有从根本上撼动国阵的执政地位。1999 年

① 王士录：《东南亚印度人概论》，《东南亚研究》1988 年第 3 期。
② 〔马〕陈中和：《马来西亚印度族群边缘化的根源在哪里？——一个宪政体制的分析观点》，〔马〕《视角》2007 年第 12 期。
③ 石沧金：《马来西亚印度人的政治参与简析》，《世界民族》2009 年第 2 期。

由伊斯兰教党、民主行动党和马来西亚人民党组成的新的反对党联盟——"替代阵线",试图取代国阵在马来西亚的执政地位。在当年举行的大选中,替代阵线虽未能最终赢得选举,但重创了国民阵线的核心大党巫统。[①] 2000 年,印度人在马来西亚国会两院中各占 7 个席位,其中包括一个内阁职位、两个副部长级职位,以及两个国会秘书职位。[②] 2020 年宏愿计划提出以后,为了使马来西亚政府重视对印度人发展权益的保护,印度人政党呼吁政府增加对印度人族群的拨款,以维护他们的合法利益。尽管印度人一再呼吁,但当马来西亚第 9 个五年计划(2006~2010 年)在 2006 年正式公布后,印度人政治领袖、民主行动党副主席古拉(M. Kulasegaran)仍认为印度族群未能从该计划中真正受惠,印度人再次被边缘化。[③] 印度人认同马来西亚为自己的祖国后,也逐步赢得其他族群的信任。在一个多种族、多文化的国度,印度人族群所获得的权益与其政治力量是正相关的,就像马来人一样,政治力量越强,其得到的权益也会越多。未来印度人还会面临与马来人等其他各族群的各种问题,但为了维护自身的权益,印度人在政治参与上也会变得更加积极,势必会推动与本地族群的融合,推动马来西亚社会的进步。

---

① 廖小健:《世纪之交马来西亚》,世界知识出版社,2002,第 242 页。

② The High Level Committee on Indian Diaspora, The Report, 2001, p. 258.

③ 〔马〕《南洋商报》2006 年 4 月 13 日。

第六章

宗教与政治

第一节　宗教概况

自 1511 年 8 月马六甲王国陷落后，葡萄牙、荷兰、英国等西方列强对马来西亚进行了长达 4 个多世纪的殖民统治，虽然大力宣传西方宗教，但是华人、印度人等不同族群仍然保留着他们本民族的宗教和习俗，这种多元宗教并存的现状一直延续到了今天。现行的《马来西亚联邦宪法》明文规定，伊斯兰教为马来西亚的国教，是马来西亚最主要和信徒最多的宗教。但是，马来西亚作为伊斯兰教君主立宪制国家，其宪法规定在不威胁伊斯兰教尊严和地位的前提下，马来西亚各族人民在联邦内享有宗教信仰自由。历届政府基本上都奉行宗教信仰自由的政策，在保护本国马来人宗教文化的同时，充分尊重其他民族的历史文化和民族风情，保障他们自由宣传宗教教义和举行宗教仪式的权利，甚至信仰伊斯兰教的内阁部长还会参加印度人或华人的宗教节日庆祝活动。在政府关于宗教事务的开明政策的影响下，佛教、印度教、基督教、天主教和道教等其他宗教在马来西亚也有一定影响力，多元宗教文化的发展为马来西亚赢得了"宗教万花筒"的美誉。

马来西亚是一个多元宗教并存的国家，伊斯兰教是马来西亚的国教，其他宗教还有佛教、道教、印度教、基督教和天主教、锡克教以及原始宗教等，即使同一宗教内部也有众多教派。马来西亚人口约 3000 万人，其中马来人占 68.1%，华人占 23.8%，印度人占 7.1%，其他种族占

1.0%。马来语为国语,通用英语,华语使用较广泛。[①] 马来西亚不同族群的宗教信仰呈现出明显的族群特征,大部分马来人信奉伊斯兰教,部分马来人还保留着原始宗教,被称为昆德利的共食仪式是其代表性的仪式;大多数华人信奉佛教和道教;住在马来西亚的印度人主要是印度南部的泰米尔族,这部分人大多数信奉印度教;部分华人和欧亚混血种人信奉基督教和天主教;原住民的宗教信仰较为复杂,一部分人信仰原始宗教,也有一部分人皈依伊斯兰教、基督教和天主教。

一 伊斯兰教

(一) 伊斯兰教的创立及其基本教义

穆罕默德受当时流行于阿拉伯半岛各地的基督教、犹太教和哈尼夫运动的影响,厌恶偶像崇拜,倾向于一神的信仰。610年,穆罕默德自称为安拉的使者,并把古莱西部神安拉提高到全民族唯一真神的地位,从而创立了伊斯兰教。"伊斯兰"一词,原意为顺从,指顺从安拉的意志。信仰伊斯兰教者,称为"穆斯林",意为独尊安拉、服从先知的人。

伊斯兰教的基本教义分为宗教信仰和宗教义务两个方面。宗教信仰包括六项基本信条:①信安拉,即信仰安拉是唯一的神;②信使者,即信仰穆罕默德是安拉的使者;③信天使,即信仰天使只听从安拉的差遣,分别管理天国和地狱,传达安拉的旨意,记录人间的功与过;④信经典,即信《古兰经》是安拉的"启示";⑤信前定,即信宇宙间一切事物皆为安拉前定;⑥信末日,即信"死后复活"即"末日审判"。

宗教义务包括五项基本功课,简称"五功":①念功,口涌"万物非主,唯有真主。穆罕默德,真主使者";②拜功,穆斯林每天面向麦加方向祈祷五次,每周五到清真寺参加集体礼拜,称聚礼或主麻礼;③斋功,每年伊斯兰教历九月斋戒一个月,每天从黎明到日落禁止饮食和房事等;

---

① 《马来西亚国家概况》,中华人民共和国外交部网站,2015 年 7 月,http://www.fmprc.gov.cn/web/gjhdq_676201/gj_676203/yz_676205/1206_676716/1206x0_676718/。

④课功，即交纳天课以帮助穷人，资助伊斯兰宣教人员，起初是自愿捐献，后来逐渐发展成一种财产税；⑤朝功，即身体健康有经济能力的成年穆斯林在一生中有义务去麦加朝觐一次。

穆斯林以《古兰经》为经典，他们认为它是安拉的启示，是神圣无误的永恒真理。《古兰经》规定了伊斯兰教的基本信仰、教法、宗教义务和作为穆斯林必须恪守的道德规范。

（二）伊斯兰教在马来半岛的传入和早期的发展

伊斯兰教传入马来半岛经历了两个阶段，即伊斯兰教传入马来群岛和伊斯兰教传入马来半岛。关于马来群岛的伊斯兰教是从哪一地区传入的，由于史料匮乏，目前学术界尚无定论。代表性观点主要有三种：马来群岛的伊斯兰教源于阿拉伯地区；马来群岛的伊斯兰教源于中国；马来群岛的伊斯兰教源于印度。① 马来半岛上伊斯兰教的直接来源地是苏门答腊北部的巴赛，来自阿拉伯世界的商人和传教士积极地向周围地区传播伊斯兰教和阿拉伯文化。伊斯兰教传入巴赛地区后，以巴赛为据点向马来半岛辐射传播。在 13 世纪前后，伊斯兰教传入马来半岛并逐渐为人们所接受。这一时期，推崇佛教的室利佛逝海上帝国开始衰落，15 世纪马六甲王国的崛起，为伊斯兰教在马来半岛的迅速传播提供了有利条件。

伊斯兰教传入马来半岛之前，这一地区的主要宗教是印度教和佛教。在丁加奴河上游发现了一根 1326 年或 1386 年的石柱，考古学家的研究表明，15 世纪以前伊斯兰教在马来半岛并没有得到大面积的传播。伊斯兰教开始在马来半岛大规模地传播是在马六甲王国时期，15 世纪是伊斯兰教在马来半岛上传播的黄金时期。15 世纪初期，马六甲王国取代苏门答腊成为向东南亚传播伊斯兰教的根据地，这是伊斯兰教在马来半岛传播过程中的一个里程碑，为伊斯兰教在该地区的传播与盛行奠定了基础。

公元 1405 年，马六甲王国的创建者拜里米苏拉还是印度之子，信仰印度教，后来娶了一位阿拉伯公主，在岳父和妻子的敦促下，拜里米苏拉在其 72 岁的时候决定皈依伊斯兰教，还给自己起了一个伊斯兰教名

---

① 龚晓辉等编著《马来西亚概论》，世界图书出版广东有限公司，2012，第 91 ~ 92 页。

字——伊斯坎达·沙，并下令全国信仰伊斯兰教。这使得伊斯兰教的影响力迅速扩大，并成为在马来半岛占统治地位的宗教。马六甲王国第三任国王穆罕默德·沙按照伊斯兰教国家的风俗和习惯，将国王改称苏丹，其后的历任统治者皆采用苏丹称号，一直延续到现代。第四任国王穆扎法尔·沙在位期间（1445～1456年），编订了包含穆斯林法律的法典，规定伊斯兰教为马六甲王国的国教，大力修建清真寺和宗教学堂，他的继任者大多数都非常重视伊斯兰教在半岛的传播。1456年穆扎法尔·沙去世后，其子曼苏尔即位，先后征服暹罗、吉打、北大年等地区，强迫这里的大部分居民皈依伊斯兰教。甚至在攻占彭亨后，建立伊斯兰教政权，委任其子为首任国王。15世纪伊斯兰教在马来半岛得到了广泛传播与发展，马六甲城因此享有"小麦加"之称。

伴随着马六甲王国的崛起，伊斯兰教与马来人的本土文化相融合，在100年左右的时间内便在马来半岛占有一席之地，成为传统马来文化的重要组成部分。在统治阶层的鼓励下，很多民众相继皈依了伊斯兰教。王室还制定了一些有利于穆斯林的规章制度，强调履行伊斯兰教的各项义务，鼓励穆斯林与非穆斯林通婚，吸引更多的人皈依伊斯兰教。

（三）近代西方殖民时期和独立后伊斯兰教的发展

16世纪以后，西方殖民者在入侵马来半岛的同时，也将基督教带到马来半岛，但是伊斯兰教的发展并未因基督教的传入而衰落。1509年，葡萄牙人首次入侵马六甲港口，但是很快失败了。1511年8月，葡萄牙殖民者再次猛烈进攻马六甲，实力上的差距使马六甲王国最终战败，从而马来半岛开始了长达400多年被殖民的历史。葡萄牙占领马六甲后，拆除了在战乱中被毁坏的伊斯兰教堂，强迫当地的居民皈依基督教。16世纪末，葡萄牙的海军实力开始下降，1641年，荷兰取代葡萄牙开始统治马来半岛，葡萄牙在该地区130余年的殖民统治宣告结束。

尽管葡萄牙在占领马六甲初期摧毁了一些清真寺，驱逐了一批穆斯林商人，基督教也传入马来半岛，马六甲作为伊斯兰教在马来群岛宣传中心的光环不复存在，但是伊斯兰教在马来人心目中的地位反而被强化。究其原因主要有以下两点：一是葡萄牙和荷兰殖民者都单纯地对马来半岛进行经济和资源掠夺，忽视了基督教的传播，客观上为伊斯兰教的存在、传播与发展创造了有利条件；二是西方殖民者统治马来半岛期间，马来人过着国破家亡的悲惨生活，伊斯兰教成了他们唯一的精神寄托。马来人以安拉的名义将生活在这片土地的人们团结起来，顽强地反抗西方的殖民统治。

1786 年 8 月，莱特率领英国军队攻占槟榔屿，拉开了入侵马来半岛的序幕。虽然英国对马来半岛社会和文化的影响远远大于葡萄牙和荷兰，但在宗教信仰方面的管控并不严格，总体上说，英国统治时期的宗教信仰是比较自由的。18 世纪，奥斯曼帝国逐渐衰落，伊斯兰教圣地麦加和麦地那重新获得独立，进一步强化了其作为伊斯兰教宣传中心的地位。这一时期的交通运输尤其是国际航运已经有了明显的进步，世界各地区的穆斯林纷纷前往伊斯兰教圣城朝拜和学习宗教习俗，马来半岛的穆斯林也不例外。学成归来的宗教学者将伊斯兰教教义与社会和人的精神、现实生活联系起来，形成了具有宗教特征的社会伦理和道德观，为马来西亚独立后伊斯兰教成为国教做好了铺垫。

1942 年 2 月 15 日，新加坡的英国守军向日军投降，日本占领了整个马来亚。日本在马来半岛进行了三年多的残暴统治，直到 1945 年 8 月 15 日宣布向盟国投降。日本加紧灌输"大东亚共荣圈"思想，推广学习日语运动，向马来半岛进行文化输出。但是在宗教信仰方面，日本尊重马来亚人民的伊斯兰教信仰，并没有采取强行的同化政策。日本承认马来亚各州苏丹的特殊地位，这一时期成立了各种马来人的社会宗教组织。在日本统治时期，伊斯兰教被相对完整地保留和传承下来了。

第二次世界大战结束后，英国重新取得在马来半岛的统治权，基本上延续了日本占领马来半岛前的宗教政策，不干涉民众的宗教信仰自由。伊斯兰教作为马来半岛不断更迭的社会政治统治中唯一被放生的民族精神生命，在马来民族的发展历程中逐渐沉淀为传统马来文化的核心构成。[①] 伊斯兰教不仅是马来人的共同信仰，亦是马来民族主义最核心的表达，马来族的政治领导人将伊斯兰教作为号召和团结人民的工具，与英国殖民者和

---

① 　龚晓辉编著《马来西亚概论》，世界图书出版广东有限公司，2012，第 97 页。

本国的非马来人进行政治斗争。伊斯兰教不仅是人们的精神信仰，还介入不同族群之间的政治和利益争夺，这种角色的转变是马来亚独立后伊斯兰教发挥政治作用的预演。

1957年8月31日马来亚联合邦的独立，标志着马来亚终于摆脱了英国的殖民统治，取得了民族的独立。自葡萄牙入侵马来半岛后，马来人民经历了数百年被殖民的历史，伊斯兰教成了马来人身份认同的一种标识，伊斯兰文化成为马来文化的核心要素。宪法明确规定伊斯兰教是马来西亚的官方宗教，这为伊斯兰教全面影响现代马来西亚社会创造了条件。

（四）伊斯兰教传入马来半岛的影响

伊斯兰教创立之初就与政治有密切联系，主要体现在政教合一。伊斯兰教传入马来半岛后，从根本上改变了马六甲王国的政治体制。苏丹不仅成为王朝的最高统治者，同时也是全国人民的宗教领袖，苏丹通过宗教为其统治找到政权合法性。马来人的社会组织是由伊斯兰教规范和传统习惯二者合一共同维系的。

宗教意识可以渗透到人们社会生活的方方面面，伊斯兰教倡导安于现状、忠于苏丹。伊斯兰教认为，苏丹作为社会的最高统治者，其宗教领袖的地位是不可取代的。马来半岛在吸收伊斯兰文化并与本土文化融合之后产生了忠君和顺从思想，即使当地民众承受苏丹及其首领们的残酷剥削，他们仍然无条件地效忠于苏丹，当人们不满苏丹的统治时，他们可能选择"逃离"而不是去反抗。

占马来西亚人口大多数的马来人信奉伊斯兰教，全国各地的主要清真寺无不宏伟壮丽，在马来西亚到处可以感受到伊斯兰教的气息，无论是在繁华的大都市还是在乡村，都可以看到伊斯兰式的建筑风格。马来西亚虔诚的穆斯林每天要到清真寺做五次跪拜，清真寺内安静、肃穆。进入清真寺要做到：跪拜前要脱下鞋子；头上必须有一件东西，或戴帽子，或包头巾，或顶手帕之类；女性不能穿超短裙，从肩膀到膝避而不露；衣袖不能短到露肩或露出腋下；跪拜后要沐浴净身。①

---

① 宋秀梅、徐宗碧：《东盟国家概况》，云南大学出版社，2009，第82页。

二 佛教

（一）佛教的创立及其基本教义

佛教的创始人是释迦牟尼，原名乔达摩·悉达多，是古印度北部伽毗罗卫国的统治者净饭王之子，属刹帝利种姓。释迦牟尼是他得道后所获的称号，意为释迦族的圣人。同时又被门人奉为佛陀，意为觉悟者。

孔雀王朝阿育王时期（前273～前232年）将其定为国教，为早期的佛教，或称为原始佛教。佛陀所传的最根本的教义是"四谛"，即四条神圣的真理，包括苦谛、集谛、灭谛、道谛。苦谛是佛陀讲道的起点，主要讲现实存在的种种痛苦。佛教认为人生一切皆苦。集谛是说明人生多苦的原因。灭谛就是指消灭痛苦、消灭苦因、消灭欲望的真理，佛教称这种境界为涅槃。道谛是指为实现佛教理论所应遵循的手段和方法。要达到消灭痛苦的方法，就要学习教义，遵守戒律和八正道。佛陀所传的教义适应了当时各种姓（尤其是刹帝利和富有的吠舍）反对婆罗门种姓特权的要求。佛教主张"众生平等"，反对苦行，并用易懂的通俗语言传教。因此，佛教得到了摩揭陀等国君主的支持，受到了富人的大量布施，也从各种姓中获得了大批的信徒，很快发展成为一个较大的宗教。

释迦牟尼涅槃后，随着社会经济的发展，佛教僧团对佛教教义和戒律的解释逐渐产生了分歧。为了解决佛教僧团内部的矛盾，公元前376年，佛教徒在吠舍厘城举行第二次大结集。在这次结集大会上，佛教学说分裂成了"大众部"和"上座部"。到1世纪时，"大众部"逐渐演变为大乘佛教，主张神化释迦牟尼，崇拜偶像，以自修成佛和普度众生并重；而"上座部"则恪守原始教义，只尊释迦牟尼为教主（不是神），只求个人自修解脱，被大乘部贬为"小乘"。

（二）佛教在马来半岛的传入和发展

佛教传入马来半岛较早，最早可追溯到公元前后。当时有一些来自南印度的商旅南下来到马来半岛，他们中的佛教徒和僧众是在马来半岛传播佛教文化的先驱。由于受印度教的影响，佛教从传入马来半岛一直到14世纪都是当地盛行的宗教。这一时期马来半岛上相继出现的羯荼、狼牙修和盘盘等王国都信奉佛教。据我国唐代僧人义净在《南海寄归内法传》中记载，上述这些古王国"极尊三宝"，奉佛教为"国法"，该书叙述了佛教各教派在马来半岛的传播和发展，勾画了一幅佛教在马来半岛蓬勃发展的辉煌景象。

2世纪在马来半岛北部建立的狼牙修是半岛历史上第一个佛教王国。7世纪中叶，在苏门答腊东南部建立的室利佛逝逐渐发展为强大的海上帝国，该国所信奉的大乘佛教得到了较快的发展。在室利佛逝统治期间，佛教在马来半岛的影响力逐渐增大，影响范围波及马来半岛的各个地区。印度的佛学大师夏基阿基尔蒂曾经到这里弘法讲学，中国唐代著名高僧义净在取道海路去印度的途中，也曾在这里学习梵语和佛教理论，室利佛逝成了当时大乘佛教的传播和交流中心。室利佛逝王国作为佛教在东南亚地区的重要传播中心，一直延续到11世纪初期。

8世纪以后，爪哇夏连德拉王国开始统治马来半岛，当地开始信奉密教。从11世纪起，室利佛逝王国开始衰落。13世纪末期，信奉印度教的满者伯夷取代了室利佛逝王国，佛教的影响力也随之下降。到了15世纪初，马来半岛上的第一个统一国家——马六甲王国决定信奉伊斯兰教，佛教迅速走向衰落，并逐步退出了本土人们的宗教信仰领域。直到19世纪后半期，大量的华人和佛教徒来到马来亚，佛教重新获得了发展的机会，华人信仰的主要是大乘佛教。华人在马来半岛社会和经济地位日益提升的同时，众多佛教徒开始筹集资金修建寺庙，以实践自己的宗教信仰和表达对佛陀的尊崇之情。19世纪末20世纪初，泰国、缅甸和斯里兰卡等东南亚其他国家的一些佛教徒也来到马来亚，但这些佛教徒信奉的是小乘佛教。各国的佛教徒杂居，他们之间的交流相当频繁，佛教内部不同派系之间呈现出融合的迹象。例如，在位于槟城的马来西亚最大的大乘佛教寺院极乐寺中，有一座高36米的观音雕像，万佛塔的塔基是中国汉式六角塔形风格，塔中部是泰国短檐塔身风格，塔顶部是缅甸覆钵型风格，万佛塔体现了大乘佛教建筑和小乘佛教建筑的融合。20世纪50年代以后，大乘佛教在马来半岛有了相对较快的发展，华人聚集的槟城和吉隆坡是马来西亚的佛教中心。在当今的马来西亚，信仰佛教是华人文化的重要组成部分，甚至带有一定身份标识的意义，也是推动佛教在马来西亚继续传播与发展的重要因素之一。

现在马来西亚全国共有佛寺600多座，其中大乘佛寺400余座，小乘佛寺200余座，各派的佛教徒在弘扬佛法的同时已经意识到佛教派系之间团结合作的重要性，各佛寺母体宗教文化特征、宗派界限的区别正在逐渐缩小，相互融合的趋势日益加强。[①]

（三）主要佛教团体

目前，马来西亚信仰佛教的人口占全国宗教人口的23%左右，仅次于伊斯兰教，其中大多数佛教徒为华人，且以大乘佛教徒为主。此外，也有一部分来自缅甸、泰国和斯里兰卡等国家的小乘佛教徒。随着佛教在马来西亚的传播和发展，佛教团体遍及全国。

1. 马来西亚佛教总会

1959年，佛教界有识之士在马来亚佛教中心槟城的极乐寺正式成立"马来亚佛教总会"（Malaysian Buddhist Association）。1963年，由于马来亚与沙巴、沙捞越和新加坡组建马来西亚，改名为"马来西亚佛教总会"，简称"大马佛总"或"马佛总"。马来西亚佛教总会是马来西亚第一个具有影响力的全国性佛教团体，也是马来西亚华人佛教寺院和各地佛教团体的代表性机构，首任会长是竺摩法师。马来西亚佛教总会在槟城和吉隆坡都建有宏伟的佛教大厦，总部设在槟城，各州都设有分会，下辖100多个佛教团体。马佛总成立的目的是在马来西亚法律所允许的范围内弘法全国，在全国宣传佛教文化。马佛总创办了马来西亚佛学院等教育机构，并与马来西亚佛教青年总会合作，在全国各地举办佛学考试和佛学讲座，并出版佛教刊物《无尽灯季刊》，以推动佛教文化的发展。为了最大限度地保障佛教徒的利益，1962年马佛总成功向政府申请将佛陀诞辰日"卫塞节"列为法定假日。

2. 马来西亚佛教青年总会

马来西亚佛教青年总会（The General Buddhism Association for the

---

① 黄心川：《当代亚太地区宗教》，宗教文化出版社，2003，第429～430页。

Malaysian Youth），简称"马佛青"，成立于1970年7月。马佛青共由170个会员团体组成，是马来西亚唯一的佛教青年组织，作为该组织最高决策机构的全国代表大会，每两年召开一次。会议期间选出全国理事会，全面负责开展各种活动，各州成立联络委员会，主要负责沟通全国理事会和各会员团体之间的工作。马佛青是一个非常活跃的佛教团体，营办多元化的活动，例如定期巡回弘法团、定期举办佛学讲座、举办佛青训练营、高级佛学研究班以及儿童教学训练班，同时设立翻译局、佛青文化服务处、佛教视听图书馆，成立马来西亚佛教青年基金会，出版中英文版杂志《佛教文摘季刊》。此外还经常开办佛教专题研讨会，参加各类佛教学术会议，旨在唤醒华人社会对佛教的重视和关心，推动佛教文化在马来西亚的进一步发展。作为世界佛教青年会的主要成员之一，马佛青也积极推动国际佛教青年运动的发展。

3. 马来西亚僧伽会

马来西亚僧伽会，简称"大马僧伽会"，1992年开始筹备成立，1995年获准正式注册成立。大马僧伽会是马来西亚唯一包括了南传佛教和北传佛教僧众的佛教组织，亦是继马来西亚佛教总会和马来西亚佛教青年总会后成立的马来西亚第三个全国性佛教组织。大马僧伽会的成立旨在宣传佛教教义，促进佛教在马来西亚的发展，增进马来西亚僧伽之间以及居士与僧伽间的和睦关系。[①]

4. 马来西亚佛光协会

1992年成立的马来西亚佛光协会，简称"马佛光"。该组织通过举办各种全国性的佛教活动来宣传佛教文化。"马佛光"1995年出版的《传灯——星云大师传》一书在马来西亚华人社会掀起了一股抢购热潮，甚至还登上了畅销书排行榜第一名的宝座。1996年4月21日，星云法师应邀在莎亚南体育馆举行了一场"人间佛教人情味"的佛教文化讲座，参加该讲座的8万人中有2万名皈依佛教，这在马来西亚这样一个伊斯兰教占主导地位的国家实属不易，堪称马来西亚佛教发展史上的壮举。

---

① 龚晓辉等编著《马来西亚概论》，世界图书出版广东有限公司，2012，第121页。

5. 马来西亚斯里兰卡佛教会

马来西亚斯里兰卡佛教会，简称"大马斯里兰卡佛教会"，由马来西亚的斯里兰卡佛教徒发起并于1894年正式成立，是该国目前历史最为悠久的南传佛教组织。该组织在成立初期建立了15座斯里兰卡佛寺，后来成为马来西亚南传佛教的宣传中心，出版了《佛教之音》等书籍和刊物，在马来西亚佛教徒中有一定的影响。

6. 马来西亚泰裔佛教会

1968年成立的马来西亚泰裔佛教会，简称"泰僧总会"，是目前马来西亚泰裔僧伽唯一的佛教组织，要求会员奉行原始佛教的生活与修行。泰僧总会的成立，旨在协调马来西亚国内泰国佛寺的宗教活动，并处理与泰僧相关的宗教事宜。

除了全国性的佛教团体之外，马来西亚还有很多区域性佛教团体，最著名的是世界佛教徒友谊会槟城分会，该分会不仅是世界佛教会在马来西亚的分会，同时还是该地区各佛教团体联合庆祝卫塞节的联络中心。此外，比较著名的区域性佛教团体还有马来西亚禅坐中心、北海佛教会、慧音社、菩提学院等。

三 印度教

（一）印度教的创立及其基本教义

印度教亦称新婆罗门教，是在婆罗门教的基础上，融合了佛教和耆那教的某些思想，同时吸收了印度的一些民间信仰，最终衍化而成的。印度教形成的过程很长，从4世纪笈多王朝开始，经过8～9世纪商羯罗的改革，最后定型。

印度教没有公认的教祖，也没有统一的经典。因而印度教的信仰学说、哲学伦理观点相当繁杂，信仰印度教的各社会等级、阶层、集团之间，所信仰的内容和宗教实践并不完全相同。概括起来，印度教的信仰主要有以下几方面内容。第一，信奉吠陀。第二，信奉多神教的泛神论。各派印度教徒崇拜的天神湿婆、毗湿奴和梵天诸神，是作为梵的具体形态而显现的。印度教的重要经典之一《往世书》，把这种思想加以发挥称之为

"三神一体"说。第三，相信业报轮回与灵魂解脱之说。印度教没有教祖、没有教会组织、没有至高无上的经典，印度教的信徒崇拜家族神、个人神和村镇神三种神祇。

（二）印度教在马来半岛的传入和发展

马来半岛在公元前后逐渐成为东西方交通要道和海上贸易的重要市场，一些印度商人经常往来于南印度与马来半岛之间，在做商品贸易的同时也将印度教文化带到了这一地区。印度教是在1世纪左右传入马来半岛的，当时称为婆罗门教。羯荼国在接受婆罗门教的同时，还允许婆罗门僧侣在王国朝廷的运转中发挥重要作用。婆罗门教逐渐传到马来半岛的其他地区，并吸引了一些信徒。马来半岛上的狼牙修和顿逊等王国都受到了印度文化的影响，这些王国统治期间，印度教在当地社会和人们的生活中有一定的影响。8世纪时，婆罗门教吸收佛教和耆那教的某些教义进行改革，从此婆罗门教改称为印度教。15世纪后，伊斯兰教在马来半岛占据绝对优势，印度教和佛教都逐渐衰落，但印度教的某些因素与伊斯兰教融合，从而成为传统马来文化的重要组成部分。19世纪后半期，随着大批印度人从印度南部移民至马来半岛，印度教重新焕发活力。第二次世界大战结束后，在马来西亚的印度人中兴起了一股复兴印度教的思潮，并诞生了一些印度教组织和机构。现在信奉印度教的只有印度人，信徒占该种族人口的70%左右。[1]

（三）印度教传入马来西亚的影响

马来西亚的印度人约有180万人，占全国总人口的7.4%，其中约有126万人信奉印度教，占70%左右。目前，马来西亚全国有将近1.8万所印度教庙宇。从总体上来说，马来西亚信奉印度教的人数相对比较少，他们在国家事务中的影响力也比较小。马来西亚印度人的宗教信仰不尽相同，泰米尔族和齐提族是虔诚的印度教教徒，他们是马来西亚境内信奉印度教的中坚力量，往往会在居住的地方修建一座印度教神庙，经常去朝拜神灵。锡兰族中的一部分人信奉印度教，少数来自巴基斯坦的印度人信奉

---

① 马燕冰、张学刚、骆永昆编著《马来西亚》，社会科学文献出版社，2011，第64页。

伊斯兰教，锡克族人主要信奉锡克教和佛教。

印度教传入马来西亚的时间相对较早，这对后来传入的其他宗教产生了影响，信奉伊斯兰教的马来人就吸收了一些印度教的风俗。马来西亚海滨地区的穆斯林经常在周三到海边先举行沐浴仪式，然后再去清真寺做礼拜，这种习俗就是早年印度教遗留下来的习俗之一。

在印度教对马来西亚社会的影响方面，阿雅萨玛等允许非印度人皈依印度教的运动一直活跃在马来西亚。马来西亚还造就了一位非常有名的现代印度宗教大师——斯瓦弥·希旺纳达，他在世界范围内拥有许多信徒。

四　其他宗教

马来西亚是一个多元宗教并存的国家，除了伊斯兰教、佛教和印度教之外，还有基督教、原始宗教、锡克教、道教、德教和儒教等其他宗教。

（一）基督教—天主教

基督教最早传入马来半岛可以追溯到 7 世纪左右，但真正获得传播和发展是在西方殖民者统治马来半岛期间。1511 年葡萄牙人占领马六甲，在夺取马来半岛贸易主导权的同时也带来了天主教，聂斯托利教派在此传播。葡萄牙对马六甲的殖民统治主要体现在两个方面，一是掠夺和控制香料贸易，二是打击伊斯兰教。葡萄牙殖民者热衷于传播天主教，经常摧毁马来半岛的清真寺。基督教传教士跟随葡萄牙殖民者来到马来半岛，并在其管辖的范围内负责传教，著名的耶稣会教士圣芳济曾在马六甲等地传教。葡萄牙过分专注于对马来半岛的经济掠夺，忽视了在宗教信仰方面的控制。此外，葡萄牙人企图以天主教取代伊斯兰教，对伊斯兰教进行无情压制和打击，严重伤害了当地人民的宗教情感，加剧了马六甲人民对天主教的排斥心理，因此基督教和天主教在马六甲的传播十分有限。尽管葡萄牙殖民者在马来亚建立了东南亚地区第一所天主教教堂圣母御告堂，但天主教并没有在这一地区获得较大发展。

荷兰和英国统治马来半岛期间，在宗教信仰方面两国都采取了比葡萄牙更宽松的宗教政策，以更好地维持殖民统治。1641 年，新教随荷兰殖民者传入马来半岛。1786 年，英国占领槟城后，来自泰国的天主教神父在槟城创建了一所神学院。1810 年天主教在马来亚修建了大修道院，1815 年新教的伦敦会传入该地区，1860 年公开兄弟会也传入该地区，循道宗于 1885 年传入马来半岛。19 世纪中期，一些基督教社群在马来半岛建立教会学校，以此来传播基督教。荷兰和英国不仅给马来半岛带来了基督教，还带来了天主教和新教，这一时期建立的教会组织也多种多样，主要有卫理公会、基督复临安息日会、路德会、浸礼会、圣公会和长老会等。

目前，马来西亚约有 9.1% 的人口信仰基督教、天主教和新教，所占比例仅次于伊斯兰教和佛教居第三位，信徒主要有东马的华人、西方人及其后裔和欧亚的混血人种，此外还有菲律宾移民和少量印度人。在一些西方传教士的影响下，曾经信奉原始宗教的东马沙巴、沙捞越两州的部分原住民改信基督教或新教，尤以伊班人、卡扬人和达雅克人等少数民族居多，部分梅拉瑙人改信了罗马天主教。马来西亚的基督教教派众多，这与该地区近代以来被不同的西方国家殖民统治过有关，信徒人数最多的是天主教和新教。每年 12 月 25 日的圣诞节是马来西亚的全国公共假期，全国所有人都放假一天。此外，东马的沙巴州和沙捞越州在每年 4 月 10 日"耶稣受难日"全州放假一天。

（二）原始宗教

原始宗教是在生产力极端低下的情况下，自然、人类自我以及人类与自然之间的关系在人们意识中的反映和总结，其基本特点表现为对自然万物、祖先、死亡、繁殖等现象的祈求和敬拜，并在此基础上发展为对超越自然之力量的想象、信仰和崇拜。①

在 1 世纪佛教和印度教传入马来半岛之前，原始宗教就已经存在，马来人的原始宗教信仰主要有天体崇拜、植物崇拜、祖先崇拜、生殖崇拜和万物有灵等。此外，马来半岛的原始宗教中对海神和稻神的崇拜也是相当普遍的。② 生活在西马的土著少数民族塞芒人，虽然人数很少，总共只有 3000 人左右，但其历史可以追溯到距今 1 万年的马来半岛旧石器时

① 龚晓辉等编著《马来西亚概论》，世界图书出版广东有限公司，2012，第 127 页。
② 姜永仁、傅增有等：《东南亚宗教与社会》，国际文化出版公司，2012，第 314 页。

代，直至今天他们仍然信奉原始宗教。塞芒人的生活习俗与原始宗教密切相关，图腾崇拜非常普遍，他们敬畏雷电，对死者进行土葬。现今，原始宗教在马来西亚的少数民族以及土著部落里依然盛行，在西马地区除了塞芒人、塞诺伊人和原始马来人大都信奉原始宗教。在东马地区，巴召人在信奉伊斯兰教的同时仍然保留着万物有灵等原始宗教观念，克拉比特穆鲁特人、普兰人、伊达汉穆鲁特人、佩兰人和班查尔人仍然延续着原始宗教信仰。

原始宗教在西马和东马的存在和传承有较大差异，这与两个地区的地理位置和历史发展进程有密切关系。佛教和印度教很早就传入了西马（马来半岛），马六甲王国时期伊斯兰教成为国教，西方殖民统治时期基督教也有一定的传播，西马地区的原始宗教受到了其他宗教尤其是伊斯兰教的冲击和洗礼，影响力逐渐下降。东马地区生活着马来西亚的众多少数民族，大多延续了以前相对原始的生活方式，其中一些人后来皈依了伊斯兰教或基督教，但仍然有相当一部分人保留了原始宗教信仰。总体上说，西马和东马都存在原始宗教，原始宗教的延续丰富了马来西亚宗教文化的多样性。

原始宗教在马来人和马来西亚少数民族中的命运和影响也有较大差异。伊斯兰教限制了马来人的原始宗教信仰，原始宗教很难作为一种单一的宗教信仰继续存在于马来人中，有些原始宗教被其他族群吸收，如拿督公信仰变成了华人的民间信仰，有些原始宗教与其他宗教融合，如玛雍表演前的祭祀仪式。然而，原始宗教信仰却在马来西亚少数民族中得到了延续，联邦宪法充分保障少数民族宗教文化的发展，少数民族的宗教信仰经常体现在社会风俗中。

（三）锡克教

锡克教是 15 世纪产生于印度旁遮普邦的一种宗教。莫卧儿帝国时期，实行宗教宽容政策，伊斯兰教与印度教长期并存。纳那克（Nanak）融合了印度教与伊斯兰教的某些教义，创立了锡克教。"锡克"一词源于梵文，意为"门徒"。因信徒自称为教祖的"门徒"，故称锡克教。锡克教在印度虔信派的基础上吸收了伊斯兰教的一神论和无种姓差别的社会观，主张信徒在神的面前一律平等，主张业报轮回，提倡修行，反对种姓制度，反对偶像崇拜和消极循世态度。锡克教有教团组织，宗教首领称为"师尊"（古鲁），主要信徒是低级种姓的下层人民。

目前马来西亚的锡克人大约有 10 万名，锡克庙有 105 所，其中吉隆坡地区有 14 所。锡克庙里只诵经不供奉神像，且永远为大众开放，食堂里还准备了一些食物供人们食用。每年 4 月 13 日是锡克人的新年，称为"瓦沙奇"（vashkhi），这是锡克教徒最隆重的节日，锡克人举行胡须、长发及包头比赛，以自己民族独特的方式欢度新年的到来。[①]

锡克人很容易辨认，男性头上都包裹着厚厚的包头，脸上有浓密的络腮胡须，眼睛深邃。女性则白皮肤、高鼻梁、长发飘逸。锡克教规定，凡是锡克教徒都必须披戴头巾，男性佩戴的头巾叫 turban，女性佩戴的头巾叫 tabatta。锡克族人认为头发和胡须是上天赠予他们的宝物，长得越长越好，男性普遍蓄留胡须，女性普遍留长发。此外，锡克人很擅长武术，在庆祝新年时，不乏精湛的武术表演。

位于吉隆坡洗都新镇的马来西亚锡克人中心，是锡克人每年隆重举行新年庆典的主要地方，4 月 11～13 日连续三天举办各种庆祝活动迎接新年的到来，每年约有 1000 名锡克教徒来这里参与庆祝活动。

信奉锡克教的人数在马来西亚并不算多，但在马来西亚宗教多元化的社会氛围中，锡克教依然不容忽视。毕竟，锡克教起源于综合了印度教和伊斯兰教教义而形成的巴克提教派，又掺杂了很多神秘主义元素，其本身就是宗教文化相互影响、相互交融的产物，属于相对比较年轻的、非主流的世界性宗教。[②]

（四）道教

马来西亚的华人除了信仰伊斯兰教、佛教、基督教、印度教外，还有一些人信仰道教、德教、儒教等其他宗教。因此，华人是马来西亚宗教信仰非常多元化的一个族群。

---

① 李家禄、严琪玉：《马来西亚》，重庆出版社，2004，第 98 页。
② 姜永仁、傅增有等：《东南亚宗教与社会》，国际文化出版公司，2012，第 320 页。

　　道教发源于中国春秋战国时期的方仙家，以"道"明教，是一种多神教原生的宗教形式。道教认为，"道生一，一生二，二生三，三生万物"，世间万物皆由"道"而生，旨在追求长生不死、得道成仙、济世救人。道教的最高信仰是尊道贵德，其鲜明特色是仙道贵生，行为标准是清静寡欲，生活态度是自然无为，自我修养是柔弱不争，理想状态是返璞归真，文化主体是天人合一，修炼要诀是性命双修。道教在中国古代传统文化中占有重要地位，在现代世界也有一定影响。

　　19世纪末20世纪初，大批华人南下来到马来半岛谋生，将道教带到了马来半岛。当时马来半岛是英国的殖民地，英国大量使用华人劳工，华人在积累了一定经济实力后支持道教教徒的活动。东马沙捞越州石隆门天师龙宫是马来半岛最早的道教宫庙，1863年钟善坤道长在西马芙蓉沉香岛创建了天师爷宫。英国殖民统治期间，对道教采取既不承认也不禁止的态度。1900年在槟城建立的自在观是马来西亚第一座比较正规的道观。马来西亚独立后，政府规定严禁向穆斯林以及法令规定出生即是穆斯林的人们传教。

　　1995年，马来西亚政府批准成立马来西亚道教教义公会，由于道教教义公会弘扬道教的活动带有强烈的民间信仰色彩，这与传统的宗教信仰有较大差异，因此影响并不大。2002年，东马沙捞越州莲花山建立了规模宏大的三清殿，以山门和大殿为主体建筑，包括客堂、方丈、斋堂和钟鼓楼，在这里举行了一些与道教相关的文化活动，在马来西亚社会中产生了较大影响。2007年3月25日，马来西亚全国宗教理事会正式接纳道教入会，道教进入了马来西亚国教之外的"五大宗教"之一，其他四种宗教是佛教、印度教、基督教和锡克教。有材料称，马来西亚属于道教的宫观神殿，总计1500余座。① 当今马来西亚道教的宗教活动主要有拜天公和九皇爷诞等，也有一些道教组织团体，比如总部位于吉隆坡的马来西亚道教组织联合会，但相对于其他宗教，道教的传播范围和影响力十分有限，主要流行于华人中。

---

　　① 聂清：《道教在马来西亚的新发展》，《世界宗教文化》2005年第4期。

虽然从目前来看道教在马来西亚的发展相当迅速，但是仍旧存在很多限制因素，如果不能正视并解决的话，那么目前的发展势头未必会延续下去。第一，目前马来西亚信奉道教的全部都是华人。这说明虽然道教已经传播到了海外，但是并没有真正被其他民族所接受，它依然是个民族宗教而没有显示出成为世界性宗教的趋势。第二，当地没有充足的道教专职成员，很多专职道士来自中国，这样对于本地道教发展并非长久之计。第三，道教作为一种文化形态还没有取得当地精英知识分子的认同，它的传播主要还是在民间祭祀、祈祷的应用层面，而在理论建树上颇为不足。①

（五）德教

德教是由广东省潮阳县人杨瑞德创立的宗教，是以道为主的宗教。"阁"是德教的宗教活动场所，在"阁"中德教供奉老子，左右两侧奉祀杨筠松和柳春芳等师尊。此外，还设有观世音和道济师尊的拜殿。德教是一个非常特殊的宗教组织，融合了伊斯兰教的慈恕、佛教的慈悲、基督教的博爱、道教的崇德和儒教的忠恕。德教提倡五教合一，宣扬和教导人们多做善事，以道德教化人的心灵与社会。如今德教主要盛行于东南亚的马来西亚、新加坡和泰国等国家，其中在马来西亚的影响最大。有些学者甚至用"新加坡、马来西亚的华人宗教"等词来描述德教，将其看作当代东南亚华人华侨最重要的宗教和文化现象。

德教主要有明系、紫系、振系等派系，其中紫系的历史最为悠久，1952年李怀德创建了第一个德教团体紫新阁。德教会在马来西亚先后成立了将近100个分会组织，尽管德教在吸收信徒方面没有种族歧视，但目前德教的信徒基本上都是华人。德教在马来西亚华人中间发展较快，全马12个州都有德教会，总数120个左右，其中加入马来西亚德教联合总会的有90个左右。②

（六）儒教

儒教，又称"孔教"，源于中国先秦时期的儒家学派。从魏晋南北朝

---

① 聂清：《道教在马来西亚的新发展》，《世界宗教文化》2005年第4期。
② 黄心川：《当代亚太地区宗教》，宗教文化出版社，2003，第432~436页。

时期开始称为儒教，与佛教和道教并称为三教。儒教的概念有广义和狭义之分，广义概念就是指自古流传至今的儒家思想，而狭义概念专指民国初年以来的孔教运动。儒教的基本信仰是"仁"，即人人友爱，"礼"是实现"仁"的基本途径。儒教以孔子为先师，以十三经为宗教经典，将孔庙作为宗教场所，其宗教仪式主要有祭天和祭祖，主要倡导仁爱、和谐、忠恕、诚信。

在当代马来西亚，信仰儒教的主要是华人。儒家思想是中华文化的核心和精髓，儒教成了远离祖国和家乡的华人在异地生活的精神寄托。传播儒教的主要途径有建立华人学校、私塾以及书院，在马来西亚的大多数城市都有华人学校。尽管目前马来西亚信奉儒教的人数并不多，但是以儒家思想为核心的中华文化依然传承了下来。

第二节　伊斯兰教与政治

一　伊斯兰教在马来西亚的地位

虽然现行的《马来西亚联邦宪法》第 11 条规定人民有宗教信仰自由，从法律上保障了人民的宗教信仰自由。但是，宪法的第 3 条明文规定伊斯兰教是马来西亚联邦的官方宗教，同时规定最高元首是全国的宗教领袖，各州的统治者是各州的宗教领袖，最高元首和各州统治者的宗教领袖特权不可受到侵犯。由此可以看出，伊斯兰教在马来西亚的地位完全不同于佛教、印度教、基督教等其他宗教，伊斯兰教是马来西亚的国教，也是马来西亚占主导地位和最具影响力的宗教。

《马来西亚联邦宪法》规定，"信仰伊斯兰教"是"成为马来人"的重要标准之一。换句话说，在马来西亚境内，伊斯兰教是马来人社会身份的核心因素之一。宪法规定，马来人必须信仰伊斯兰教，并且穆斯林不准与非穆斯林通婚。如果非穆斯林与穆斯林通婚，必须放弃原来的宗教信仰皈依伊斯兰教。当他们改信伊斯兰教后，就不能再信仰其他宗教了，因此伊斯兰教的信仰人数呈现出逐年增加的趋势。

　　政府提倡伊斯兰教信仰及教育，在编列国家预算时注重伊斯兰教的发展，伊斯兰教享受政府的支持与保障。马来西亚大多数清真寺的建造经费来自国家预算，因此很多清真寺富丽堂皇，在全国行政中心布城的清真寺非常豪华。

　　在马来西亚较大的清真寺设有宗教学校，并有专职人员教导马来人学习伊斯兰教的教义和教规，包括《古兰经》、伊斯兰教礼仪和风俗等。这些设在清真寺的学校，主要招收中、小学生，教育所需经费由政府提供。此外，马来西亚还创办了伊斯兰学院（大学），主要培养高层次的伊斯兰教人才，政府提供经费支持。

　　由于伊斯兰教在马来西亚享受官方宗教的特殊地位，因此其他宗教的发展相当缓慢，甚至有时遭受歧视。例如马来西亚新闻部在1988年下令禁止非伊斯兰教节目在电视中播放，其他宗教的建筑也受到一定程度的限制，比如建筑物不能大于附近的清真寺等。

　　马来人都信奉伊斯兰教，大多数华人信奉佛教，而马来西亚政府支持伊斯兰教的发展，这使得马来人和华人在政治地位方面有较大差异。马来人和华人在政治地位方面的差异由来已久，华人最初来到马来半岛时，主要目的是赚钱，华人社会成立了经济组织和教育组织，唯独没有成立政治组织。而马来人认为自己是马来半岛的主人，在英国入侵马来半岛之前就建立了自己的政治组织和统治制度，马来人的苏丹是他们的政治统治者和伊斯兰教的领袖。在英国统治马来半岛期间，马来人和华人在政治利益方面的分歧和斗争并不明显，但是独立后两大族群的政治博弈日趋激烈。1946年"马来亚联邦"最初成立时，英国赋予华人合法的公民权，但没有赋予马来人统治的特权，这引起了马来人的极大愤慨和对华人的不满，直到1948年英国重建"马来亚联合邦"时才赋予马来苏丹统治权。1957年马来亚联合邦独立后，宪法明文规定伊斯兰教是官方宗教，马来语是官方语言，政府有义务保障马来人的教育权利以及经济利益。相对于其他族群，马来人的政治权益受到宪法和法律的特殊保障，因此马来人的政治地位较高。此外，马来人和华人出现隔阂还有经济方面的原因，华人勤奋工作，在生活上也非常节俭，大多数华人居住在城市从事商业和工业等，即使在农村生活的华人在生活方面也有了明显的改善，经过一段时间后马来人和华人在生活方面的差距很明显，马来人对华人产生了既羡慕又嫉妒的复杂心理。

二　伊斯兰教对现代马来西亚的影响

随着马来西亚经济的快速发展、政治的逐步民主化以及西方文化对传统马来文化的冲击，作为传统马来文化核心因素的伊斯兰教进行了自我调整，适应了马来西亚现代化进程的步伐，对马来西亚的现代化进程产生了深远的影响。

（一）伊斯兰教对现代马来西亚政治的影响

自马来亚联合邦独立到1969年，伊斯兰教对马来西亚政治的影响比较小。在这段时期内，虽然伊斯兰教被确定为该国的官方宗教，但对国家的政治生活影响并不大，仅仅起着象征性的作用。虽然宪法明确规定各州的统治者同时是各州的宗教领袖，但是总理和部长这样位高权重的职位并非一定由穆斯林来担任。主要执政党巫统只是一个维护马来人利益的政党，并非是一个伊斯兰教组织，巫统的大多数领导人接受过西方教育，西方民主思想对他们有很深的影响，巫统主张建立一个民主的世俗国家而不是政教合一的伊斯兰教国家。

1969年"5·13"事件后，马来人与非马来人尤其是华人的关系变得紧张起来，伊斯兰教成为团结马来人的重要纽带，伊斯兰教党在1969年大选中取得的骄人成绩也让巫统意识到了伊斯兰教对于马来人的影响力和号召力。1977年伊斯兰教党退出国民阵线后，伊斯兰教党与巫统这两个马来人政党在争夺伊斯兰教合法性方面的竞争日益激烈，这在一定程度上推动了伊斯兰教政治化的进程。

20世纪80年代以来，伊斯兰教复兴运动在马来西亚达到高潮，马来西亚的穆斯林以一个全新的视角重新审视伊斯兰教，巫统和伊斯兰教党都声称自己是真正的伊斯兰党，各自推出了一些伊斯兰化措施，伊斯兰教党与巫统关于伊斯兰教合法性的争夺更加激烈。2001年9月29日，马哈蒂尔总理正式提出"马来西亚已经是伊斯兰教国"。马哈蒂尔表示，马来西亚的穆斯林以伊斯兰教的生活方式自由生活，因此马来西亚已经是伊斯兰教国。在主流为发展的现代社会，多元民族、多元宗教和文化共存的马来西亚社会，在可预见的未来，妥协政治将是政治发展的总体方向。伊斯兰教将以更加平和的方式与政治结合，左右马来西亚政治在马来人与马来人之间以及马来人与非马来人之间寻求平衡。①

（二）伊斯兰教对现代马来西亚经济的影响

马来西亚是当今世界上现代化程度最高的伊斯兰教国家之一，伊斯兰教对马来西亚的经济发展有重要的作用。从20世纪70年代开始，马来西亚政府的经济发展政策就明显地融合了伊斯兰教因素。1971年，政府出台了"新经济政策"，所倡导的公平公正原则就具有"伊斯兰特质"。1981年，马哈蒂尔接任总理后，表示要将伊斯兰教的理念渗透到马来西亚的经济发展领域。"新经济政策"将经济资源在各民族之间进行更加合理的分配，也体现了伊斯兰教的公平公正原则。此外，马来西亚还建立了比较完整的伊斯兰金融体系，相对于传统金融体系，伊斯兰金融体系融合了"公平""平等"等伊斯兰教理念。此外，马来西亚政府非常重视与其他伊斯兰国家在经济领域的合作与交流，在与中东国家保持较高级别经贸合作的同时，积极承办或参与伊斯兰世界的经济论坛等。

在20世纪70年代以来国际伊斯兰复兴运动的背景下，伊斯兰世界兴起了一个以建立伊斯兰银行为主要特征的伊斯兰金融运动浪潮。70年代后马来西亚政府在经济领域引进伊斯兰教文化，按照伊斯兰教法、根据伊斯兰金融原则创立了一套与世俗金融系统并行的伊斯兰金融系统。马来西亚伊斯兰金融系统与世俗金融系统并行的"双金融系统"独具特色，两者既能够在竞争关系中共同进步，又可以在国家经济发展中相互补充。②

（三）伊斯兰教对现代马来西亚文化教育的影响

马来西亚自独立以来，宗教教育一直在国民经济教育体系中占有非常

---

① 龚晓辉等编著《马来西亚概论》，世界图书出版广东有限公司，2012，第108页。
② 姜永仁、傅增有等：《东南亚宗教与社会》，国际文化出版公司，2012，第328页。

重要的地位。所有的马来学生从小学开始就要学习伊斯兰教经典，从小就受到伊斯兰教价值观念的影响，高等院校会继续为马来穆斯林开设伊斯兰教文化、教法教规等内容的课程。1961 年政府颁布的教育条例规定，所有信奉伊斯兰教的学生每周必须完成 2 小时的伊斯兰教课程学习。随着80 年代伊斯兰复兴运动的兴起，政府将伊斯兰教全面引入国民教育体系，规定所有穆斯林学生必须修读伊斯兰文明和伊斯兰教历史。1981 年，马哈蒂尔上台后要求所有的高等院校开设伊斯兰文明必修课。1983 年，马来西亚政府创办国际伊斯兰大学，旨在为本国培养高级伊斯兰学者，更广泛地传播伊斯兰教。在现代马来西亚，宗教教育和世俗教育并不是二元对立的关系。"将宗教知识与现代科学、艺术教育相结合，将现代教育理念引入马来西亚的伊斯兰教教育，同时充分发挥宗教教育在传播伊斯兰理念、构建穆斯林世界观、道德观和价值观等方面的指导作用，将是马来西亚现代教育所要探索的方向。"①

马来西亚政府非常重视对青少年的宗教教育，所有公立大学和受教育部管辖的私立高等院校，都要为在校学生开设伊斯兰教文明课程，通过课堂对学生进行伊斯兰教宗教意识教育。宗教节日同样受到政府的重视，比如玻璃市、吉兰丹、彭亨等 6 个州把"《古兰经》降世日"列为公共假期，全州放假一天。

1967 年马来西亚国会通过了国语法案，马来语为马来西亚的国语和官方语言，英语是仅次于马来语的通行语言。除此之外，在马来西亚还有汉语、泰米尔语、德鲁古语、马来西兰姆语以及一些少数民族语言。大多数马来人都讲马来语，信仰伊斯兰教与讲马来语成了马来人的基本属性。

伊斯兰教对现代马来西亚的文学也有很大的影响，20 世纪 70 年代在马来西亚马来族文化领域掀起了一场"什么是伊斯兰文学"的大辩论，这是伊斯兰复兴运动在文学领域的反映和延伸。

此外，伊斯兰教对马来西亚的音乐和舞蹈等艺术也有一定的影响，音乐、舞蹈和戏剧中也融入了伊斯兰教因素，比如在马来西亚的农村盛行把

---

① 龚晓辉等编著《马来西亚概论》，世界图书出版广东有限公司，2012，第 111 页。

伊斯兰教的《古兰经》加工成音乐作品来演唱。

（四）伊斯兰教对现代马来西亚社会风俗的影响

马来西亚政府保护和提倡伊斯兰教的发展，伊斯兰教规范的礼仪和习俗在马来西亚有很深的影响。马来西亚大约有5000多座清真寺，无论是在繁华的大城市还是在乡村都可以看到做祈祷的穆斯林教徒，星期五是马来西亚的主祷日。清真寺是穆斯林举行宗教仪式的地方，所有进入者均须脱鞋，女性还须戴头巾、穿长袍，除脸、手、脚之外，其他部外均需遮盖，否则不得进入清真寺。马来穆斯林通常认为左手不洁，因此他们忌讳用左手拿东西吃或者递东西给别人。此外，脚也被认为是不洁的，不允许碰触他人身体。不能用手指召唤别人，必须伸出手，掌心朝下且摆动手指。

虔诚的穆斯林每天要做5次礼拜，即日出前、日出后、中午、日落前、日落后。每当做礼拜的时间到来时，会有很多穆斯林前往教堂做礼拜。祈祷地点并非一定在清真寺，也可以在家中或工作场所。马来西亚政府规定，有20位以上穆斯林工作的场所必须设祈祷室。所以，马来西亚的大型工厂、企业、各社区和住宅区、机场和一些公共场所都有清真寺。尽管现在年轻人在服饰打扮上追随现代化潮流和时尚，身着短袖和比较随意的长裤，但大多数马来人遵守伊斯兰教的规定和习惯，比如在公共场合妇女的衣着不能露出胳膊和脚部。学校对在校中小学生的服饰有相对严格的规定，上学时必须穿统一的校服，马来族女生必须披戴头巾。

伊斯兰教历九月是斋月，穆斯林一般情况下均昼禁夜食，只有年老者、体弱多病者、孕妇等才可例外。穆斯林主食以米饭为主，禁食猪肉和水生贝类，他们认为猪是不洁净的动物，甚至不能接触与猪有关的物品。此外，马来人不养狗，不把狗作为宠物看待。大多数华人信奉佛教，并不忌食猪肉，马来人和华人在生活习俗方面的巨大差异使这两个种族很难融合，他们尽量避免在一起吃饭或居住。

马来人用餐时习惯用手取食，因而在用餐前须把手洗干净，进餐时必须用右手，否则会被视为不礼貌。若不得不用左手用餐或取餐具，应先向他人道歉。伊斯兰信徒禁酒，招待客人一般不用酒，饮料多为热茶、白开水或椰汁。[①]

姓名方面，马来西亚的穆斯林通常采用伊斯兰教名或者阿拉伯名字；丧葬方面，马来西亚穆斯林的丧事完全按照伊斯兰教教规操办。人去世后家属需立即向清真寺报丧，按照伊斯兰教的入葬仪式尽快埋葬，以防魔鬼抢走死者的灵魂。

马来西亚最重要的宗教节日是开斋节，身在异乡的马来人都会赶回家中与亲人团聚，共同欢度佳节。除了开斋节，马来西亚穆斯林的全国法定节日还有先知穆罕默德诞辰日以及哈吉节（又称古尔邦节或宰牲节）。

三　伊斯兰教党的形成与发展

（一）伊斯兰教党的成立与早期的发展（1951～1955 年）

马来西亚有两个伊斯兰党，即"伊斯兰教阵线"和"伊斯兰教党"。"伊斯兰教阵线"主张土著民族在国内拥有政治权利，团结所有马来人以实现伊斯兰教的纯洁化。"伊斯兰教阵线"的主要势力在吉兰丹州，此外在西马其他州也有一定影响。

成立于1951 年的伊斯兰教党，其原名是"马来西亚伊斯兰教党"，曾名"泛马伊斯兰教党"，主张以伊斯兰教为原则，政教合一，为马来人的利益而奋斗。20 世纪40 年代，虽然巫统主张维护马来人的权益，但巫统主要关注的是民族和独立问题，并没有过多地重视伊斯兰教，而且当时的巫统比较温和，马来伊斯兰教徒的利益没有得到最大程度的保障，招致了马来族穆斯林教徒的不满。为了团结马来人和伊斯兰教的力量，巫统党员中的激进派在1947 年召开"泛马伊斯兰教会议"，他们的意见及言论相对于巫统比较激进，要求保护马来伊斯兰教徒的权益。由于他们与巫统的分歧比较严重，于是在1948 年3 月17 日成立"马来伊斯兰教党"，1951 年8 月23 日正式从巫统分裂出来并组建伊斯兰教党。1955 年参加大选时改名为"泛马伊斯兰教党"，1970 年又改名为"马来西亚伊斯兰教

---

① 宋秀梅、徐宗碧：《东盟国家概况》，云南大学出版社，2009，第83 页。

党"。巫统倡导文明化的伊斯兰教义，伊斯兰教党却认同《古兰经》《圣训》等传统保守的伊斯兰教经典，主张建立一个以伊斯兰教义为主要原则的马来西亚。伊斯兰教党带有浓厚的宗教色彩，党员以马来族穆斯林为主，并且规定只有伊斯兰教徒才能加入该党。

1955年，马来亚联合邦举行民主选举，各派政治势力积极准备这届大选，力争在大选中获胜，伊斯兰教党正式注册并参加大选，主要竞争对手有巫统和马华公会。巫统不仅在种族问题上占据优势，还声称保护伊斯兰教是巫统的任务之一，结果巫统赢得了更多马来人的支持。大选结果揭晓后，马华印联盟党最终获胜，赢得了全部52个议席中的51席，伊斯兰教党虽然在这届选举中失败，但是夺得了霹雳州米仓地区的议席。和其他政党在这届选举中没有获得一个议席的惨淡结果相比，打着伊斯兰教旗号的伊斯兰教党在马来亚广大群众中产生了一定影响。伊斯兰教党虽然在这届选举中落败，但这是伊斯兰教党活跃于马来西亚政治舞台的开始和标志。

（二）伊斯兰教党初露锋芒（1955～1969年）

1955年全国大选后，伯哈鲁丁和祖基菲相继加入伊斯兰教党，极大地提高了伊斯兰教党的政治声望，促进了伊斯兰教党的发展。在马华印联盟党执政期间，其他任何政党的影响力都无法与联盟党相比，联盟党近乎绝对的政治权力滋生了许多腐败现象，这给伊斯兰教党攻击联盟党提供了契机。此外，伊斯兰教党倡导将马来语作为国语，维持马来人的特权，因而得到了更多马来人的支持。在1959年举行的全国大选中，联盟党拿下了104个国会议席中的74席，仍然占据绝对优势。但是和1955年横扫各党的情况相比有明显的下降，国会得票率更是从80%下降到51.8%。伊斯兰教党在这届选举中取得了明显的进步，国会得票率为21.3%，在成为国会最大反对党的同时，还取得了在吉兰丹州和丁加奴州的执政权。

在多种因素的作用和拉赫曼总理的努力下，1963年9月16日马来亚联合邦、沙巴、沙捞越和新加坡组建了马来西亚联邦。1964年举行全国大选，联盟党的国会得票率为58.5%，相比上一届选举有了一定回升。伊斯兰教党的得票率为14.6%，虽然社阵的得票率为16.1%，超过了伊斯兰教党，但是在国会议席中只获得了 2 席，而伊斯兰教党获得了 9 席，因此伊斯兰教党仍然是最具实力的反对党，并且确立了在马来西亚政坛最主要反对党的地位。

（三）伊斯兰教党的衰落（1969～1989 年）

1969 年马来西亚再次举行大选，这届选举的主角是民主行动党和民政党。联盟党的国会得票率为 48.4%，获得的国会议席和国会得票率均为举行选举以来的最差结果，民主行动党和民政党的得票率分别为13.7% 和 8.6%。伊斯兰教党强调马来人的利益和特权，试图将自己塑造成马来人的代表，因此获得了 23.8% 的国会得票率，可谓在这届选举中取得了突破性的成就。尽管民主行动党和民政党在这届选举中大放异彩，但伊斯兰教党仍然是最有影响力的在野党。

1969 年 5 月 13 日，支持民主行动党和民政党的华人举行庆祝游行活动，与马来人发生严重的种族冲突。"5·13"事件结束后，马来西亚政府宣布全国进入紧急状态，直到 1971 年 2 月才恢复国会。"5·13"事件是马来西亚政治发展史上的分水岭，事件被平息后马来西亚开始由相对温和的民主政体向威权政体转变。

伊斯兰教党自成立以来一直作为反对党活跃于马来西亚政坛，长期与巫统处于对抗状态。"5·13"事件后伊斯兰教党逐渐调整斗争策略，巫统与伊斯兰教党经过一系列的谈判后达成协议，伊斯兰教党在 1974 年大选前加入执政联盟国民阵线。1974～1977 年间，伊斯兰教党成为马来西亚执政联盟的成员之一。伊斯兰教党在 1974 年全国大选中获得了 14 个国会议席和 46 个州议席，并继续在吉兰丹州执政。伊斯兰教党虽然暂时加入了以巫统为首的国阵，但是与巫统的政治分歧并未消除，巫统企图分裂伊斯兰教党的阴谋更是引起了伊斯兰教党的强烈不满。

1977 年 9 月，伊斯兰教党内部发生分裂，一些领导层成员另外组建"伊斯兰教阵线"，同年 12 月伊斯兰教党退出国民阵线，此后一直作为反对党存在。在 20 世纪 70 年代以前，伊斯兰教党被视为一个民族主义政党。伊斯兰教党在 1959～1978 年、1990 年至今这两段时间内在吉兰丹州执政，此外在丁加奴州也短期执政。1978 年马来西亚举行第 5 届全国大选，国阵赢得 154 个国会议席中的 130 席，吉兰丹州危机后退出国阵的伊斯兰教党以反对党身份竞选，只获得 5 席，民主行动党获得 16 席，成为国会最大反对党。

伊斯兰教党退出国阵以后，遭遇巫统打击和内部分裂的双重危机。在 1982 年 4 月 23 日举行的马来西亚第 6 届全国大选中，国阵获得 154 个国会议席中的 132 席，反对党共获得 22 席，其中民主行动党获得 9 席，伊斯兰教党获得 5 席。1982 年大选中的惨败引发了伊斯兰教党内新兴力量的不满，以优素福·拉瓦（Yusof Rawa）为首的少壮派取代元老派掌握了伊斯兰教党的领导权，开始全面改革伊斯兰教党的组织和路线。改革的主要内容有：制定新的政治纲领，主张以伊斯兰教为原则建立伊斯兰教国，摆脱马来人狭隘的民族主义倾向；改革权力领导机构，长老会成为党的最高权力机构，将伊斯兰教党改革为宗教型政党；制定新的行动策略，积极争取非穆斯林的支持。[①] 改革后的伊斯兰教党与巫统的竞争日趋激烈，伊斯兰教党宣称只有自己才是真正的伊斯兰党，指责巫统缺乏伊斯兰教原则，巫统则反击声称自己是马来西亚最大的伊斯兰党。

虽然伊斯兰教党在 80 年代初期的改革收到了一些积极效果，比如逐渐摆脱了极端种族主义倾向，团结了伊斯兰教党的力量，改善了与非马来族群政党的关系，为以后与非马来族群政党合作做好了铺垫。但是伊斯兰教党在 1986 年大选中的成绩依然很差，只获得了 1 个国会议席和 15 个州议席，这是马来西亚独立以来伊斯兰教党参加历届选举的最差结果，伊斯兰教党面临非常严峻的危机和挑战。

（四）伊斯兰教党重新崛起（1990 年至今）

1989 年，优素福·拉瓦去世后法兹诺接任伊斯兰教党主席。他带领伊斯兰教党与四六精神党等政党合作，组成了反对党联合阵线，增强了反对党的整体实力。1990 年大选期间，由四六精神党与伊斯兰教党、哈民党、伊斯兰教阵线联合组成"伊斯兰教人民团结阵线"，再由四六精神党与人民党、民主行动党、马来西亚统一党、印度人前进党等组成"人民

---

① 郭新海：《马来西亚伊斯兰教党论析》，硕士学位论文，厦门大学，2009，第 36 页。

运动阵线"，这两个阵线联合对抗国阵，四六精神党是这两个阵线的核心政党。在这届选举中反对党共获得了53个国会议席，得票率高达48.0%。伊斯兰教党在这届选举中表现出了重新崛起的迹象，获得了7个国会议席和33个州议席，在四六精神党的帮助下取得了吉兰丹州的执政权。伊斯兰教党在1992年8月召开的第38届党代会上通过议案，决定在吉兰丹州实施伊斯兰刑事法。与巫统相比，伊斯兰教党在倡导伊斯兰教方面的立场更加鲜明。

在1995年的全国大选中，国民阵线获得了192个国会议席中的161席，得票率高达63.3%，在反对党集体表现不佳的情况下，伊斯兰教党却保住了原有的国会席位，并继续在吉兰丹州执政，伊斯兰教党在这届选举中的表现可圈可点。

1998年9月2日，马来西亚总理马哈蒂尔突然宣布解除副总理兼财政部长安瓦尔的行政职务，次日安瓦尔被撤销巫统署理主席，9月20日警方以同性恋、通奸、受贿等罪名逮捕了安瓦尔。安瓦尔是马来西亚政坛上举足轻重的人物，在担任财政部长期间政绩显赫，在国内享有崇高威望，被认为是马哈蒂尔的接班人。安瓦尔被捕后，在马来西亚爆发了前所未有的抗议示威游行，从马来人到非马来人，从政界人士到普通人民，从反对党到非政府组织都纷纷要求马哈蒂尔下台。1998年底，伊斯兰教党成立了"人民正义运动"，要求废除《内部安全法》，声援安瓦尔。"安瓦尔事件"严重破坏了执政党和政府的公信力，对马来西亚的政治走向产生了重要影响，马来人开始不信任巫统，这给反对党的发展和壮大提供了机会和空间，对下一年大选中巫统的支持率也有影响。

1999年6月，伊斯兰教党和民主行动党、人民公正党以及印度人民党联合组成反对党联盟即"替代阵线"，旨在联合对抗国民阵线。1999年大选是伊斯兰教党衰落后重新崛起的标志，并且成为国会最大反对党。在这届选举中，以巫统为首的国民阵线共获得了148个国会议席，以伊斯兰教党为首的替代阵线共获得了42个国会议席，其中伊斯兰教党独得27席，替代阵线之外的反对党沙巴团结党获得了3个国会议席。伊斯兰教党还获得了98个州议席，继续在吉兰丹州执政的同时还获得了丁加奴州的执政权。虽然伊斯兰教党在这届选举中取得了比较明显的进步，但并非伊斯兰教党自身提出了能够吸引选民的政治主张，更多的是借助了东南亚金融危机和"安瓦尔事件"对于巫统和国阵的负面效应。总之，在20世纪60～90年代，伊斯兰教党在马来西亚的影响波动起伏，但其主要势力集中在北部的吉兰丹州和丁加奴州。

1999年大选后，伊斯兰教党成为国会最大反对党，自认为其主张建立伊斯兰教国的政治诉求获得了民众的认可，于是将伊斯兰教理念和法律引入吉兰丹州和丁加奴州，在这两个州开始具体实践伊斯兰教国理念。2001年8月丁加奴州议会通过了六项伊斯兰教法令，一年后又通过了《伊斯兰教刑事法》，这些伊斯兰化措施的推行给穆斯林中的温和派带来了诸多困惑，引起了许多非穆斯林的恐惧，因此没有达到与巫统争夺更多穆斯林支持的初衷。此外，还有一些政策比如向华商抽取特别税也饱受争议，招致了华人政党和非穆斯林的谴责。伊斯兰教党为自己不恰当的政策付出了惨痛的代价，2004年的大选便是最好的印证。

在2004年举行的大选中，国阵获得了219个国会议席中的185个，得票率高达63.8%，和国阵所取得的成就相比，伊斯兰教党可谓黯然神伤，仅仅获得了7个国会议席，即使在执政多年的吉兰丹州，伊斯兰教党获得的议席仅比国阵多出3个，以微弱优势保住了吉兰丹州的执政权，失去了在上届选举中获得的在丁加奴州的执政资格。伊斯兰教党之所以在这届选举中惨败，除了上面提及的实践伊斯兰教国的原因之外，还有其他一些原因。2003年10月31日马哈蒂尔辞职，马来西亚进入了巴达维时代，巴达维上台后推行了一系列旨在重新挽回民众支持的措施。2001年震惊世界的"9·11"事件对伊斯兰教党产生了负面影响，带有浓厚伊斯兰教色彩的伊斯兰教党的支持率有所下降。

2004年大选后，民主行动党取代伊斯兰教党成为国会最大反对党。伊斯兰教党在这届大选失败后，开始调整一些不合理的政策，争取非穆斯林的支持，进而表明伊斯兰教党并不排斥其他种族和宗教。

在2008年3月8日举行的马来西亚第12届全国大选中，国民阵线和反对党激烈竞争222个国会议席和505个州议会议席。全国范围内国民阵线的总得票率是 50.38%，获得了 222 个国会议席中的 140 个，继续在马来西亚执政。但伊斯兰教党与民主行动党、人民公正党组成的"人民联盟"的得票率高达 46.63%，在国会中取得了较大的胜利，在地方议会选举中国阵失去了吉兰丹、槟城、霹雳、吉打和雪兰莪 5 个州的执政权。人民公正党赢得 31 个国会议席，民主行动党赢得 28 席，伊斯兰教党赢得 23 席。伊斯兰教党赢得了吉兰丹州议会 45 席中的 38 席，在丁加奴州和吉打州的议会选举中也有一定收获，这表明 2004 年之后伊斯兰教党的政策调整收到了效果。丁加奴州务大臣哈迪·阿旺（Hadi Awang）从 2003 年开始一直担任伊斯兰教党的领导人。虽然 2008 年大选后国民阵线继续执政，但这届选举是执政党近 30 年以来的最差结果，引发了马来西亚政局的动荡。

2013 年 5 月 5 日，马来西亚举行第 13 届全国大选，这届选举被认为是马来西亚历史上最激烈的一次大选，执政联盟国民阵线获得国会过半数议席并赢得大选。在 222 个国会议席中，由巫统、马华公会、印度人国大党等 13 个政党组成的国阵获得 133 席，反对党联盟"人民联盟"获得 89 席。虽然国阵获得继续在马来西亚执政的资格，但在这届选举中国阵遭到反对党联盟的强烈挑战，所获国会议席数较 2008 年大选再次减少，未能夺回在上届选举中丢掉的国会 2/3 绝对多数优势。不过，在 5 日同时举行的州议会选举中，国阵在举行选举的 12 个州中赢得 9 个州的执政权。①

（五）伊斯兰教党的发展趋势

1990 年以后，伊斯兰教党不断调整竞选策略，但建立伊斯兰教国的政治诉求一直都没有改变，1999 年成为最大反对党之后更是在执政的吉兰丹州和丁加奴州实践伊斯兰教国，这些措施在华人和印度人族群中引发了恐惧，也引起了穆斯林中温和派的不满与反对，结果使伊斯兰教党在 2004 年大选中遭遇惨败。伊斯兰教党并没有因这次失败而改变其政治诉求，哈迪·阿旺在伊斯兰教党第 54 届大会上重申伊斯兰教党建立伊斯兰

---

① 《马来西亚执政联盟赢得大选》，新华网，2013 年 5 月 6 日，http：//news. xinhuanet. com/2013－05/06/c_ 124665211. htm。

教国的政治目标，伊斯兰教党致力于建立伊斯兰教国的政治纲领在短期内改变的可能性很小。

伊斯兰教党的政治目标与人民联盟其他政党的政治目标有很大的冲突，以华人为基础的民主行动党坚决反对建立伊斯兰教国，人民联盟内部并不能保持高度的团结，任何一个反对党都无法单独战胜以巫统为首的国民阵线。建立伊斯兰教国在占马来西亚人口1/3的非穆斯林看来带有一定的种族主义色彩，必将遭到他们的强烈反对。

在未来，伊斯兰教党会继续活跃于马来西亚政治舞台，伊斯兰教党与巫统在伊斯兰教合法性问题上的竞争会使马来西亚进一步伊斯兰化。但是随着马来西亚社会经济的发展以及社会结构的变化，非穆斯林以及穆斯林中的温和派会坚决反对极端的伊斯兰主义。因此，如果伊斯兰教党不调整竞选策略，继续坚持建立伊斯兰教国的政治目标，很难在未来一段时期取得更大的突破。

四 伊斯兰教党对马来西亚政治的影响

伊斯兰教党自1951年成立以来，除了在1974～1977年短暂加入国阵作为执政党存在之外，一直作为反对党活跃于马来西亚政治舞台。在1969年大选中民主行动党获得的国会议席比伊斯兰教党多1席（民主行动党获得13个国会议席，伊斯兰教党获得12个国会议席），虽然在1974年大选中伊斯兰教党所获的国会议席比民主行动党多4个（伊斯兰教党获得13个国会议席，民主行动党获得9个国会议席），但在这届大选中伊斯兰教党是执政党并非反对党。与巫统合作失败后，在1978～1995年的历届大选中，伊斯兰教党获得的国会议席均比民主行动党少。因此，民主行动党自从1966年成立以来一直是马来西亚的主要反对党，并多次成为国会最大反对党，国会反对党领袖的职位长期由民主行动党秘书长林吉祥担任。但是在1999年大选中，获得27个国会议席的伊斯兰教党成为全国最大的反对党，其对马来西亚的政治影响力大增，该党利用主要反对党联合组建的替代阵线与执政的国民阵线进行对抗。伊斯兰教党的发展和壮大尤其是从北马地方小党向全国主要反对党的转变，对马来西亚的政治发展产生了深远的影响，主要体现在四个方面：对国民阵线的影响、对巫统的影响、对华人社会的影响和对现代马来西亚外交的影响。

（一）伊斯兰教党对国民阵线的影响

马来西亚自从独立后，一直由巫统领导的政党联盟执政。以 1974 年为分界线，1974 年以前由巫统、马华公会和印度人国大党三大族群政党联合执政，1974 年以后由巫统领导的国民阵线执政，国民阵线实际上就是执政党联盟。政党联盟执政是马来西亚政治发展的特色，国民阵线的实力是任何一个反对党都无法比拟的，这使反对党走向联合成为可能。反对党只有团结起来共同对抗国民阵线，方能获得更多的政治诉求。

在 90 年代之前，马来西亚最具实力的两大反对党伊斯兰教党和民主行动党一直没有联合起来。1990 年，从巫统分裂出来的四六精神党与伊斯兰教党等联合组成"伊斯兰教人民团结阵线"，不久四六精神党又与民主行动党等联合组成"人民运动阵线"，这样四六精神党以其为中心建立了松散的反对党联合阵线。即使这样松散的反对党联合阵线也使国民阵线在 1990 年大选中受到了一定影响，但是在大选结束后反对党联合阵线很快解体。

1999 年大选前，国内主要反对党伊斯兰教党、民主行动党以及印度人民党、"安瓦尔事件"后成立的国家公正党联合组成替代阵线，包含了马来人、华人和印度人三大族群，旨在联合起来共同对抗国民阵线。虽然替代阵线没能取代国民阵线上台执政，但是重创了以巫统为首的国民阵线，和以往的反对党联盟在大选结束后随即解散不同，替代阵线在这届大选后继续与国民阵线对抗，在 2004 年大选时民主行动党因与伊斯兰教党的分歧而选择退出替代阵线，替代阵线名存实亡。

替代阵线的成立是国民阵线遇到的很大挑战，在 1999 年大选前，包括马哈蒂尔总理在内的多位国阵领导表示，他们将面临一次形势严峻的考验。虽然替代阵线内部各政党的政治诉求存在分歧，比如伊斯兰教党和民主行动党在伊斯兰教国问题上有着截然不同的观点和主张，但是替代阵线的各成员党在尽量调整自己的政治策略，最大限度地保持内部的一致和稳定，比如伊斯兰教党一直倡导建立伊斯兰教国，为了团结和联合民主行动党，并没有在竞选联盟中坚持建立伊斯兰教国。尽管后来由于伊斯兰教国问题民主行动党还是退出了替代阵线，但是迫于不联合不可能战胜国民阵线的现实考虑，民主行动党依然有和伊斯兰教党联合的意愿和可能，2008年伊斯兰教党与民主行动党、人民公正党联合组建人民联盟便是最好的例证。

总之，反对党联合阵线人民联盟是今后国民阵线继续执政的最大挑战，伊斯兰教党作为人民联盟的成员党，在马来西亚通往多元民主的道路上会发挥重要作用，是马来西亚能否出现稳定的两线制的关键因素。

（二）伊斯兰教党对巫统的影响

伊斯兰教党与巫统的关系较为复杂，两个政党同属马来人政党，因此两党具有某些共同利益和合作的基础，20世纪70年代两党也短暂合作过。同时，伊斯兰教党与巫统也有分歧，伊斯兰教党就是因为不满巫统的世俗主义和种族政策才从巫统中分离出来的，大多数时候都是作为反对党与巫统对抗。巫统面临着同属马来人政党的伊斯兰教党的挑战，主要体现在争取马来人支持和伊斯兰教合法性等方面。

巫统自1946年成立以来，一直为马来人的利益而奋斗，在马来人中拥有非常广泛的群众基础，巫统是目前马来西亚最大的政党，在西马的每个州都有自己的组织。巫统半个多世纪以来能够在马来西亚长期执政，得到占马来西亚人口大多数的马来人的支持是关键。伊斯兰教党也属于马来人政党，在北马地区尤其是吉兰丹州和丁加奴州有较大影响，曾在这两个州执政过。伊斯兰教党和巫统将在争取马来人支持方面竞争激烈，马来人绝大多数都是虔诚的穆斯林，伊斯兰教在他们心目中有着非常特殊的地位。20世纪80年代，伊斯兰教党逐渐放弃民族主义的政治主张，将建立伊斯兰教国作为主要的政治诉求，在马来西亚伊斯兰复兴运动的背景下，伊斯兰教党获得了越来越多马来人的认可和支持。

20世纪90年代中期以前，伊斯兰教党的主要影响范围局限于北马，巫统并没有意识到伊斯兰教党的潜在威胁。在1999年的全国大选中，由于受到东南亚金融危机和"安瓦尔事件"的负面影响，巫统失去了多数马来人的支持，巫统的马来人得票率居然不到50%。巫统在大选后采取了一些措施压制伊斯兰教党的发展，利用"9·11"事件大力宣扬伊斯兰教党的极端宗教主义色彩，加快了与伊斯兰教党争夺马来人支持的步伐，并在2004年的全国大选中收到了明显效果。

巫统自成立后，一直重视伊斯兰教的地位，独立后将伊斯兰教定为官方宗教。伊斯兰教党宣称自己才是真正的伊斯兰政党，巫统和伊斯兰教党欲通过争夺伊斯兰教的合法性，获取更多穆斯林的支持。在20世纪70年代以前，巫统坚持世俗主义倾向，主张将马来西亚建成一个世俗国家而不是政教合一的伊斯兰教国家。伊斯兰教党在20世纪80年代以前主要坚持民族主义的政治纲领，直到80年代以后在伊斯兰复兴运动的影响下才将建立伊斯兰教国作为主要政治目标，攻击巫统背弃了伊斯兰教原则，伤害了马来人的宗教情感。1999年大选后，伊斯兰教党在吉兰丹州和丁加奴州开始实践伊斯兰教国理念，企图吸引更多穆斯林的支持，两党在伊斯兰教合法性问题上的竞争更加激烈。2001年马哈蒂尔总理宣布马来西亚已经是伊斯兰教国家，引起轩然大波。伊斯兰教党和巫统关于伊斯兰教合法性的争论和竞争在未来还将继续下去。

（三）伊斯兰教党对华人社会的影响

在20世纪80年代以前，伊斯兰教党主要坚持民族主义的政治目标，甚至带有狭隘的民族主义色彩，认为应该维持马来人的特权，优先考虑马来人的权益，伊斯兰教党长期执政的吉兰丹州华人很少，因此与华人的交往也较少。80年代以后伊斯兰教党逐渐抛弃民族主义的政治诉求，将建立伊斯兰教国作为主要的政治目标。为了跟伊斯兰教党竞争，巫统也被迫采取了一些伊斯兰化的措施。面对巫统和伊斯兰教党的伊斯兰化措施，华人在日常生活中更加谨慎。

1999年大选后，伊斯兰教党问鼎国会最大反对党，在宣传建立伊斯兰教国的政治目标的同时，开始积极地与华人接触，以谋求华人社会对伊斯兰教党的支持。伊斯兰教党的伊斯兰教国理念引起了华人政党的高度关注，大选结束后不久，时任民主行动党秘书长林吉祥担心马来西亚的伊斯兰化措施会损害华人社会的利益，但是时任副总理巴达维明确指出，以巫统为首的国民阵线会延续以往温和及中庸的治国策略，不会为了得到更多马来人的支持而推行激进的伊斯兰化措施。国民阵线长期以来实行的世俗治国政策，不仅有利于经济的发展和社会的稳定，还可以得到更多非马来人的支持。在1999年的大选中，国民阵线凭借世俗治国的政策以及相对宽松的华人政策，获得了绝大多数华人选民的支持。但是，为了与日趋强大的伊斯兰教党争夺更多马来人的支持，巫统不可避免地会捍卫马来人的权益。

1999年全国大选后，伊斯兰教党已经意识到争取非穆斯林尤其是华人支持的重要性，没有华人社会的支持，伊斯兰教党很难走得更远。因此，伊斯兰教党积极加强与华人的接触和沟通，在吉兰丹州执政期间开放马来人保留地，并放松了对华文教育的管控，支持华人社会的文化活动等。在丁加奴州取消国民阵线实行多年的"禁猪令"，允许华人继续经营酒店和餐馆等行业，不再征收自助房屋门牌税，并恢复丁加奴州首府瓜拉丁加奴的"唐人街"。虽然这两个州的华人对这些政策表示欢迎，但是对伊斯兰教党伊斯兰化措施的疑虑并未消除。

伊斯兰教党采取相对宽松的华人政策只是政治斗争的策略，伊斯兰教是马来人身份认同的标识，华人不可能大规模地改信伊斯兰教，更不会认同和支持伊斯兰教党建立伊斯兰教国的政治诉求。因此，如果伊斯兰教党仍然延续建立伊斯兰教国的政治目标，很难得到华人社会的支持。马来西亚前总理巴达维认为，伊斯兰教党为了争取华人的支持，甚至可能会放弃建立伊斯兰教国的政治目标。

（四）伊斯兰教党对现代马来西亚外交的影响

外交是内政的延续，伊斯兰教党与巫统在国内的政治斗争也会反映到马来西亚的外交领域。随着朝野积极推动伊斯兰化进程，伊斯兰问题成为马来西亚外交的重要因素。[①]

在摆脱西方殖民统治初期，马来西亚政府重视与英美等西方国家的关系，并依靠西方阵营积极反共，20世纪70年代以前伊斯兰因素对马来西亚外交的影响很小。20世纪70年代以后，随着马来西亚国内伊斯兰复兴

---

① 郭新海：《马来西亚伊斯兰教党论析》，硕士学位论文，厦门大学，2009，第61页。

运动的兴起，政府在处理对外关系时开始考量伊斯兰因素，以达到在国内政治斗争中彰显优势的目的。1972 年马来西亚加入伊斯兰会议组织，开始积极参与国际伊斯兰事务。80 年代伊斯兰教党在政治诉求中突出了伊斯兰因素，并与伊斯兰复兴运动组织进行合作，这使得巫统在处理外交关系时更加重视伊斯兰因素。1981 年，马哈蒂尔将伊斯兰国家排在马来西亚外交的第二优先顺序，仅次于东南亚国家联盟（简称东盟）。这一时期马来西亚积极资助中东的宗教事业，加强与伊斯兰国家在经贸、教育方面的合作与交流，鼓励本国穆斯林去麦加朝觐。马来西亚政府在处理对外关系时注重发展与伊斯兰国家的关系，1984 年与马来西亚建立外交关系的中东国家有 12 个，到 1991 年除以色列外，马来西亚与其他中东国家均建立了正式的外交关系。

虽然马来西亚政府重视发展同伊斯兰国家的关系，但是马来西亚外交的重点仍是欧美和东亚。不可否认的是，为了在与伊斯兰教党的政治斗争中立于不败之地，马来西亚政府会在处理对外关系时更加重视发展同伊斯兰国家的关系。

第七章

政治文化

政治文化是"被内化于该系统居民的认知、情感和评价之中的政治系统",[①] "一个民族在特定时期流行的一套政治态度、信仰和感情"。[②] 政治文化作为一种渗透性要素,在政治体系中具有基础性的地位,对政治权力的行使、政治体系的运作有着深远的影响。马来西亚的政治文化以多元分化为特征,既带有浓厚的种族、宗教色彩,又在逐渐走向理性化、世俗化。

第一节　政治认同与社会整合

一　马来西亚的政治认同

美国政治学家威尔特·A. 罗森堡姆在 1976 年出版的《政治文化》一书中指出,"政治认同,是指一个人感觉他属于什么政治单位(国家、民族、城镇、区域)地理区域和团体,在某些重要的主观意识上,此是他自己的社会认同的一部分,特别地,这些认同包括那些他感觉要强烈效忠、尽义务或责任的单位和团体"。[③] 对于政治认同,国内一些学者将其

---

① 〔美〕阿尔蒙德、维巴:《公民文化——五个国家的政治制度和民主制》,徐湘林等译,东方出版社,2008,第 13 页。

② 〔美〕阿尔蒙德、鲍威尔:《比较政治学:体系、过程和政策》,曹沛霖等译,上海译文出版社,1987,第 29 页。

③ 〔美〕威尔特·A. 罗森堡姆:《政治文化》,陈鸿瑜译,桂冠图书有限公司,1984,第 78 页。

与国家认同联系在一起，并把加入当地国籍作为标志。曹云华等学者认为："华人的政治认同是与公民权（国籍）身份的取得密切相关的。一般而言，华人在取得居住国的公民权之后，其政治认同也相应发生变化，从过去原有的认同中国转变到认同居住国，以居住国为自己新的效忠对象。"① 另外，一些学者认为公民身份的取得不能等同于政治认同。赵海立提出，公民在"认同谁"这个问题上，不仅指对国家的认同，而且包括对政府、执政党、执政者等诸对象的认同，政治认同是一种情感，但仅有"爱国"一项是不够的，还需要"爱政府"、"爱执政党"和"爱领袖"等。②

（一）政治认同的分裂

一般来说，影响政治认同的因素有很多，对于马来西亚而言，主要因素是种族、宗教以及地方自治。在种族、宗教和地方自治三个领域中，马来西亚都面临国家被撕裂的风险。种族和宗教的差异，以及中央与地方的冲突，造成了政治认同的分裂。

首先，不得不提的是种族因素，其对政治认同造成的分裂最严重。在马来西亚，"大地之子"（Bumiputra）的观念成为族群划分的重要因素，全体公民被明确划分为 Bumiputra（大地之子）和 No-Bumiputra（非大地之子）。大地之子指马来西亚的原住居民，除了马来人（Malays），也包括生活在沙捞越和沙巴两州的伊班人、卡达赞人，而非大地之子指诸如华人、印度人之类的外来移民。马来西亚人对自己的种族身份相当敏感，而这种身份意识也强烈地投射到政治领域，在很大程度上主宰着马来西亚人的政治认同取向。③ 马来西亚人对代表种族利益的政党、社团有着强烈的认同。多样性的种族认同及其增强，对政治认同会产生消解性的影响，使各个族群很容易忽略整个政治体系的目标以及对国家的忠诚。

---

① 曹云华等：《东南亚华人的政治参与》，中国华侨出版社，2004，第50页。

② 赵海立：《政治认同解构：以马来西亚华人为例》，《华侨华人历史研究》2005年第4期。

③ 叶笑云：《"碎片化"社会的政治整合——马来西亚的政治文化探析》，《东南亚研究》2006年第6期。

其次，宗教因素对政治认同的影响不容忽视。马来西亚的主要宗教有伊斯兰教、佛教、印度教和基督教。虽然多种宗教信仰共存，但各族群甚至族群内部在宗教信仰方面的区分十分明显。马来人严格地信奉伊斯兰教，土著群体中的一部分信仰伊斯兰教，另外一部分信仰基督教，华人主要信仰佛教、儒教、道教等，印度人主要信仰印度教、天主教、伊斯兰教、锡克教等。政府继以法律形式规定伊斯兰教为国教后，大张旗鼓地推行各种"伊斯兰化"政策，但为了获得非马来人的支持，同时将马来西亚定位为世俗化国家，长期实施世俗治国政策。对此，马来西亚社会反应不一。在东马两州，穆斯林土著与马来人保持政治上的认同，非穆斯林土著则抗议政府的伊斯兰教化措施。在同样信奉伊斯兰教的马来人之间，也出现了世俗化或伊斯兰化的分歧。由于不满巫统的世俗化倾向及政府长期实施的世俗化政策，伊斯兰教党成为马来人的传统反对党，提出以伊斯兰教建国的主张。华人反对强化伊斯兰教的地位，主张各宗教平等共存，对他们来说，伊斯兰教是马来人的宗教，伊斯兰教化意味着马来化。马来西亚当局实行的"伊斯兰化"运动加剧了印度人社会宗教信仰上的分野，从而导致印度人社会某种程度的分化。[①] 一方面，由于宗教认同强烈，一部分印度教徒极力反对伊斯兰教化，为保护印度族群的宗教传统，他们不惜与马来人发生纷争。另一方面，为取得与马来人同等的利益，一些印度人非穆斯林教徒皈依伊斯兰教。因此，由于宗教信仰的差异，马来西亚各族群及族群内部对政府推出的宗教政策看法各异，从而导致政治认同分化。

最后，政治认同也受地方自治影响。在伊斯兰教党长期执政的吉兰丹州，选民的宗教意识和地域观念十分强烈，具有反抗政府的情结。1969年大选，政府曾承诺一旦在该州执政，将给予大额拨款。尽管该州的经济发展较落后，但政府打出的"发展牌"不但无法打动该州选民，反而被该州选民视为政策贿赂而加深对政府的反感。1998年"安瓦尔事件"爆

---

①　罗圣荣：《马来西亚的印度人及其历史变迁研究》，博士学位论文，云南大学，2009，第122页。

发后，巫统再一次分裂，伊斯兰教党成为最大获利者，其声势重新壮大。随着伊斯兰教党对抗执政党的实力增强，其不仅阻碍政府推进政治整合工作，也使该州与中央保持政治认同具有一定困难。东马在历史上与西马联系较少，在地理上与西马隔海相望，族群、文化、习俗等也与西马差异较大，该地居民难免具有土著民主主义和地域情结，甚至分离主义倾向。在东马与马来亚联合邦合并之前，联邦的概念遭到东马政治精英的反对，一些土著领袖曾主张在沙巴、沙捞越和文莱三个英属殖民地组建"婆罗洲联邦"。1963年，东马与西马组成马来西亚联邦，此后的自治中，东马两州政府努力维护地方自治权益以及地方多元宗教、族群体制，要求享有更多的自主权。伴随着联邦政府对两州的政治介入越来越多，东马土著对马来人的政治霸权和伊斯兰化政策的担忧也越来越强烈，其分离主义倾向越来越严重。由于东马的土著民主主义、地域情结和分离主义倾向，该地的政治认同问题一直是一个难题。

（二）政治认同的矛盾

马来西亚政治认同的主体是多种多样的，当政治认同的主体明确分为马来人和非马来人时，二者的政治认同对象有所不同。马来人与非马来人对自我身份和国家的认同差异，造成了双方在政治认同上的互相矛盾。

首先，马来人认同的是带有马来特色的国家。作为最主要的Bumiputra，"大地之子"的观念在马来人头脑里根深蒂固，种族观念表现得尤为强烈。马来人的认同意识包含三个主要因素：马来语、伊斯兰教和马来人的王室。[1] 在马来人的身份认同中，首先是穆斯林，其次是马来人，马来西亚公民的身份反而不重要。马来人认同的国家，在文化上，应以土著文化为基础，以伊斯兰教为重要成分，在政治上，国家政权应由马来人来支配，保留王室的权力和地位。在马来人特权的问题上，马来人从未做出任何让步。大多数马来人和他们的领袖认为，马来亚或马来西亚是马来人的国家。其依据一，马来人是真正的土著，华人、印度人等非马来

---

[1]　陈志明：《族群认同与国家认同：以马来西亚为例（上）》，《广西民族学院学报》2002年第5期。

人只是外来移民，由于马来人的慷慨大方，非马来人才获得公民权。其依据二，马来人最早建立马六甲王朝，马来亚不是一个新的国家，是马六甲王朝的延续。

其次，非马来人认同的是不为马来人控制的国家。早在马来西亚独立之前，为争取平等的权利，非马来人已经认识到马来西亚公民身份的重要性。马来西亚独立以后，作为 No-Bumiputra（非大地之子），非马来人在政治、经济、文化领域与马来人展开合作与竞争时，更加关注族群之间的平等。华人认为马来人并不是当地土著，而和华人一样都是外来移民，只在此建立了马六甲王朝，遂自称为土著。① 既然马来人和非马来人都是外来移民，二者应该拥有一样的法律地位和权利。华人还认为国家不应以种族主义为出发点，而应建立在维护各族人民利益的基础上。随着公民与权利意识的增强，非马来人所认同的是一个不为马来人所控制的现代化国家。

（三）政治认同的强弱

马来人的政治认同最强烈，并与马来人的特权相联系。独立以后，因实施偏向马来人的政策，马来西亚逐渐形成了马来人支配政治、享有特权的局面。1957 年《马来亚联合邦宪法》第 153 条规定，最高元首负责保障马来人的特权。相比其他种族，马来人有权获得保留地、服务公职的保留名额、经营特殊行业及教育奖助优待等。1971 年宪法修正案规定，禁止讨论和质疑马来西亚统治者的权力和地位、马来人的特权、马来语作为国家语言、伊斯兰教作为国教等敏感问题。巫统因捍卫马来人特权而被视为马来人的政治代表，以巫统为主导的政府、执政党一直得到广大马来选民的高度信赖和支持。但马来人对政府也有所不满，认为华人垄断了国家经济，华人的经济水平远远高于马来人，质疑政府对马来人保护不力，抨击政府的华人政策，要求政府采取更加有力的措施，扶持马来人在经济等各个领域的发展。

---

① 〔马〕廖文辉：《谈华族史在国史的定位——历史教学的一点省思》，《沈慕羽资料汇编》编辑委员会编《沈慕羽言论集》（上册），马来西亚华校教师会总会，1998，第 118 页。

土著群体的政治认同有所削弱。1963年以来，东马两州获得了较多的自治权，土著居民也一直得到政府的额外扶助，但土著群体认为其得到的还不够。1963年，东马两州以平等的地位与马来亚联合邦组建马来西亚联邦，现在却变为13州中发展较落后的两州，两州的离心主义与其地位的下降不无关系。同时，东马两州十分关心"大地之子"范畴内的不平等现象，对利益分配不均也大为不满。在中央政府的财政预算案中，东马的发展长期受到忽视。在经济发展过程中，东马的发展速度缓慢，远远落后于西马各州。在自然资源开发过程中，收益流向联邦政府。因此，不平等的待遇催生了东马人民对执政联盟的不满，使东马两州的政治认同有所削弱。

华人、印度人的政治认同呈现复杂性。一方面，华人、印度人已经产生了政治认同。华人、印度人与马来人一起反抗殖民统治，在马来西亚的土地上建立了国家，成为其对马来西亚产生政治认同的基础。从认同主体来看，马来西亚独立以来，大部分的华人、印度人加入了马来西亚国籍，成为马来西亚公民。随着政治身份的转变，他们的政治认同对象开始从祖籍国向马来西亚转变。随着时间的推移，他们对马来西亚的政治认同也逐渐增强，已将马来西亚视为自己的祖国。从认同层次看，华人、印度人对马来西亚的效忠是不容置疑的，但他们的政治认同仍然处于由浅入深、逐渐发展的过程，有的是本能上的认同，如血缘认同、种族认同，有的上升到情感的认同，即热爱、信赖等，另外一些已经达到理智上的认同，如政治理想的认同。另一方面，华人、印度人对政治认同产生了很多的困惑。第一，在他们看来，马来西亚政府及政策显然非常不公正。无论是"新经济政策"，还是20世纪90年代改而推行的"国家发展政策"，都是政府采取的"扶马抑非"的措施，其主要目的是扶持马来人的经济，帮助马来人进军商业领域，培养马来人中产阶层，限制非马来人的经济利益。政府以族群的人口比例作为推行"固打制"的根据，依然是为了保障土著公民在政治、教育、就业等方面的优势。第二，对马来人主导的执政党不满。选举不公平，推行倾斜性的种族政策，腐败丑闻不断，引发华人、印度人对执政党的不满。为了表示对执政党的不满，华人选民在多届大选中投票支持反对党。2008 年大选，华人选民更是一边倒地支持反对党，成为导致"308 政治海啸"的重要原因之一。第三，对马来人拥有特权不满。在马来人至上的环境下，华人、印度人处于"二等公民"的地位。政治地位的不平等，使非马来人反对维持和扩大马来人的特权，反对一切领域中的土著和非土著区别。政治的弱势地位也使华人、印度人对未来发展忧心忡忡，担心拥有政治优势的马来人若将来再拥有经济优势，将导致族群间新的不平衡。

总之，不平等的政治经济分配，是造成马来西亚政治认同强弱不同的主要原因。各主要族群之间，原本存在互不了解与互不认同的种族或文化偏见，并且因执政当局大力推动所谓土著观念与政策，将一国公民截然划分为权利义务多寡不同的两个范畴，更加深了彼此间的猜忌，而此种横向认同的强弱，必然会影响到纵向对国家整体的认同。[①]

二　马来西亚的社会整合

社会整合是指社会利益的协调与调整。协调与调整各种社会利益，减轻社会冲突对社会发展的破坏，是社会整合的主要目的。[②] 对于马来西亚而言，政治认同错综复杂，社会整合势在必行。要达成社会整合的目的，关键是加强联邦政府的权威，重点是政治、经济、文化利益的再分配。

（一）中央利益的协调与调整

首先，削减王室权力。王室的权力不仅包括领土、宗教与习惯法的事务，还有法律豁免权。马来西亚政府已经认识到，王室的权力与特权不仅与建设现代化国家的目标相抵触，影响政府对国内政治权力的掌握，也不利于加强政治认同。1981 年，马哈蒂尔就任总理后，开始逐步削减王室的权力与特权。1984 年通过宪法修正案，最高元首不再拥有国会法案的

[①]　林若雩：《马哈迪主政下的马来西亚：国家与社会关系（1981~2001）》，韦伯文化事业出版社，2001，第 158 页。

[②]　廖小健：《战后马来西亚族群关系——华人与马来人关系研究》，暨南大学出版社，2012，第 23 页。

最后否决权；1993 年 3 月，议会通过宪法修正案，取消了各州苏丹的法律豁免权；1994 年 5 月修改宪法，规定最高元首行使职能时必须接受政府建议。

其次，限制司法权力。自马来西亚独立以后，司法部门较好地保留了司法的独立性，较少被政治干涉。为削减司法拥有的干预行政与立法的权力，马哈蒂尔政府着手对司法体系的权限进行调整。1988 年，国会通过修宪法案，将最高法院的权力限制为"具有联邦法律所赐予的权力与权限"，替代"联邦的司法权必须操于高等法院之手"的宪法规定。1988 年修宪破坏了马来西亚宪法的权力制衡的初衷，将国会的位置凌驾于法院之上。

最后，加强对地方政府的控制，收回部分地方权力。联邦对地方政府具有控制权，表现在对立法、行政、财政、土地的控制上。1963 年、沙捞越和沙巴成为马来西亚的两个州，同时获得了在语言、教育、公民权、宗教、移民、土著特权、元首资格等方面的特殊保障。自沙捞越和沙巴加入联邦以来，联邦政府利用行政权力接管了两州的一些自治权，如两州在教育上的特权、沙捞越的移民自主权。2005 年 1 月，议会通过修宪法案，各州的供水事务管理权和文化遗产管理权须向中央政府移交。

通过与王室、法院和地方政府进行利益的协调与调整，联邦政府的权力和权威大大增强。王室的权力受到限制之后，王室退让的政治权力集中至政府手中，苏丹流失的权力由政府总理接管，有利于加强政府和总理的统治权威，也使王室作为政治认同的符号有所弱化。王室权力、司法权力、地方权力受到削弱的同时，国民阵线掌控着国会超过 2/3 的议席，即控制了立法权力，因而联邦政府的行政权力一家独大。因此中央利益的协调与调整为联邦政府继续开展社会整合工作、加强公民的政治认同提供了良好的条件。与此同时，高度的集权使联邦政府缺乏有效制约，容易造成中央与地方的矛盾，进而可能给社会整合增加困难。

（二）政党利益的协调与调整

首先，国民阵线对政党的整合。1974 年 4 月，国民阵线在马华印联盟党的基础上扩大而成，至今仍是马来西亚的执政党联盟。国民阵线几乎囊括了马来西亚各族群的主要政党,"成员党包括马来民族统一机构(又称巫统)、马来西亚华人公会、马来西亚印度人国大党、人民运动党(又称民政党)、马来西亚人民进步党、沙捞越土著保守统一党、沙捞越人民联合党、沙捞越国民党、沙捞越达雅克族党、沙巴自由民主党、沙巴人民团结党、沙巴民主党、沙巴团结党"。[①] 国民阵线成为协调和调整各个政党利益的平台,其协商机制虽然不够完善,但基本上发挥了表达各族群利益诉求的作用。各族群的政治代表进入议会或政府,是国民阵线对各政党利益进行协调和调整的主要方式。从 1955 年马来亚联合邦选举开始,政党联盟成员党均按照联盟内部协商分配的名额,派出候选人参加历届大选,国民阵线的各成员党按照一定比例派出代表担任各级政府的官员。[②] 2013 年大选之后,马华公会和民政党等华人执政党,因遭华人选民的背弃而全面溃败,两党决定不再担任内阁职务,致使政府内阁缺乏华人政治代表。总理纳吉布于 2014 年 6 月宣布马华公会和民政党重返内阁,马华公会获得两名部长和三名副部长职位,民政党则获得一个部长职位。不可否认,20 世纪 80 年代以来,巫统在国民阵线中占据了绝对的优势地位,马华公会、印度人国大党、人民运动党等退居次要地位,使国民阵线对政党整合的有效性有所减弱。

其次,反对党联盟对政党的整合。2008 年大选之后,反对党中的伊斯兰教党和人民公正党、民主行动党组成了反对党联盟"人民联盟"。伊斯兰教党和人民公正党均是以马来人为主的政党,而民主行动党是以华人为基础的政党,它们之间的合作体现了政党的政治意识从种族政治向政党利益转化的趋势。伊斯兰教党执意推出伊斯兰刑法案,导致人民联盟的同盟关系破裂,也使伊斯兰教党内出现了分裂。2015 年 9 月 22 日,马来西亚反对党组成新的联盟,即"希望联盟",成员党包括人民公正党、民主行动党及国家诚信党,国家诚信党即从伊斯兰教党出走的开明派组成的政

---

① 《马来西亚国家概况》,中华人民共和国外交部网站,2015 年 7 月,http://wcm.fmprc. gov.cn/pub/chn/gxh/cgb/zcgmzysx/yz/1206_ 20/1207/t9371.htm。

② 廖小健:《马来西亚民族政党联盟的构建与影响》,《世界民族》2007 年第 6 期。

党。希望联盟的成立，既保存了与国民阵线抗衡的力量，也排除了伊斯兰教极端势力。

近年来，马来西亚政党政治的竞争有所加剧，增加了政党利益协调与调整的难度。执政党联盟与反对党联盟势均力敌，但目前二者显然都无法囊括绝大多数选民的选票。马来穆斯林内部有3个主要政党，包括执政党巫统和反对党人民公正党、伊斯兰教党，华人群体也有执政党和反对党，各个政党的利益与诉求不尽相同。在各个政党内部又有保守派、温和派和开明派之分，它们各有自己的影响力和基本队伍。

（三）经济利益的协调与调整

经济利益是引发族群矛盾的导火索，也是削弱政治认同的因素之一。联邦政府对各族群的经济利益进行协调和调整，若秉持公平的原则，实施合理的政策，将有利于增进公民对国家、政府的理性认同，进而达到社会整合的目的。

1. 扶持农村马来人经济

1957～1970年，政府扶持农村马来人经济。由于大部分的马来人居住在乡村，政府对马来人的经济扶持重点放在乡村发展上。马来西亚实施了三个五年计划，"在三个五年计划的发展预算中，直接投入农业的比例分别高达22.6%、17.3%和25.5%，15年投资总额达16.86亿林吉特"，① 大大高于同期对工商业的投入。尽管政府投入了不少资金，帮助马来农民进行土地开发和迁居，但通过土地开发只能安置数量较少的马来农民，未能改变马来农民生活贫困的情况。不少马来农民负债累累，农村贫困比例因此也远远超过城市。1970年的统计显示，西马的平均贫困率为49.3%，但马来人集中居住的农村贫困率却高达58.7%，而华人占多数的城市贫困率仅为21.3%。② 面对马来人经济发展远远落后于华人的现实，马来人认为自身的利益未得到政府的充分照顾，非马来人的利益反而

---

① Jesudason and James V., *Ethnicity and the Economy: The State, Chinese Business and Multinationals in Malaysia*, Singapore: Oxford University Press, 1989, p. 51.

② 〔日〕山下彰:《马来西亚新国家发展政策的概要与各种课题》，汪慕恒译，《南洋资料译丛》1994年Z1期。

受到重视。马来人对政府的不满日益增加，开始对自称为马来人利益代表者的巫统产生怀疑，60 年代后期的社会动荡和执政党在 1969 年大选的失利，与此不无关系。

2. 推行新经济政策

20 世纪 70 年代至 90 年代，政府推行"新经济政策"。1969 年"5·13"事件发生之后，部分马来人认为骚乱的根源是马来人和华人经济发展不平衡。政府开始对各族群进行经济财富分配，以缩小各族群之间经济发展的差距，"新经济政策"应运而生。新经济政策提出，职业和股权结构要反映人口结构，马来人和非马来人在西马有限公司股权中所占比例，要分别从 2.4% 和 34.3% 调整为 30% 和 40% 。为此，政府实施了扶持马来人经济的各种措施，如给予马来人发放贷款、营业执照和就业等方面的优惠，出台《工业协调法》保障马来人拥有企业 30% 的股份，政府投入大量资金参与工商业经营活动。政府的政策使马来人的经济力量有了极大的提高，但也造成马来人内部收入差距的持续扩大。

实施新经济政策过程中，政府没有忽视农村马来人经济的发展，注意平衡各族群的经济利益。尽管 20 世纪 70 年代以来，马来西亚政府重视发展工商业，对农业部门的投入比例有所减少，但继续通过土地开发等措施发展农村马来人经济，投入农业的实际资金比 70 年代前要多得多。马来西亚政府在扶持马来人经济过程中，侧重于扩大经济蛋糕、扩展经济机会，以平衡各族群经济利益，而不是通过压制或剥夺非马来人来增加马来人的财富。尽管非马来人的经济发展受到一定限制，财富比重有所减少，但他们仍可以从国家经济发展中受益，其经济仍有增长的空间。

3. 调整新经济政策

2009 年，纳吉布政府上台之后对"新经济政策"进行调整，强调维护非马来人的利益。"30% 土著股权"是新经济政策的内核，是马来人拥有经济特权的标志性指标，也是族群经济地位不平等的重要表现之一。[①]

---

① 廖小健：《马来西亚纳吉政府华人政策调整述评》，《华人华侨历史研究》2010 年第 4 期。

2009 年 4 月 22 日，政府宣布开放国内 27 个服务领域项目，同时撤销 30% 的土著股权限制。非马来人在投资这些服务领域的项目时，不再需要与当地土著合资及给予土著 30% 的股权，有助于减少族群经济的不平等，为非马来人提供更宽松的经营空间。但政府在宣布调整新经济政策的同时，强调通过其他方式落实土著拥有 30% 股权的目标。政府认为提高土著的股权至 30% 是新经济政策的目标之一，但迄今依然未达目标，马来人的经济仍需扶助。为此，政府宣布拨 5 亿林吉特设立国民股权公司，通过投资于高速成长的公司来协助栽培一批土著精英，该公司的资本以后将逐步提高到 100 亿林吉特。[①]

总之，由于政府对经济进行整合，各族群经济利益达到了一定程度上的平衡。各族群经济利益的平衡有助于缓解族群之间的冲突，化解族群的暴力倾向或抗拒情绪，从而使马来西亚在族群矛盾交织的情况下，能继续维持社会的稳定。

（四）教育利益的协调与调整

在马来西亚族群利益的博弈中，教育利益一直占据着重要的地位。政府采取了一系列措施，对各族群的教育利益协调和调整，目的是增加各族群对政府的信任，增强政治认同，从而有利于社会整合。

首先，推动教育马来化。独立以来，政府一直致力于推动教育马来化，如颁布《1961 年教育法令》，规定中学公共考试语言仅限于马来语和英语，全国小学改制为以马来语为授课语言的国民小学和以华、英、印等民族母语为授课语言的国民型小学。1969 年"5·13"事件爆发之后，政府认为国民缺乏统一意识是造成族群冲突的原因之一。为了加强国民统一意识，教育部推行大、中、小学校以马来语作为主要授课语言的措施，加快教育马来化。纳吉布政府上台之后，宣布实施提升马来语的政策。

其次，缩小族群教育发展差距。为改善马来人教育落后的状况，政府对马来人教育给予了大力的扶持。1969 年"5·13"事件后，政府开始实

---

① 廖小健：《马来西亚纳吉政府华人政策调整述评》，《华人华侨历史研究》2010 年第 4 期。

行"固打制",即不以学生的成绩而以族群的人口比例作为大学录取学生的根据,国会通过宪法修正案,最高元首有权令大专院校为土著保留一定比例的名额。根据这些政策,马来人进入大学的门槛大大降低,马来人进入大学的名额也有保障。政府还对马来人学校进行拨款,为马来人学生提供奖学金。通过实施马来人教育优先政策,马来人与华人在教育等方面的差距明显缩小。

最后,减少对非马来人教育的限制。在建立马来化教育体系时,政府削弱非马来人教育的措施较温和,对非马来人教育的限制也在逐步减少。政府一直承认非马来人教育的合法性,不仅把华文、泰米尔文小学和改制的华文中学纳入国家教育体系,而且允许华文独立中学存在。20世纪 90 年代以来,政府对华人的高等教育采取了较为开放的政策,政府批准成立华文大专学院南方学院、新纪元学院和韩江国际学院,批准由马华公会承建一所私立大学性质的拉曼大学。2000 年,教育部取消私立学院的华裔、印裔学生申请基金贷款的限制,宣布所有政府及私立高等教育学院的学生都可以申请国家高等教育基金。英语教数理政策之前,一直都是母语教数理。2009 年,副总理兼教育部长慕尤丁宣布取消中、小学只能以英语教数理的限制,各源流中、小学从 2012 年开始可以分阶段地用母语教数理。实际上,英语教数理对马来文小学的冲击比较大,反之华文小学比较受益。

(五)文化及宗教利益的协调与调整

首先,打造以马来人文化和伊斯兰教文化为主流的国家文化。1969年"5·13"事件发生后,文化分歧被政府视为族群冲突的原因之一。1971 年,国家文化发展大会提出国家文化概念,即马来西亚国家文化以原住民文化为核心,以伊斯兰教为重要元素。在政府的推动下,国家文化概念逐渐发展成为国家文化政策。政府推出一系列促进与弘扬马来人文化的措施,同时对非马来人文化的发展进行干预与限制。联邦政府在打造国家文化的过程中,始终维护马来人的文化特权,并没有对各族文化的发展给予同等的重视与扶持,引发了非马来人族群对本族文化被边缘化的担忧。

其次，给予非马来人的文化与宗教一定的发展空间。华人具有创办和发行华文报刊的权利。20世纪90年代初，马来西亚共有20多种华文日报和多种华文报刊。华人可以举办中华传统文化活动及各种各样的民俗活动，也可以华文进行文学作品创作。宪法保障宗教信仰自由，华人可以继续信仰自己传统的宗教，如佛教、道教等，也可以信仰其他宗教，还可以皈依马来人信奉的伊斯兰教。

第二节　政治意识与社会价值观

一　政治意识

政治意识是一定社会中的人们关于社会政治制度、政治生活以及国家、阶级、社会政治集团及其相互关系问题的观点、思想、理论的总和。政治意识在政治文化结构中居于统率的、主导的地位。[①] 马来西亚的政治意识是一个由多种元素组成的有机体，包括阶级意识、政党意识、选民意识等。各种各样的政治意识是马来西亚人对政治的现实反映和理性把握，反映了一定社会的阶级基础，集中体现了经济基础的性质。

（一）阶级的政治意识

在马来西亚国家现代化的过程中，社会阶层结构发生了改变。华人上层和中产阶级的产生，可以追溯到英国殖民时期，政府实施的政策使华人进入工商业部门，从而促使华人社会产生阶级分化。同样与英国殖民政府的政策有关，在"新经济政策"之前，马来人社会的阶级结构并不明显，马来人主要从事农业生产。新经济政策的实施从实质上改变了传统马来人的阶级结构，促使马来人分化成为上层阶级、中产阶级和工人阶级。在实施新经济政策期间，华人、印度人中产阶级的数量也在增加。经济发展改变了社会阶层结构，也带来了政治意识的变迁。

---

① 李晓伟：《政治学范畴探析——政治文化与政治意识》，《昆明大学学报》2008年第1期。

维护政权是上层阶级的政治意识。马来西亚独立以后，上层阶级逐渐演变为统治阶级。上层阶级的主要政治意识是维护威权统治，从而维护既得利益。巫统是马来上层权贵的政治组织，善于以马来人利益之名维护政权。2015 年 8 月，巫统主席纳吉布为玻璃市州 3 个巫统区部大会主持开幕式时表示，若巫统失去政权，马来人将会陷入贫困潦倒的困境，要求巫统成员捍卫巫统的领导权。近年来，为维护少数精英的利益，马华公会的上层奉行妥协调和路线，在华人权益上对巫统妥协退让。

中产阶级群体也产生了相应的政治意识，即"中等阶层意识"。所谓"中等阶层意识"，就是强烈希望有合理的、可持续的、稳定的制度环境来捍卫他们个人努力的成果，同时由于受教育水平的逐步提高和获得资讯能力的增强，他们难以容忍传统的执政方式和公共部门的滥用公帑、贪污腐败行为（因为这也是一种对他们个人努力成果的剥夺）。① 一方面，中产阶级形成了"发展至上"的观念，不再强调族群划分。经济增长和市场扩大，新中产阶级的成长，影响人们的价值观和实践，即"发展至上"，不再强调族群划分，而强调发展与增长，引导消费主义而远离政治，特别是远离对国家的抨击。② 由于 20 世纪 70 年代到 90 年代马来西亚的经济发展为中产阶级提供了发展机会，非马来人的中产阶级在 90 年代愿意支持政府。另一方面，中产阶级认同一些政治上的"普世"价值，对政府腐败、政策不透明、权力滥用及选举不公平等不满。由于马来人的特权已经成为富人和裙带关系者的特权，新兴的马来人中产阶级产生了新的政治诉求，对巫统渐生不满。2013 年大选，反对党联盟人民联盟在槟榔屿、雪兰莪的议会选举中，不但维持了执政地位，而且均获得超过 2/3 的绝对多数议席。槟榔屿和雪兰莪是马来西亚的工业重镇，大约占马来西亚经济总量的 40%，人民联盟在这两个州的绝对优势，在很大程度上表明崛起的中产阶级超越了马来西亚传统的族群政治之分，形成一股新兴的

① 庄礼伟：《社会中的马来西亚国家：意象与实践》，《东南亚研究》2015 年第 2 期。
② 廖小健：《战后马来西亚族群关系——华人与马来人关系研究》，暨南大学出版社，2012，第 193 页。

政治力量，并提出消除贫富差距、政府不透明等制约马来西亚经济发展因素的政治诉求。

平民阶级也有相应的政治意识。随着阶级之间的贫富差距日渐扩大，大部分平民阶级希望政府能够在缩小社会贫富差距方面有所作为。部分平民阶级关注政府的经济、教育、环境政策，认为政府有责任维持经济增长，提高人民的生活水平，发展高等教育，提供公共服务。另外一些平民阶级的政治意识还未觉醒，受传统观念制约，对政治比较冷漠。

（二）政党的政治意识

1. 政党政治意识的产生与发展

（1）种族政治意识

各政党在产生之初就具有种族利益至上的政治意识。在争取马来西亚独立的斗争中，各政党均以争取并维护各自种族的利益为目标。巫统扮演着代表马来人利益的角色，巫统创始人拿督·翁在巫统成立初期经常高呼"巫统就是马来人，马来人就是巫统"。马华公会成立之后，一直为争取华人的公民权和华文教育权利进行斗争。在选举过程中，由于社会的分裂及种族之间的互不信任，选民往往支持种族性的政党，对宣称代表所有种族利益的政党则表示怀疑。各政党往往需要表现出明显的种族特征，并以维护种族利益为政治活动的出发点，才能争取选民的选票，保证政治上获胜。对各政党来说，模糊种族界限、淡化种族偏见以及宣传代表各种族利益既是不现实的，也是不明智的。因此，种族政治意识超越了阶级和其他一切政治意识。

自马来西亚独立至今，各政党仍然具有种族政治意识。各政党的发展一直受种族因素影响，种族利益争夺是政党的主要议题。属于同一种族的不同政党始终秉持以种族利益高于一切的原则，主要的差别在于各自代表了本族群激进或保守派的利益，如巫统和伊斯兰教党都是马来人利益的代表者，只是在对待伊斯兰教问题上产生了激进与保守的区别，马华公会和民主行动党都是华人利益的捍卫者，只是在维护华人利益的方式上出现了激进与保守的分歧。不同种族的政党组成的政党联盟也可能因不同的种族政治意识而出现摩擦，如在反对党联盟"人民联盟"中，"行动党坚决反对伊刑法的同时，伊教党主席哈迪·阿旺（Hadi Awang）也坚决反对行动党提出的地方选举改革建议（由委任制改为直接选举制），认为这将有利于华族控制城镇地带，从而可能引发像 1969 年'5·13'事件那样的族群间流血冲突"。①

（2）联盟政治意识

在马来西亚独立前夕，各政党产生了联盟政治意识。二战结束之后，英国殖民政府利用各种手段维持殖民统治，围剿反抗力量。当巫统的政党力量遭到英国殖民政府削弱之后，巫统的领袖很快认识到，社会形势使他们必须与其他政党的领导人建立合作关系。由于巫统需要马华公会共同参与争取独立的斗争，也需要马华公会的经费支持以摆脱经济困境，东姑·拉赫曼于 1951 年任巫统主席后，采取了与华人政党马华公会合作的政策。马华公会则希望通过参与马来亚的独立建国，获得马来人在华人公民权及华文教育等问题上的让步。② 政治和经济上的互相需要、国家独立的共同目标，使各政党产生了联盟政治意识。

马来西亚独立以后，各政党仍有联盟政治意识。独立以后，以种族为基础的政党联盟成为执政党联盟，连续执政已经超过半个世纪。在种族政治的现实下，执政党联盟各政党均认识到，若完全实行竞争性的政治运作方式，只会加深种族的隔阂和社会的分裂，而实行联盟式的权力分配和运作机制，使各政党关注的重大问题大多能够通过内部的磋商、协调而解决，对社会稳定和政治稳定至关重要。尽管对巫统在执政党联盟中的霸权地位有所不满，马华公会等政党均表示要维持多元执政的局面，捍卫多元执政的理念。尽管 1969 年"5·13"事件之后，巫统的政党力量日益强大，足以单独执政，但其不仅坚持原有的政党联盟模式，还保持政党联盟的开放性，随时吸纳新政党甚至反对党派加入其中。在对抗执政党联盟的过程中，反对党也逐渐认识到单打独斗的局限性以及与其他政党合作的迫

---

① 庄礼伟：《社会中的马来西亚国家：意象与实践》，《东南亚研究》2015 年第 2 期。
② 〔马〕林水檺、骆静山编《马来西亚华人史》，马来西亚留台校友会联合总会，1984，第 112 页。

切性，从而具有了联盟政治意识。

（3）维护政党利益的政治意识

尽管各政党的妥协精神、协商精神较为突出，但不等于其可以轻易放弃政党利益。马来西亚独立以来，各政党维护政党利益的意识始终十分强烈。首先，具有争夺国会和州议会议席的意识。在议会选举制度下，各政党均认识到推选政党代表进入议会或政府，才能保证实现政党的意志。在每一届大选中，各政党展开激烈的政治角逐，争夺国会和州议会议席。为了能够继续掌权，巫统除了依赖乡村马来人的支持，也开始重视非马来人的选票。由于均能通过内部分配获得议席，马华公会、印度人国大党等政党出于政党利益的考量，往往选择继续支持国民阵线。其次，具有利用种族和宗教议题进行政治斗争的意识。对巫统来说，当支持率下降或政治上遇到其他困难时，将矛头指向种族议题，常常是转移矛盾的有效方式。在2013年大选中，执政联盟没能重新夺得上届大选失去的2/3多数国会议席，大部分华人选民将选票投向反对党引起关注，巫统称之为"华人政治海啸"。实际上，华人占马来西亚人口的比例仅为24.6%，马来人所占比例则高达68%，"华人海啸"的说法并不准确，华人选票并不能改变选举结果。"华人政治海啸"的指责是巫统掩饰选举失利的手段。巫统和伊斯兰教党都是马来人政党，但二者长期在"伊斯兰化"议题上展开竞争。伊斯兰教党一直试图在其执政的州实施伊斯兰教刑法，向马来人展示其维护伊斯兰教权威的决心，从而在马来穆斯林内部与巫统争正统地位。为了争取穆斯林群体的支持，2014年11月，纳吉布总理首次提出"伊斯兰法指数"，旨在评估国家政治、经济等八个领域的伊斯兰化程度，指数越高，伊斯兰原则越能得到维护。

2. 政党政治意识的变化

（1）政党政治意识的现代化

随着信息社会的来临，各政党的政治意识开始具有现代化的特征。各政党开始重视现代化的网络传播工具，政党领袖都开设了社交媒体账户，建立了自己的粉丝群组。在2013年大选期间，各政党进行了"社交媒体大战"。截至2013年4月，在Twitter上纳吉布有146万名粉丝，安瓦尔有 26.7 万名粉丝，伊斯兰教领袖聂阿兹有 9.4 万名粉丝，民主行动党领袖林吉祥有 8.9 万名粉丝；在 Facebook 上为纳吉布点赞的用户有 158 万个，为伊斯兰教党领袖聂阿兹点赞的用户有 88.9 万个，为公正党领袖安瓦尔点赞的用户有 48 万个，为民主行动党领袖林吉祥点赞的用户有 12 万个。① 为赢得大选，巫统在网络方面进行了多项工作，包括通过控制媒体来影响社会舆论，训练大量"国阵网络兵团"来维护纳吉布的形象。由于缺乏传统传媒资源，反对党热衷通过 Facebook、Twitter、Youtube 等信息时代的交流传播工具拉拢选民。

（2）政党政治意识的大众化

由于大部分选民对种族、宗教议题持温和立场，一部分选民开始按照自身利益而不是种族身份来投出选票，各政党的政治意识开始出现大众化的趋势。各政党纷纷对竞选策略做出调整，意在吸纳所有族群的选票。执政党联盟提出了"一个马来西亚"的理念，强调全民国家、多元社会、包容性发展。在反对党中，伊斯兰教党日益重视吸引外族选票，提出了比巫统更加温和、开明的族群政策，民主行动党则也在试图成为多元族群的政党，提出了"马来西亚人的马来西亚"理念。

随着城市化的不断发展，选民结构出现了重大变化，政党的政治意识趋向于大众化。近年来，各政党积极向"全民党"转型。巫统不仅是"乡下人的政党"，也想成为"城市人的政党"。除了巩固乡村马来人的支持，巫统也积极拉拢城市里的中产阶级、年轻人，如迎合城市中产阶级的价值观，提出"一个马来西亚"理念。作为巫统的主席，纳吉布也希望自己能成为全民领袖。尽管反对党的主要支持者来自城市选民，但基于乡村选区占据大部分国会议席的事实，反对党从未放弃向东马和内陆的乡村扩大影响力。

（三）选民的政治意识

选民的政治意识出现分化。首先，选民的政治意识受到城市化进程影

---

① James Gomez，"Malaysia's 13th General Election: Social Media and its Political Impact"，http//www.cademia.edu/4446983/Malaysias_13th_General_Election_Social_Media_and_its_Political_Impact.

响。随着城市化进程的加快，马来西亚的选民结构发生了变化，既有城市多元族群选民，也有乡村马来族选民，他们的政治意识不太一样。其次，选民的政治意识与政党竞争有关。随着马来西亚政党政治的竞争不断加剧，选民因多方的政治拉力而呈现出碎片化状态，他们的政治意识也更加复杂。

乡村选民的政治意识保守。马来西亚社会仍有传统保守的一面，乡村选民在政治观念上比较认同传统的威权体制。乡村选民希望政治稳定，对于他们来说，稳定比改变更具有吸引力。大部分乡村选民长期得到政府政策的照顾，认为执政党联盟代表马来人的利益，帮助马来人提高生活水平，因此很自然地对政府感恩戴德。受到教育水平、信息渠道的限制，大部分乡村选民较少关注民主、公民权、选举公平等现代政治理念。

城市选民提出对执政联盟进行制衡的诉求。2013年大选之后，自2008年以来形成的两线制格局更加明显，表明选民要求制衡威权的诉求越来越强烈。反对执政联盟的声浪来自城市的上层选民、城区选民，他们在族群、宗教议题上持温和立场，较少受执政联盟在族群、宗教议题上的挑唆。城市选民不满政府实行的"马来人优先"政策、选举制度，反对执政党随心所欲地修改宪法。城市选民把政治上的问题归因于执政联盟的威权体制，认为执政联盟助长腐败、朋党、不公正，但其政治力量过于强大，缺乏竞争压力和制衡力量。城市选民意识到，只有对执政联盟进行制衡，才能打破政治垄断。在2013年全国大选中，当反对党联合阵线人民联盟宣称，一旦选举获胜，将用以需要为依据的扶弱政策取代国阵的种族性扶弱政策，并朝着废除"新经济政策"的方向迈进，因此大部分在城市生活的多种族居民把票投给了反对党而非执政党。

年轻选民也有新的政治倾向。在2013年大选中，首次参加投票的年轻人占选民总数的1/5，表明年轻选民已成为影响马来西亚政局发展的关键力量。受到信息时代的影响，他们的政治倾向是多元的、游离的，难以捉摸。年轻选民往往有愤世嫉俗的倾向，关注腐败、朋党问题，对政府腐败、社会不公平有更强烈的抵触情绪。年轻选民思考政治时，不会拘泥于宗教或族群视角。大部分年轻选民偏爱跨族群的政党，而不是只代表单一族群或单一宗教的政党。年轻选民在政治上更为独立、务实，也有相当一部分是政治上的冷漠派。部分年轻选民虽不喜欢执政党的执政风格，但仍然支持执政党，相信执政党处理经济、就业、社会治安等问题的能力。参与社会运动但不介入政党政治，这也是年轻选民中的一个普遍现象。部分年轻选民反对执政党，但没有明确加入反对党。

二　社会价值观

社会价值观不是民间各种价值观的总和，而是指民间社会的主流价值观或社会主流价值观，也就是社会大多数民众所信奉的或者作为社会大多数民众价值选择内在文化指令的价值观。[①]

（一）主要价值观

1. 权威主义

马来西亚各族群都具有不同程度的权威主义价值观。从古至今，马来穆斯林社会深受伊斯兰教的熏陶，在政治上也不例外。马来人的政治观念来自伊斯兰教，如"由于人的目标和行动并不能自动地相互达到和谐，国家就要像交通警察一样使其和谐以利于所有人享受人权"[②]。因此，马来人一直具有敬重权威的意识。在传统的马来社会中，对统治者的不忠诚属于罪大恶极，马来人一直服从于王室至高无上的权威，不敢逾越。马来西亚独立前，英国殖民政府推出《马来亚联邦计划》，规定将二战前各邦苏丹享有的统治权力移交英政府，引起马来人强烈反对和抵抗。马来西亚独立以后，苏丹的特殊地位依然存在，马来人对其传统效忠的心态也依然存在。1962年，国会通过宪法修正案，规定公民除了宣誓效忠联合邦，还要宣誓效忠最高元首。受佛教文化与儒家文化的影响，华人具有权威主义价值观。在政治观上，佛教伦理认为那些有权柄的人是命定的，掌权者是前世修德的结果，地位低下则是前世恶行的结果，从而形成了佛教徒的

---

①　徐贵权：《改革开放以来中国社会价值观变化之研究透视》，《毛泽东邓小平理论研究》2007年第6期。

②　丛向云：《当代世界的民主化浪潮》，天津人民出版社，1999，第164页。

权威主义和世袭观念。在佛教伦理的指导下，华人在现实中对政府和官员十分顺从，并尽量回避与之打交道。在海外华人的政治文化结构中，儒家思想的影响虽然并不十分明显，却影响着海外华人群体对社会的观念和态度。这主要反映在他们的等级观念上，他们以财产的多寡来衡量别人，将人们划分为不同等级，对拥有较高社会地位的人表示尊重。①

2. 集体主义

伊斯兰教倡导集体主义价值观，集体主义体现在伊斯兰教思想和制度的方方面面。伊斯兰教义要求个人必须与社会相互依存、彼此和谐，必须对社会的幸福与繁荣负责；必须服从多数人的意见，以维护团结与合作；必须学会自我克制和宽容。因此，马来人善于自制、维护集体利益。② 与之相似，儒家倡导集体主义。在儒家思想中，整体利益高于个人利益，当个人利益与整体利益发生冲突时，应以整体利益为重。佛教同样具有抑制个人主义的价值理念。佛教是一种偏于内向的宗教，它不是去积极地改造社会，解决现实问题，而是在内心改变问题的性质，从主观上取消问题的存在，从而达到精神和心理上的满足、平衡和慰藉。③ 因此，受传统文化影响，华人群体具有集体主义的观念。

1995 年，对北部的槟榔屿、吉打、吉兰丹三个州选民做的调查中，对于"个人应该追求自我利益而不是社会利益"，马来人对此观点最不同意，比例为 48.4%，华人和印度人的相应比例分别为 36.1% 和 32.9%；在问到"公共利益应该优先于家庭责任"时，同意这一观点的人（44.6%）要比不同意的人（28.5%）多，而且大部分的马来人（51.2%）反对这一观点，华人和印度人反对的比例分别为 31.7% 和 41.2%。④

---

① 叶笑云：《"碎片化"社会的政治整合——马来西亚的政治文化探析》，《东南亚研究》2006 年第 6 期。

② 叶笑云：《"碎片化"社会的政治整合——马来西亚的政治文化探析》，《东南亚研究》2006 年第 6 期。

③ 叶笑云：《"碎片化"社会的政治整合——马来西亚的政治文化探析》，《东南亚研究》2006 年第 6 期。

④ 〔马〕约翰·沙拉瓦纳姆都、罗国华：《马来西亚的政治文化——多种族社会的竞争性发展主义》，《文化与民主》（《复旦政治学评论》第八辑），上海人民出版社，2009，第 212 页。

3. 中道与中庸

中道与中庸，二者意义较为相近。中道，即中正之道，是伊斯兰教的重要思想之一，即不偏不倚、谨守中正。中道思想在马来穆斯林中深入人心，在宗教功课、人际关系、社会生活方面都有充分的体现。受到儒家文化影响，马来西亚华人秉持中庸之道，重视以和为贵。无论中道还是中庸，都强调和谐的价值观。

无论是在执政党中还是在反对党中，都有强大的马来穆斯林中庸温和派存在。对于伊斯兰教刑法，广泛存在反对的声音，如伊斯兰姐妹组织的创始人再娜·安华（Zainah Anwar）提出，"伊刑法的源头是神圣的，但诠释、编纂和实施法律的过程并不具神圣性，它是充斥瑕疵的人造法律"。① 即便是在推出伊斯兰教刑法的伊斯兰教党内也有许多温和派穆斯林，他们组建了马来西亚和平穆斯林协会（PasMa），认为极端化的宗教政策将破坏国家的团结。2014 年 12 月，25 名马来穆斯林知名人士发表一封公开信，谴责一直在活跃地发布右翼言论的"土著权威组织"（PERKASA）和"马来西亚穆斯林联盟"（ISMA）不应该以全体马来人的名义发表各种极端主义言论。② 在马来西亚，有很多主张"中庸""中道"的温和派社会运动参与者。2010 年纳吉布在联合国演讲时提出以"中庸"作为他的执政理念，以及马来西亚愿意推动"中庸"理念在全球普及。③

（二）社会价值观的作用

社会价值观属于传统的政治文化。在政治文化的嬗变中，如何理解和评价马来西亚社会价值观的作用？按照西方对于民主化的理解，传统的权威主义、集体主义等价值观往往被看成制约马来西亚乃至东亚国家形成公民社会以及民主发展的保守因素。但是许多学者也注意到，现代化进程中

---

① 〔马〕再娜·安华：《不要被伊刑法蒙骗了》，〔马〕《星洲日报》（电子版）2014 年 5 月 11 日。

② 庄礼伟：《社会中的马来西亚国家：意象与实践》，《东南亚研究》2015 年第 2 期。

③ Jordan Heng Contaxis, "How Malaysia Can Make Its Mark On World Stage", *New Straits Times*, March 13, 2015.

的社会价值观，所发挥的作用并非和政治发展的目标完全相悖，"卓有成效的政治发展需要为许多传统观念在较为现代化的现实结构中找到适当的位置"。①

在特定的社会转型期，强调集体认同、稳定和舆论的统一的价值观有助于政府平稳地克服现代化进程可能引发的政治和社会动荡，也为民主政治制度发挥较为正常的功能提供了前提条件。另外，伊斯兰教的个人自省和自制精神也对社会利益矛盾和冲突起到抑制作用；佛教的宿命色彩，对于现代化造成的激烈的社会冲突和人们心理的严重失衡起到了一定的补偿作用，从而为社会稳定提供了一种有效的文化机制。②

第三节　民主政治观与政治参与

一　上层精英的民主政治观与政治参与

（一）协合式民主

早在英国殖民时代，各族群已经建立了代表种族利益的全国性政党，分别有巫统、马华公会和印度人国大党。早在 1950 年，英国殖民当局被迫在马来亚推行地方议会选举，使马来亚开始拥有形式上的民主体制。通过长期的斗争，各族群的上层精英认识到了民主选举的作用，即通过获得议席，争取本民族的政治利益，争取马来亚的自治和独立。各族群的上层精英也逐渐认识到了联合的重要性，即通过政党结盟赢取选举。巫统与马华公会最先创建了政党联盟，随着印度人国大党在 1954 年 12 月加入，马华印联盟党形成。1955 年 7 月，在马来亚联合邦立法议会选举中，联盟党赢得胜利，组建了涵盖三个政党的代表性内阁。1957 年，马来亚联合邦宣告正式独立，马华印联盟成为各族群民主协商的政治机制。这一时

---

① 王乐理：《政治文化导论》，中国人民大学出版社，2000，第 61 页。
② 叶笑云：《"碎片化"社会的政治整合——马来西亚的政治文化探析》，《东南亚研究》2006 年第 6 期。

期，各个种族上层精英形成了一种民主政治观，即协合式民主，各个种族分享政治权力，通过民主的选举方式上台，以合法的形式来实现自己的政治利益。

协合式民主在实质上是各种族之间的利益协调。由于马来人人数多，但在经济上较落后，华人选民占少数且热衷经济活动，因此在各种族上层精英之间达成了一种默契，即"马来人保持政治优势，非马来人保持经济优势"。"协合式民主"的特色包括：政府是各大族群领导层组建的联盟；按"比例"原则分配政治代表权、公共职位、公共开支；各族对于自身事务的运作有高度的自主性。① 在协合式民主机制之下，巫统是联盟党中的核心大党，巫统领袖长期利用政治优势实施向马来人倾斜的政策，但作为联盟的第二大政党，马华公会仍具有一定的影响力，马华公会的政治领袖长期担任财政部长、工商部长等重要职务，为维护华人经济利益发挥了重要作用，印度人国大党也在联盟党中维护其族群利益。直到1969年，"5·13"事件暴露了各种族之间的不信任，马来西亚的协合式民主政体解体。

（二）权威式民主

1969年"5·13"事件后，上层精英的民主政治观逐渐从原来的"协合式民主"向"权威式民主"转变。权威式民主政治观的产生及发展，有着深刻的政治、社会和经济根源。

首先，政治体制向权威体制发展促进了权威式民主政治观的产生和发展。1969年是一个分水岭，自此马来西亚的民主政治转向了"一种权威主义的形式，在这种政治形式中，一个精英集团采取了任何必要的措施以保证其继续控制政府"。② 在种族骚乱事件中，拉扎克掌握了总理、巫统主席和联盟党主席权力，随后提出"以党治国"的政治理念，着手建立一个扩大的政党联盟，使得巫统占据了政治上的绝对主导权。上层精英虽

---

① 〔马〕何启良：《政治动员与官僚参与——大马华人政治论述》，华社资料研究中心，1995，第2页。

② 〔美〕乔尔·卡恩、佛兰西斯·洛尔·科克·沃尔：《断片的印象》，夏威夷大学出版社，1992，第1页。

然无法改变宪法的民主结构，却不妨碍其行使权威主义的政策。因此，马来西亚政治体制的发展为权威式民主政治观的产生与发展提供了土壤。其次，多元种族的社会长期存在，导致民主与权威共存。一方面，非马来人社会的力量十分强大，马来人根本不可能持续地进行压制；虽然巫统占据政治优势地位，但其部分地依靠非马来人的选票，促使巫统与其他政党保持合作。另一方面，由于马来人控制着政府，可以制定和实施偏袒其族群利益的政策，但容易招来非马来人族群的反对，导致马来人只能以强权手段维护其族群特权。因此，"马来西亚社会的构成决定了无论民主还是权威在这个国度里要想取得绝对的统治地位都是十分困难的，其政治发展只能是在两者之间艰难地寻找某种契合点"。[1] 最后，经济的迅速发展强化权威与民主观念。一方面，经济的发展加强了上层精英的威权倾向。马来西亚独立以后20年，居住在乡村的马来人没有从经济发展中受益，成为1969年爆发种族骚乱的原因之一。为减少种族冲突，上层精英率先以威权手段对经济利益重新分配，实施新经济政策。此后，因经济的急剧增长而引发的贫富差距扩大、劳资关系紧张、环境破坏等社会问题，也需要一个具有威权主义的政府进行解决。另外，随着经济的发展，上层精英具有发展民主的压力。中产阶级成为社会重要力量的同时，也成为支持和推动民主政治发展的社会基础，其不断提出民主化的要求，日益发挥着民主监督的作用，对上层精英的权威统治造成一定压力，促使上层精英采取更加民主的措施。总之，受到政治、社会和经济发展的制约，上层精英的民主政治观只能在权威主义与有限民主之间摇摆。

在政治实践中，上层精英的做法是在保持民主形式的前提下，增加政治体制中的权威主义成分。首先，维持民主选举制度和政党联盟式权力分配机制。无论是执政党领袖，还是反对党领袖，都没有抛弃议会民主的形式，也没有放弃议会民主的一些基本规则。执政党领袖允许反对派长期合法地存在，允许反对党参与竞选，而反对党领袖也认识到，民主选举是对

---

[1]　陈晓律、陆艳：《在民主与权威之间——马来西亚政治发展特点剖析》，《世界历史》2000年第4期。

抗执政党的途径，尽管暂时无法取代执政党，但只有等到下一届大选才能向国民证明自己。在执政联盟内部，一党独大的巫统坚持与其他种族政党分享政权。马来西亚总理马哈蒂尔曾说，马国人民、政治家和政党知道如何运用民主制度，如果只考虑多数民主原则，那么马来人就可以利用族群情绪组成纯粹的马来人政府，但巫统宁愿与其他族群合作，各族群乃至反对党都能够从长期的政治稳定中获益。① 其次，维持巫统和国民阵线在政治上的主导权。尽管无法推翻议会民主制度，但执政者一直试图使民主制度的运作有利于自己。通过占据国会的多数议席，执政党制定有利于自身利益的宪法修正案和其他法律法规。与反对党较量时，执政党往往利用行政资源削弱对方的力量。在这些过程中，执政党为政治体制增加了权威的成分。

（三）亚洲式民主

在马来西亚，包括执政党领袖在内的上层精英分子一般强调建立一个好政府，即强大稳固而又负责任的政府，反对无政府或弱政府的民主，强调政府与商界的合作，强调民主的多样性和本地化，实行亚洲式的民主。② 1981 年任总理以后，马哈蒂尔倡导带有浓厚马来文化色彩的"亚洲价值观"，以实现一种具有亚洲特色的民主政治。

亚洲式的民主既汲取西方民主的某些优点，又牢固地植根于亚洲的道德、宗教和文化价值观。首先，民主不是目的而是手段。亚洲式的民主反对把西方式的民主作为政治发展的目标，也不接受西方的民主人权标准，认为民主是各国人民创造出来的一种执政的制度，"其目的是要建立起服务于全体人民的好政府"。③ 其次，民主不是形式而是内容。亚洲式民主强调民主的实用功能，认为强大的政府比民主、人权更重要。强大的政府是经济发展的前提之一，其做出的决策能够代表民族的最大利益。政府由

① 郭伟伟、徐晓全：《马来西亚政党政治的特点与趋势展望》，《国外理论动态》2013 年第 11 期。
② 叶笑云：《"碎片化"社会的政治整合——马来西亚的政治文化探析》，《东南亚研究》2006 年第 6 期。
③ 〔马〕马哈蒂尔：《马来西亚总理马哈蒂尔演讲集》，世界知识出版社，1999，第 279 页。

选举产生之后，应该拥有充分的权力去制定和施行政策。最后，亚洲式民主重视宗教在公共生活中的作用。实行亚洲式民主必须结合本国的国情，树立与穆斯林文化传统相一致的民主政治观。

随着国家发展与西方民主思想的入侵，为维护统治霸权的持续性与人民的接受性，马哈蒂尔也开始运用"亚洲价值"或"亚洲民主"等相关理念，使其充当多元社会下威权统治合法性的"政治语言"与"意识形态"。①

二 社团的民主政治观与政治参与

"两线制"概念的提出，体现了马来西亚社团对民主政治的思考，即以政党轮流执政作为民主化的策略手段，打破族群威权主义的政治现实。许多社团通过推介、宣传"两线制"概念，推动反对党阵线的形成，促进民主政治的发展。

20 世纪 80 年代，为维护各项权益，各社团长期活跃在政治领域中，逐渐形成自己的政治观点和政治诉求。在长期的实践和思考中，一些社团开始认识到，民主政治的发展取决于能否打破执政联盟的政治垄断，而超越单一种族的观念，推动反对党阵线的形成，对执政联盟形成制衡，将有助于突破政治的困境。

1985 年，华人社团的 27 个领导机构与联合总会签署了《马来西亚全国华团联合宣言》。1986 年，根据《马来西亚全国华团联合宣言》，全国华团民权委员会成立。同年，全国华团民权委员会首次提出"两线制"概念，倡导建立反对党联合阵线，推动形成类似西方国家的两党政治格局，通过分权与制衡达到保障人民自由的目的。民权委员会认为像马来西亚这样一个多元种族的国家，唯有成立一个多元性反对党联合阵线才能顾及各种族的利益。② 民权委员会署理主席林晃升先生当时在《两个阵线制

---

① 李悦肇：《马哈迪时期马来西亚之国家整合（1981~2003）》，博士学位论文，台湾中国文化大学政治学研究所，2004，第 187 页。

② 赵海立：《马来西亚华人社团：政治功能的扩展与面临之问题》，《"中国和平发展与海外华侨华人"研讨会论文集》，国务院侨办政研司，2006，第 627 页。

度和马来西亚民主》的讲稿中曾经指出："全国民权委员会所倡议的两个阵线的概念，目的是为了促使我国的民主制度更加健全地发展。因为只有当形成两个足以互相取代的阵线时，当权的一方，才会表现得比现在更加民主，更加开明，人民的意愿才会更加受到尊重。"①

1986 年，"两线制"政治的序幕拉开。在 1986 年大选中，民权委员会表明了反对国民阵线的立场，其不仅向社会宣传"两个阵线"的概念，也与其他政党进行对话。经过广泛的宣传，"两线制"的概念逐渐被一些在野党所接受，"两线制"的概念也越来越受到社会各界民主与开明人士的支持。部分华人社团活跃分子在 1990 年大选前加入民主行动党，并希望通过"壮大反对党阵营的方式实践他们对两线制理念的追求"。② 1998年，"安瓦尔事件"爆发之后，安瓦尔的支持者发起了"烈火莫熄"政治改革运动。很多民间团体纷纷走上街头进行抗议、集会和示威活动。无论是伊斯兰主义的非政府组织，还是世俗主义的非政府组织，以及人权组织、妇女权益组织和其他的一些组织，都参与了"烈火莫熄"运动。③ 这次运动不仅促进了国民民主意识的觉醒，也直接催生了人民公正党。人民公正党于 1999 年 4 月 4 日的正式成立，也预示着反对党联盟"替代阵线"的建立。"替代阵线"的建立是马来西亚两线制政治发展的重要事件，马来西亚社会出现了挑战执政联盟权威的力量。

三 普通民众的民主政治观与政治参与

(一) 普通民众的民主政治观

普通民众对马来西亚的民主运行方式的评价是积极的，对选举评价较高。在 2000 年的亚欧调查中，当被问到"你对于马来西亚民主运作方式

---

① 沈宇存：《"两线制"政治构想的幻灭重生——马来西亚替代阵线研究》，硕士学位论文，厦门大学，2012，第 3 页。
② 曹云华、许梅、邓仕超：《东南亚华人的政治参与》，中国华侨出版社，2004，第 128页。
③ 〔美〕威森·梅雷迪斯·利：《烈火莫熄运动将何去何——从马来西亚种族和变化中的政治规则（上）》，《南洋资料译丛》2014 年第 1 期。

感到自豪吗"时，41.6%的受访者回答说"非常自豪"，另外有35.4%的人回答说"有些自豪"，只有11.2%的人回答说"不太自豪"，另外有5.2%的人"根本不自豪"。马来西亚人认为居民有在选举时参加投票的义务（68.4%的人表示完全同意，28.5%的人表示同意），民众的投票决定国家该如何运作（34%的人表示完全同意，45.6%的人表示同意），相当一部分人强烈反对（约30.1%的人）或者反对（约41.1%的人）"我是否投票无关紧要"这样的观点。① 这说明普通民众认为马来西亚是一个民主政体，十分肯定民众在选举中发挥的作用。

整体上，普通民众对其政治制度和政治领导人的信心较高，具体而言，也有所差异。首先，普通民众对政治制度和领导人抱有信心。普通民众对议会、政党、政府、法律和法庭、政治领导人、警察、国内服务、军事、大型贸易和大众媒体等都表现出积极的态度。其次，普通民众对威权制度的评价观点有所分歧。一方面，对国家政治和官员持批评态度。普通民众认为马来西亚官员普遍存在腐败，有些民众认为官员一旦选举上任后，便不再关心公共利益和人民的需求。很多民众认为执政党联盟不应该在每次选举中都赢得超过2/3的国会议席。另一方面，对政府的权威行为持容忍态度。一部分民众认为不应该评论政府的所作所为。最后，对于政治制度和政治领导人，各种族的信心有所差异，马来人的信心强于华人，印度人居两者之中。

（二）普通民众的政治参与

首先，参与选举。在选举期间，普通民众通过投票支持政党或者候选人，表达政治态度和政治诉求。在2013年大选中，女性选民占已登记选民数的47.1%，海外投票率达到60%以上，选民投票率达80%。其次，政治表达。通过集会、请愿、言论等手段表示自己的政治观点和诉求，是公民参与政治最直接、最广泛的方式之一，对政治的影响也比较广泛和直

---

① 〔马〕约翰·沙拉瓦纳姆都、罗国华：《马来西亚的政治文化——多种族社会的竞争性发展主义》，《文化与民主》（《复旦政治学评论》第八辑），上海人民出版社，2009，第216页。

接。从 20 世纪七八十年代开始，马来西亚民主运动兴起，普通民众积极参与其中，追求各种具体的社会目标。1998 年"安瓦尔事件"发生之后，普通民众对政治的参与热情有所提升，各种诉求运动也日益高涨。

第四节　政治的城乡差别

一　政治上出现城乡差别的原因

首先，城市化的发展。马来西亚是城市化程度较高的东南亚国家之一，其城市人口一直在快速增长。据世界银行的数据，2000 ~ 2010 年间，马来西亚的城市人口从 1020 万人（占总人口的 43%）增长到 1500 万人（占总人口的 53%）。[①] 随着城市化的进程加快，马来西亚已经由以乡村社会为主体向以城市社会为主体转变。新的经济活动、新的社会阶级以及新型的文化和教育都集中在城市，这使得城市从根本上不同于受传统束缚的农村。[②] 随着城市中产阶级意识的产生，城市中等阶层登上政治舞台，城市成了产生不安定和反抗活动的根源。随着教育水平的普遍提高，城市居民的观念趋向于世俗国家的普遍原则，精神更多元和宽容，投票行为的自主性和理性也有所提升。

其次，乡村的传统守旧。除了一部分马来人进入城市生活之外，大多数马来人居住在乡村。相比城市居民，乡村居民参与社交媒体中的活跃程度较低，获取信息的渠道较少，大多是政府控制的传统媒体。相比城市居民，乡村马来人在政治倾向、民主观念等方面比较保守，被买票、被极端理念所蛊惑的可能性较高。

最后，城乡利益的冲突。由于政治、经济、文化等利益上的差异，城市与乡村之间产生了不少冲突。在经济、教育、文化等方面，乡村的发展

---

① 庄礼伟：《社会中的马来西亚国家：意象与实践》，《东南亚研究》2015 年第 2 期。
② 〔美〕塞缪尔·亨廷顿：《变革社会中的政治秩序》，李盛平、杨玉生等译，华夏出版社，1988，第 72 ~ 74 页。

远远落后于城市。由于选区划分向乡村倾斜，乡村具有城市羡慕的政治优势。城市居民对落后农民持有知识上的优越感和轻蔑，而农民对城市居民持有道德上的优越感和妒忌，两者针锋相对。城乡之间的冲突构成了政党政治、宗教政治、族群政治的底色，城乡之间的冲突也是城乡政治呈现不同景象的原因之一。2015 年，伊斯兰教刑法风波闹得沸沸扬扬，其背后有着城乡冲突的背景，"吉兰丹州是全国最穷的州之一，是教育最差的州之一，它的工商业远不及雪兰莪州，艺术和旅游业也远不如槟城，最近该州又遇到大洪水，当其他州的经济不断发展时，这里却将要上演断肢法、石刑"。①

二 政治上城乡差别的表现

（一）政治观念不同

城乡之间的公民意识不同。在公民意识上的差别，也可能导致城市居民和乡村居民对政治的理解出现偏差。城市居民的公民意识较强，对公民政治权利的认识也较清晰。很多城市居民已经认识到，公民不仅拥有选举权和被选举权，也具有集会、游行、示威等政治自由，可以行使监督权。乡村居民的公民意识相对淡薄，其对公民政治权利的认知大多停留在选举权和被选举权上。在城市中，有一部分群体较关注环保问题，认为政府以 GDP 增长为中心的经济政策不仅不可持续，而且会对环境造成破坏。这些城市的环保人士企图通过监督、游行的方式对政府形成一定的压力，实现其环保主张。他们积极联合反对党的力量，掀起持续的环保运动，呼吁政府调整经济政策，增加环保投入，解决环境问题。但在莱纳斯稀土议题上，许多乡村马来人支持建稀土厂，认为这有利于发展经济，提高当地居民生活水平，不明白反对党和城市居民反对的原因。

城乡的种族观念不一致。从公民权的角度出发，城市居民认为各个种

① Mooreyameen Mohamad, "Actually We Don't Care About Kelantan, Do We?" March 19, 2015, http：//www. themalaysianinsider. com/sideviews/article/actually—we—dont—care—about—kelantan.. —do—we—mooreyameen—mohamad.

族应该获得公平的权利，但政府的种族政策显然偏向马来人，尤其是少数马来精英。马来人普遍认为其是马来土地的拥有者，愿意与非马来人分享土地，但非马来人非但不感恩，还要从马来人手中夺去原本就不多的资源，导致马来人的贫困。因此，从历史和现实的角度出发，以马来人为主的乡村居民认为马来人需要国家政策的保护，马来人的特权既是合情合理的，也是有必要的。

城乡之间的民主观念反差强烈。城市居民认可"普世"的民主价值观，信奉自由、平等，对一人一票的选举制度有较高的期待，对政治自由有较强烈的诉求。政府实行的威权统治，引发越来越多的城市居民的反感。城市选民认为政府实行"马来人优先"政策违反平等原则，不仅非马来人未获得公平待遇，而且获利者只是少数马来人精英。城市选民也认为选举制度失去了公平性，对选区划分不公平和操纵选票、买票、恐吓、"幽灵选民"等现象不满。城市居民要求政府打击腐败，实行干净、公平的选举，保障公民的政治自由，推行各种族平等的政策。反观乡村居民，其民主观念较薄弱，"乡村或半乡村地带的选民仍然接受一个错觉，即他们的未来和福祉要依靠他们政治上的主人，而选票是他们回报主人的礼物"。① 城市选民热衷的"干净选举"运动，比较难得到乡村选民的呼应。由于平时收入低，乡村马来人愿意接受执政党用现金"买票"的做法，这些买票的现金对改善他们的日常生活是有一些帮助的。②

（二）政治倾向分化

马来西亚的政治在某种程度上出现了城乡断裂，城市居民和乡村居民的政治倾向各有不同。城市居民和乡村居民关注的课题不尽相同，乡村可能更关心道路、自来水等民生工程，城市居民则侧重于经济发展和清廉政治。城市居民选择支持反对党联盟，在很大程度上是出于对执政党联盟推行的政策不满。政府行政系统的腐败问题突出，贫富差距扩大，物价上

---

① 庄礼伟：《多元竞争环境下的马来西亚政治生态》，《东南亚研究》2011 年第 2 期。
② 庄礼伟：《马来西亚竞争型威权体制的走向：以选民结构为考察视角》，《东南亚研究》2014 年第 2 期。

涨，都是引发城市基层居民不满的具体原因。相反，为了赢得选举，执政当局持续扩大福利支出，以便讨好土著居民与公务员系统，造成财政赤字扩大。而在与居民生活息息相关的民生领域，政府却鲜少投入，直接引发了城市居民与工商界的反弹。因此，多元种族城市居民希望出现政治和经济变革，而反对派的主张刚好迎合了他们的需求。与之相反，乡村居民更倾向于支持执政党。巫统领袖在不同场合都向乡村居民承诺维护马来人的利益，灌输与非马来人抗争的观念。自 20 世纪 70 年代开始，马来人也从政府推行的全面扶助马来人的政策得到了诸多好处。因此乡村居民相信执政党能够保障他们的各项权益，满足其发展上的需求。

这种政治倾向出现的二元分化的态势已经越来越明朗。城市多元族群的中等阶层成为反对党的主要政治基础。目前，有大量的城市基层选民以及中产知识分子投向反对派的怀抱，其中马来人不在少数。而华人则因为对政府的经济与民族政策不满，选票也多数流向反对派。乡村马来族和乡村土著继续成为执政党的票仓，其对反对党的疑虑并未消除。2013 年大选之前，反对党的竞选车想进入村里都会遭到围堵。在 2013 年大选竞选中，乡村居民对反对党的抵触有所改观，但反对党在一些乡村举行演讲会仍然频频受阻，如申请场地被拒、路边宣传旗帜被破坏、行动室被烧毁，还曾发生过因行动室被烧毁而导致演讲会无法举办的事情。城乡政治倾向二元分化的格局在 2008 年的大选中开始显现，在 2013 年的大选中更加明显，"人民联盟获得了大多数城市居民的选票，并且其支持者是跨族群的，其中华人支持者占 46%，非华人支持者占 54%，而国民阵线的支持者主要来自乡村选民和少量华人选民"。①

（三）政治参与程度、侧重点有别

住在人口少于 1000 人的乡村的马来西亚人，愿意更多地参与政治活动。居住在较大的、人口超过 75000 人的城市的马来西亚人，在某种程度上政治参与积极性较低。最缺乏参与热情的是那些居住在人口介于 1001人和 74999 人之间的半都市小城镇的马来西亚人。在选举活动中参与率最

---

① "Malaysia's Election: A Dangerous Result", *The Economist*, May 11, 2013.

高的是那些生活在乡村中的居民，其次是居住在大城市的居民，参与程度
最低的是那些半城市地区的居民。同样，相比居住在城市和半城市地区的
居民，乡村居民更愿意在事关地方或者国家的问题上联系官员。在参加政
党方面，乡村居民也拥有最高的参与率，他们中的很大一部分也准备在选
举中给予候选人或政党以资助和支持。①

　　乡村居民大多不愿参与请愿和抗议活动，而城市居民则成为政治改革
运动的支持者。首先，城市人口成为反腐败、争法治的主力人群。2015
年初，关于政府出资的"一个马来西亚发展公司"（1MDB）短短数年积
累了 420 亿林吉特债务的丑闻颇受争议，此外舆论还披露由于大笔资金投
入"一马"计划，政府债务占 GDP 的份额从 2009 年的 38% 扩大到 2014
年的 55%，而国家团结、改善公共服务、打击腐败却没有进展。这些丑
闻激怒了城市中等阶层中的多数人。其次，城市居民要求言论自由和保护
人权的呼声十分强烈。自 2014 年年末以来，围绕反对党领袖安瓦尔因
"鸡奸"罪名再度被判刑和政府滥用《煽动法令》，以城市中等阶层为主
的抗议声音和抗议集会连绵不断。最后，在捍卫多元主义、反贪腐和争取
言论自由这类典型的中等阶层社会运动中，NGO、学生和城市年轻人一向
是重要参与者。2014 年 9 月 16 日，全球中道运动（GMM）等社团发起了
主题为"马来西亚的未来"的咨商运动，提出当局应保护和鼓励民众参
与讨论公共事务。许多学生、青年社团参与了这一运动，如"青年公开
大学""街书""人民法学院""左边""进步学生""今日青年""思想
实验室""马来西亚信念""街厨""斋月援助""约旦棱镜演说者俱乐
部"，等等。该运动试图扩展马来西亚的"公共领域"和终结马来西亚的
"关于恐惧的文化"。2014 年 12 月 31 日晚，大学生和城市青年在吉隆坡
利用跨年夜举行了抗议物价上涨的和平集会。②

---

①　〔马〕约翰·沙拉瓦纳姆都、罗国华：《马来西亚的政治文化——多种族社会的竞争性发
　　展主义》，《文化与民主》（《复旦政治学评论》第八辑），上海人民出版社，2009，第
　　222 页。
②　庄礼伟：《社会中的马来西亚国家：意象与实践》，《东南亚研究》2015 年第 2 期。

后　记

　　历经近两年的努力，《当代马来西亚政治》书稿终于完成。本书力求将当代马来西亚的政治发展历程、政治制度与文化的关系、政党与社团及族群的关系、宗教与政治的关系等方面较详尽地介绍给读者。本书的主要资料在时间上截至 2015 年上半年。尽管如此，因资料的原因和编者的能力所限，书中的疏漏之处难免，敬请各界读者批评指正。本书在编写时，除了大量参阅国外有关资料外，还参考、引用了国内出版的一些资料，在此谨向有关编者、作者表示感谢！本书在初稿完成后，特别邀请马来西亚的何启才博士对本书稿进行了详细的校对。何启才博士除了对全书进行细致的校对外，还对书稿的修改工作提出了一些富有建设性的意见和建议，在此表示特别的感谢！本书参加编写的人员除笔者外，还有笔者所教过的云南大学国际关系研究院 2014 级东南亚研究专业研究生欧旭强、安东程、何雪倩、刘月、朱波、徐秀良、李燕妮等，他们对此书的完成亦付出了辛勤的劳动，在此也表示感谢！最后，本书在编写过程中，得到了广西大学中国－东盟研究院"当代东南亚五国政治项目"以及云南大学第四批"青年英才培育计划"项目的资助，在此一并致谢！全书最后由罗圣荣统稿、修改和定稿。

罗圣荣

2016 年 8 月 26 日于云南大学东陆园

图书在版编目（CIP）数据

当代马来西亚政治／罗圣荣编著． －－北京：社会
科学文献出版社，2018.12
ISBN 978 - 7 - 5201 - 3329 - 6

Ⅰ.①当… Ⅱ.①罗… Ⅲ.①政治－研究－马来西亚
－现代 Ⅳ.①D733.8

中国版本图书馆 CIP 数据核字（2018）第 193458 号

当代马来西亚政治

编　　著／罗圣荣

出 版 人／谢寿光
项目统筹／郭白歌
责任编辑／郭白歌　郭锡超

出　　版／社会科学文献出版社·人文分社（010）59367125
　　　　　　地址：北京市北三环中路甲 29 号院华龙大厦　邮编：100029
　　　　　　网址：www.ssap.com.cn
发　　行／市场营销中心（010）59367081　59367083
印　　装／三河市尚艺印装有限公司

规　　格／开　本：787mm×1092mm　1/16
　　　　　　印　张：19.25　字　数：294 千字
版　　次／2018 年 12 月第 1 版　2018 年 12 月第 1 次印刷
书　　号／ISBN 978 - 7 - 5201 - 3329 - 6
定　　价／148.00 元